The Great Russian - English Dictionary of Idioms and Set Expressions

by **PIOTR BORKOWSKI**

OVER 8,600 RUSSIAN ENTRIES

PUBLISHER: Mr. Piotr BORKOWSKI
146, GUNNERSBURY LANE, LONDON, W3 9BA.
LONDON - 1973.

COPYRIGHT BY PIOTR BORKOWSKI

LONDON, 1973

No part of this work may be reproduced in any form without permission from the publisher, except for the quotation of brief passages in criticism.

I.S.B.N.   0   9503146   0   9
Made and printed in Great Britain

PRINTED BY H. F. WALKER & CO. LTD.,
Unit F. Marmi Works, Grafton Road,
Croydon, CR0 3RD.

СОКРАЩЕНИЯ / ABBREVIATIONS

биб	библейское в.	– biblical ex.
бр	бранное в.	– abusive ex.
в.	выражение	– expression
выс	высокопарное в.	– grandiloquent, bombastic, high-flown ex.
гл	глагол	– verb
гр	грубое в.	– vulgar ex.
дип	дипломатическое в.	– diplomatic ex.
дорев	дореволюционное в.	– pre-revolutionary ex.
ир	ироническое в.	– ironical ex.
ист	историческое в.	– historical ex.
кан	канцелярское в.	– office term, officialese ex.
кн	книжное в.	– bookish ex.
кор	корреспонденция	– used in correspondence
к с	крылатое слово	– winged word
муз	музыка	– pertaining to music
нар поэ	народно-поэтическое в.	– pertaining to folk-poetry
п	просторечное в.	– common parlance, low-common ex.
пер	переносное в.	– figurative, metaphorical ex.
пог	поговорка	– saying, adage
порев	пореволюционное в.	– post-revolutionary ex.
пос	пословица	– proverb
поэ	поэтическое в.	– poetical ex.
при	прилагательное	– adjective
р	разговорное в.	– colloquial ex.
раз	разные /части речи/	– various /parts of speech/
рел	религиозное в.	– pertaining to religion
ск	сказочное в.	– pertaining to fables
сп	спортивное в.	– pertaining to sport
сущ	существительное	– noun
у	устарелое в.	– obsolete, archaic ex.
фол	фольклорное в.	– pertaining to folklore
ш	шутливое в.	– jocular ex.
юр	юридическое в.	– legal term

a/ a	as above		etc	et caetera
abt.	about		ex.	expression
Am	American		lit	literally
arch	archaic ex.		mil	military
col	colloquial ex.		sl	slang
equ	equvalent of		s.o.	someone
esp	especially		s.t.	something

FOREWORD

English-speaking students of Russian are in urgent need of a sizeable and comprehensive dictionary of idioms and set expressions. Such a dictionary is even more indispensable for translators from Russian into English.

Close and methodical examination of existing Russian monolingual and Russian-English dictionaries brings to light considerable inadequacies and shortcomings. The most striking of these include:

1) the lack of instantly-accessible, easy, consistent and foolproof alphabetical arrangement of idioms and expressions. This applies not only to Russian, but to most dictionaries in all languages. This lack of method in all probability accounts for the general scarcity of phraseological dictionaries. Compilers simply are not able to arrange expressions in a coherent alphabetical order;

2) Russian-English dictionaries lack the qualifying labels which are widely used in Russian monolingual dictionaries.

The absence of qualifying labels, or the use of inadequate labels in Russian-English dictionaries, deprives students and translators of sufficient insight into the complexities of the language, and creates a stumbling block in mastering the vocabulary of idioms and expressions.

English-speaking students of Russian face considerable difficulties as compared with their colleagues who are studying French, German, Italian or, say, Spanish. The latter more often than not have ample opportunities for visiting these countries, conversing with native speakers and thus learning the language in an easy and natural way by actively using it in a large variety of contexts. They acquire a substantial knowledge of idioms, phrases and set expressions without consulting dictionaries.

English-speaking students of Russian very often have to master the language the hard way, learning mostly from text-books, literature and from dictionaries of all kinds. They have to rely on dictionaries much more than students of other languages.

Unfortunately, even the best existing Russian and Russian-English dictionaries are very difficult to consult for idioms and phrases and there is a conspicuous lack of phraseological dictionaries. One can say without being too biased that some of them are good for browsing but not for methodical reference - a fact which will be demonstrated below.

Let us examine some of the Russian phraseological dictionaries available for students.

быть в гостях у кого-либо be on a visit to; be at smb's (place), come to see smb; pay a call to smb
быть в центре внимания be in the centre of attention
быть во главе чего-либо be at the head of smth
быть в первых рядах кого-либо, чего-либо be in the first (front) ranks; be in the van
быть в опасности be in danger

быть (не) в состоянии (not) to be able
быть (не) в силах it is (not) in one's power
быть (не) под силу, (не) по силам it is beyond one's power
быть в восторге be delighted (with); be enthusiastic (over, about); be in raptures
быть (не) в настроении be (not) in the mood (for smth, to do smb)
быть в долгу у кого-либо be indebted to smb (for); owe smb smth

This excerpt is taken from the "Kratkij russko-anglijskij slovar' nesvobodnykh sochetanij" published by the Patrice Lumumba University of the Friendship of Nations (Moscow, 1965). This appears to be in fact the only sizeable dictionary of its kind available on the market - it contains about 2,700 entries. It has several very important limitations:
1) the lack of Russian accents,
2) the conspicuous absence of any qualifying labels (abbreviations), and
3) the lack of any coherent alphabetical arrangement.

In the above text one finds an insignificant catchword like "byt'" (to be). If even the crudest logical method for determining catchwords had been used, "byt' v opasnosti" (to be in danger) should have been entered under the obvious catchword "opasnost'" (danger) and not under a mere auxiliary verb "to be".

There are only 253 idioms, expressions, collocations and even single words in "The Book of Russian Idioms" by I.B. Faden, M.A. The author asserts that in this book idioms "are listed alphabetically as units". He uses mere prepositions like "v" and "vo" (in) as catchwords while arranging the following combinations alphabetically (the catchwords have been underlined): "v_ iskhode", "v_ kachestve" (in the capacity), "v_ losk", "v_ nogu" (in step), "v_ obrez", "vo_ vse lopatki", "vo_ vremya ono" etc. Is the preposition "v" the most informative component of all these expressions?

The excellent and very informative "Frazeologicheskij slovar' russkogo yazyka", edited by A.I. Molotkov (Moscow, 1967) contains about 4,000 expressions, listed under all the important components of each phrase, but explained only under one catchword, taken at random. A part of the lexical entry for "glaz" (eye, sight, vision, etc.) is reproduced below by way of illustration.

III

ЧЕРТ ⟨ЕГО⟩ ЗНАЕТ. См. бог.
ЧЕРТ ЗНАЕТ. См. бог.
ЧЕРТ ЗНАЕТ ЧТО. См. бог.

ЗА ГЛАЗА ². Вполне, с избытком (хватит, достаточно, довольно и т. п.).— *Не повторяй своих острот. Как бы кто не подумал, что они у тебя на исходе.— На вашего брата еще за глаза хватит.* Тургенев, Новь.— *Для Рыковского [селения], при существующем количестве земли, годной для хлебопашества, и при условиях здешней урожайности.. двухсот хозяев было бы, как говорится, за глаза, а, между тем, их тут вместе с сверхштатными более пятисот.* Чехов, Остров Сахалин.— *За глаза довольно, сколько им заплатил! А им все мало!* Вересаев. На японской войне. *Вера в силы России,— огромнейшей родной страны, у которой за глаза хватит,— должно хватить! — и людей, и всяких средств обороны, не колебалась в солдатах, как бы трудно им ни приходилось на бастионах.* Сергеев-Ценский, Севастопольская страда.
ЗАКРЫВАТЬ ГЛАЗА кому. См. закрывать.
ЗАКРЫВАТЬ ГЛАЗА кому на что. См. закрывать.
ЗАКРЫВАТЬ ГЛАЗА на что. См. закрывать.
ЗАКРЫТЬ ГЛАЗА. См. закрыть.
ЗАЛИВАТЬ ГЛАЗА. См. заливать.
ЗАМАЗЫВАТЬ ГЛАЗА кому. См. замазывать.
ЗА ПРЕКРАСНЫЕ ГЛАЗА кого, чьи. Из одной симпатии к кому-либо, даром, бескорыстно (делать что-либо). Ср. *ради прекрасных глаз кого, чьих*. *Огромное спасибо вам, Николай Дмитриевич, за поддержку,— осторожно начал Медведский,— если бы не вы...— Одним "спасибо" не отделаешься,— с нагловатой прямотой перебил его технорук,— За прекрасные глаза цеха не дают! — Понимаю и готов отблагодарить.* И. Соловьев, Будни милиции.
ЗАПУСКАТЬ ГЛАЗА. См. запускать.
КАЗАТЬСЯ НА ГЛАЗА чьи, кому. См. казаться.
КОЛОТЬ ГЛАЗА. См. колоть.
КРАЕМ ГЛАЗА. См. краем.
КУДА ГЛАЗА ГЛЯДЯТ. 1. Не выбирая пути, без определенного направления, куда попало (идти, брести, ехать и т. п.).— *Бывало зарычит [Лев], так стонет лес кругом, И я, без памяти, бегом, Куда глаза глядят, от этого урода.* Крылов, Лисица и Осел.

Не знать, КУДА ГЛАЗА ДЕВАТЬ. См. девать.
ЛЕЗТЬ В ГЛАЗА кому. См. лезть.
ЛОПНИ ⟨МОИ⟩ ГЛАЗА. См. лопни.
МОЗОЛИТЬ ГЛАЗА кому. См. мозолить.
НАВОСТРИТЬ ГЛАЗА на кого, на что. См. навострить.
НА ГЛАЗА кого, чьи. Устар. По мнению, убеждению кого-либо. *На глаза язычников, между синагогою и церковью не было никакого различия.* Грановский, Судьбы европейского народа. *Нет сомнения в том, что в самых нелепых выходках людей помешанных есть, на их глаза, своего рода логика и даже право.* Тургенев, Конец Чертопханова. *На глаза Наташи все бывшие на бале были одинаково добрые, милые, прекрасные люди, любящие друг друга.* Л. Толстой, Война и мир.
Синоним: *на взгляд, чей*.
НАЛИВАТЬ ГЛАЗА. См. наливать.
ОТВОДИТЬ ГЛАЗА кому. См. отводить.
ОТКРЫВАТЬ ГЛАЗА кому. См. открывать.
ПЛЕВАТЬ В ГЛАЗА кому. См. плевать.
ПОПАДАТЬСЯ НА ГЛАЗА кому. См. попадаться.
ПРОГЛЯДЕТЬ ⟨ВСЕ⟩ ГЛАЗА. См. проглядеть.
ПРОДИРАТЬ ГЛАЗА. См. продирать.
ПРОТЕРЕТЬ ГЛАЗА кому. См. протереть.
ПРОТЕРЕТЬ ГЛАЗА деньгам. См. протереть.
ПРЯТАТЬ ГЛАЗА. См. прятать.
ПУСКАТЬ ПЫЛЬ В ГЛАЗА. См. пускать.
ПУЩЕ ГЛАЗА. См. пуще.
ПЯЛИТЬ ГЛАЗА на кого, на что. См. пялить.
РАЗУЙ ГЛАЗА. См. разуй.
РАСКИДЫВАТЬ ГЛАЗА. См. раскидывать.
РАСТЕРЯТЬ ГЛАЗА. См. растерять.
РЕЗАТЬ ГЛАЗА. См. резать.
СМЕЖИТЬ ГЛАЗА. См. смежить.
СМОТРЕТЬ В ГЛАЗА кому. См. смотреть.

  Though the word "glaz" in most expressions and combinations is obviously the most informative and important component, and should have been selected as the catchword, only 47 out of 138 expressions are explained under the listing "glaz", and the remaining 91 are cross-referenced to other lexical entries. It is worth noting in passing that expressions like "chert (ego) znaet", "chert znaet" and "chert znayet chto" (the devil knows what) are cross-referenced to "bog" (God). Is this blasphemy? Far from it! Merely the lack of consistent alphabetical arrangement and method.

◆ В глаза́х, *чьих* — 1) во мнении, представлении кого-л. *Халат имел в глазах Обломова тьму неоцененных достоинств.* И. Гончаров, Обломов; 2) (*устар.*) то же, что на глазах *чьих* или *у кого.* — *Ваш сын, в моих глазах,* — *писал Кутузов,* — *со знаменем в руках, впереди полка пал героем.* Л. Толстой, Война и мир. За глаза (достаточно, хватит) — вполне, с избытком. На глаз (определять, прикидывать и т. п.) — приблизительно, примерно. На глаза́ *чьи* — по мнению, представлению кого-л. *На глаза Наташи, все бывшие на бале были одинаково добрые, милые, прекрасные люди.* Л. Толстой, Война и мир. На глаза́х *чьих* или *у кого* — на виду у кого-л., в присутствии кого-л. *Надзиратели у всех на глазах обманывают свое начальство.* Чехов, Остров Сахалин. Воро́ний глаз *см.* воро́ний. Дурно́й глаз — в суеверных представлениях: таинственная магическая сила зрения, взгляда, приносящая несчастье. Вооруженным гла́зом *см.* вооруженный. Невооруженным гла́зом *см.* невооруженный. Простым гла́зом *см.* простой. С безу́мных глаз (*прост.*) — в безумном состоянии. С пья́ных глаз (*прост.*) — в пьяном состоянии. С какими глазами появиться (или показаться) *куда* — о смущении, стыде после какого-л. неучтивого поступка, оскорбления и т. п. Глаза́ бы (мои) не смотрели (или не глядели) *на кого-, что*; глаза́ б (мои) не видали *кого-чего* — неприятно, противно, тяжело смотреть на кого-, что-л. Глаза́ горя́т *на что* — о сильном желании иметь, получить что-л. Глаза́ на лоб ле́зут (*прост.*) — глаза широко раскрылись, вытаращились (от сильного удивления). Глаза́ на мо́кром ме́сте *у кого см.* мокрый. Глаза́ разбежа́лись *см.* разбежаться. Глаза́ слипа́ются *см.* слипаться. Глаз не каза́ть *см.* казать. Глаз не показа́ть *см.* показывать. Гла́зом не моргну́ть *см.* моргнуть. Вски́нуть глаза́ (глаза́ми) *см.* вскинуть. Вы́плакать (все) глаза́ *см.* выплакать. Вы́смотреть глаза́ *см.* высмотреть. Де́лать больши́е глаза́; смотре́ть больши́ми глаза́ми — удивляться. Закры́ть глаза́ *на что см.* закрыть. Зама́зать глаза́ *кому см.* замазать. Запусти́ть глаза́ *куда см.* запустить. Коло́ть глаза́ *кому см.* колоть¹. Мозо́лить глаза́ *кому см.* мозолить. Отвести́ глаза́ *кому см.* отвести. Откры́ть глаза́ *кому на что см.* открыть. Прогляде́ть глаза́ *см.* проглядеть. Прода́ть глаза́ *см.* продать. Пропла́кать (все) глаза́ *см.* проплакать. Просмотре́ть глаза́ *см.* просмотреть. Пя́лить глаза́ *см.* пялить.

Есть глаза́ми *см.* есть¹. Игра́ть глаза́ми *см.* играть. Изме́рить глаза́ми *см.* измерить. Иска́ть глаза́ми *см.* искать. Пожира́ть глаза́ми *см.* пожирать. Стреля́ть глаза́ми *см.* стрелять. Хло́пать глаза́ми *см.* хлопать. Бере́чь пу́ще гла́за *см.* пуще. Бить в глаза́ *см.* бить. Броса́ться в глаза́ *см.* бросаться. Вы́расти в глаза́х *чьих см.* вырасти. Гляде́ть сме́рти (или опа́сности, ги́бели и т. п.) в глаза́ *см.* глядеть. Лезть в глаза́ *кому* — стараться угодить, заискивать. Смотре́ть (или гляде́ть) во все глаза́; смотре́ть (или гляде́ть) в о́ба гла́за — смотреть пристально, зорко, с напряженным вниманием. Смотре́ть (или гляде́ть) пря́мо (или сме́ло) в глаза́ *чему* — не бояться чего-л., быть мужественным. Смотре́ть (или гляде́ть) *на что* чьи́ми глаза́ми — не имея собственных мнений, целиком подчиниться мнениям, взглядам, оценкам какого-л. другого человека. Ты́кать в глаза́ *см.* тыкать. В глаза́ не вида́ть *кого* — совсем не видать. В глаза́ сказа́ть (или назва́ть и т. п.) — сказать открыто, прямо, в лицо. В глаза́х двои́т *см.* двоить. В глаза́х двои́тся *см.* двоиться. В глаза́х зелене́ет *см.* зеленеть. В глаза́х ряби́т *см.* рябить. В глаза́х темне́ет *см.* темнеть. В глаза́х (или перед глаза́ми) стоя́ть — стоять перед мысленным взором. За глаза́ (говори́ть, руга́ть, называ́ть и т.п.) — заочно, в отсутствие. Из глаз (скры́ться, исче́знуть, пропа́сть и т. п.) — из поля зрения, из виду. Как бельмо́ на глазу́ *см.* бельмо. Куда́ глаза́ глядя́т (идти́, брести́, бежа́ть и т.п.) — не выбирая пути; без определенной цели. Куда́ ни кинь гла́зом — повсюду. На глаза́ показа́ться (или попа́сться и т. п.) — непосредственно перед кем-л. являться, кому-л. встречаться, попадаться. Наско́лько хвата́ет глаз; куда́ достае́т глаз — насколько доступно зрению, насколько можно увидеть. Не в бровь, а (прямо) в глаз *см.* бровь. Не ве́рить свои́м глаза́м *см.* верить. Не знать, куда́ глаза́ де́ть *см.* деть. Не своди́ть глаз *см.* сводить. Не спуска́ть глаз *см.* спускать. Не успе́ть гла́зом мигну́ть *см.* мигнуть. Не успе́ть гла́зом моргну́ть *см.* моргнуть. Ни аза́ в глаза́ не знать (или не понима́ть и т. п.) *см.* аз. Ни в одно́м глазу́ (гла́зе) — ничуть, нисколько (не пьян). С глаз доло́й (уйти́, убра́ться) (*обычно в повелительном предложении*) — прочь. С гла́зу на глаз — наедине с кем-л. (Темно́,) хоть глаз вы́коли *см.* выколоть.

    Let us examine the above extract from the "Slovar' russkogo yazyka" (Academy of Sciences, Moscow, 1957-61). Out of 93 expressions with "glaz" only 42 are explained in the entry "glaz" and the remaining 51 expressions are cross-referenced to other pages and volumes. The dictionary consists of 4,050 pages in 4 volumes.

    It is obvious from the above test-cases that, generally speaking, compilers of dictionaries have not devised any workable and foolproof method for the alphabetical arrangement of expressions.

    The duty of compilers is to limit the size of the dictionary and to devise an alphabetical arrangement of expressions which will avoid the repetition, duplicating and triplicating of particular items, and also dispense with cross-references as far as possible.

The arduous task of a compiler is to analyse each expression and determine its catchword or the component under which it should appear in the dictionary. A group of expressions which have a catchword in common forms a lexical entry. And compilers ought to see to it that there are no misplaced expressions in any lexical entry.

Compilers of great monolingual dictionaries in several volumes are not faced with this task of selecting catchwords because an expression may appear under several lexical entries - one for each important component. But these important components are certainly not "to be" and "in". Thus in "The Oxford English Dictionary", which consists of 13 volumes, the expression "to buy a pig in a poke" appears under "to buy", "pig" and "poke".

But when it comes to entering expressions in less sizeable general and phraseological dictionaries, the requirements of compactness, economy of space and the avoidance of cross-references become of utmost importance, and a definite choice of catchwords ought to be made.

The method of logical catchwords cannot be successfully applied to hundreds of combinations whose meanings cannot be inferred from their components such as "are you in it?", "off with you!", "I'm not with you", etc.

The task of selection becomes even more complicated, when one has to deal with highly coloured, figurative and metaphorical idioms which have nothing to do with logic and conceal hidden meanings.

One wonders whether there are any logical considerations governing the dictionary listing of expressions like: "to kick s.o. upstairs", "to kick the bucket", "his goose is cooked", "what's cooking?", "that's your funeral", "how goes the enemy?", "to consult one's pillow", "to show the white feather", "to spill the beans", "to sow one's wild oats" and hundreds more in any language?

"TO BUY A PIG IN A POKE"

Let us examine a truly clinical case. An extended examination of the expression "to buy a pig in a poke" in a number of dictionaries gives results which, in this restricted field, are highly instructive.

Let us forget the primitive and, indeed, childish alphabetical arrangement like that of the "English Proverbs and Proverbial Phrases" by W. Carew Hazlitt (1882). The expression is entered under "to".

"Cassell's English-Italian Dictionary" (1960) lists the English expression under all components. The Italian renderings are "comprare la gatta nel sacco" and "comprare alla cieca" where the common denominator of both English and Italian expressions is "to buy" - "comprare". Is this not the obvious logical catchword? In the "Cassell's English-Dutch Dictionary" (1965) the expression is to be found only under the catchword "pig" - "een kat in de zak kopen" ("kopen" - to buy). In the "Schoeffler-Weiss Compact German and English Dictionary" (1962) "Die Katze im Sack kaufen" can be found under "Katze" (cat) and "Sack" (bag), but not under the logical and the most informative component "kaufen" (to buy). In the "Engelsk

Svensk Ordbok" (1965) the English idiom is not available under "to buy", but under "pig", and "poke" - "kopa grisen i sacken". In the English-Danish dictionary by Jens Axelsen (1967) the expression does not appear under "to buy", but under "pig" and "poke" - "købe katten in saeken". "Cassell's English-Spanish Dictionary" (1965) includes the saying under all three components. In the "Russian-English Dictionary" edited by O. S. Akhmanova (1965) the idiom "kupit'kota v meshke" is listed under "kot" (cat) and not under "kupit'" (to buy). In the "Russian-English Dictionary" edited by R. C. Daglish (1965) the expression is also to be found under "kot".

In A. E. Graff's "Idiomatische Redewendungen der russischen und der deutschen Sprache" (VEB Max Niemeyer Verlag, Halle, 1962) the idiom is omitted in the Russian-German part, but in the German-Russian part it is entered under "Katze" - "die Katze im Sack kaufen". The entry under "Sack" is cross-referenced to "Katze". Prof. Ivan Poldauf in his "Česko-Anglicky Slovnik" (1968) lists "kupit zaijce v pytli" under all three components.

Even no lesser lexicographers than the compilers of "The Shorter Oxford English Dictionary" (1962) enter the saying under "pig" and "poke" and not under "to buy".

In the "Dictionnaire Portatif de la Langue Françoise, extrait du Grand Dictionnaire de Pierre Richelet" (Lyon, 1791) one looks in vain for the expression "acheter (+ le) chat en poche", nor is one able to find a similar expression under "vendre". It is entered under "chat" - "chat en poche".

In Roget's "Thesaurus" (1936), the idiom is printed in full, but in the 1962 edition is is subjected to the ellipsis "pig in a poke".

This modest research into the treatment of the expression in several dictionaries is just one of diagnostic tests which can be applied to thousands of other expressions in a great many dictionaries with the same result.

One keeps wondering why, in spite of the spectacular progress and advancement in linguistics and lexicography in recent years, there is still no consistent method available for compiling set expressions in dictionaries.

With the alphabetical methods so far used compilers of dictionaries are simply unable to arrange the treasures of phraseology in an adequate, instantly-accessible, easy, simple, workable and foolproof alphabetical order.

The arrangement of Roget's "Thesaurus of English Words and Phrases" is based on a, so to speak, "logical method" or a method of "ideas". In Peter Mark Roget's own words: "A collection of words ... arranged not in alphabetical order, as they are in a Dictionary, but according to the ideas which they express". Thus, the "Thesaurus" proper is not arranged alphabetically, but is provided with a comprehensive ancillary alphabetical index. In the 1936 edition the ratio of pages of the "Thesaurus" proper to the index is 386:319 and in the 1962 edition - 661:646.

But can all dictionaries, phraseological and general, be provided with such a mammoth index covering all expressions? It does not seem to be a feasible and practical proposition.

In some dictionaries even the most elaborate indexes are of no assistance. The excellent "Anglo-russkij frazeologicheskij slovar'" (A. V. Kunin, Moscow, 1956) consists of 1,206 pages of the dictionary proper and 184 pages of index. But even this index is not consistently alphabetical. In the dictionary the combination "to all appearances" is entered quite rightly under "appearances", but in the index under "to". "To buy a pig in a poke" is to be found under "buy", but the entry is provided with the cross-reference "P.371" which means "see the item No. 371 under the letter P". In the dictionary proper the expression is placed under the catchword "pig".

In both cases the index entries are not helpful at all. No sensible user of a dictionary would look for "to all appearances" under the preposition "to".

QUALIFYING LABELS

The novelty and originality of this dictionary is based on an entirely new and revolutionary approach to alphabetical arrangement of expressions.

I have also devoted particular attention to the use of correct and unequivocal qualifying labels.

While, generally speaking, all Russian monolingual dictionaries contain perfectly adequate qualifying labels, almost all Russian-English dictionaries are deprived at least of some of them, and some expressions are provided either with inadequate labels or appear with no labels at all. Molotkov's "Frazeologicheskij slovar'" lists only 13 qualifying labels, dispensing even with "razgovornoe" (colloquial) and yet it contains a wealth of colloquialisms. The dictionary edited by R. C. Daglish does not contain "prostorechnoe" (low-common, low-colloquial, common parlance) and the same applies to the dictionary edited by O. S. Akhmanova. "The Oxford Russian-English Dictionary" substitutes "colloquial" for "prostorechnoe" as e.g. in the case of "bardak" (brothel).

Let us examine some Russian monolingual dictionaries with reference to their use of the label "prostorechnoe". "Slovar' russkogo yazyka" by S. I. Ozhegov includes this label and so does "Slovar' russkogo yazyka" (Academy of Sciences). One finds the label in the "Tolkovyj slovar' russkogo yazyka".

In the list of abbreviations in the "Slovar' sovremennogo literaturnogo russkogo yazyka", which after all is concerned only with the strictly "literary" language, the qualifying label "prostorechnoe" does not appear. But, oddly enough, a preferential treatment is accorded to all expressions containing "chert" (devil, deuce, the evil one) and as an exception to the rule the label "prostorechnoe" is copiously used. The treatment of expressions containing "chert" in Russian monolingual and bilingual Russian-English dictionaries provides further evidence of the need for a theory and methodology of lexicography for dictionaries of idioms.

"Dictionary of Russian Language"
(Academy of Sciences, Moscow,
1957-1961).

ЧЁРТ, -а, *мн.* ч́ е́ р т и, -е́й, *м.* 1. По религиозным представлениям: сверхъестественное существо, олицетворяющее собой злое начало; бес, дьявол. *Только разве по козлиной бороде под мордой, по небольшим рожкам, торчавшим на голове, и что весь был не белее трубочиста, можно было догадаться, что он - - - черт.* Гоголь, Ночь перед рождеством.
2. *Прост.* Употребляется как бранное слово. *Аксютка переменил тон. Он стал ругаться: — Цепка, черт, дай же хлеба!* Помяловский, Очерки бурсы. *Она вскипела, назвала его [станового] дураком и старым чертом и так толкнула в грудь, что он упал.* Л. Толстой, Воскресение.
3. *в знач. нареч.* **чёртом.** *Прост.* Лихо, молодцевато. *Им опять перегородила дорогу целая толпа музыкантов, в середине которой отплясывал молодой запорожец, заломивший шапку чертом.* Гоголь, Тарас Бульба. *Расставив в красных лампасах ноги, чертом сидел молодой казак.* А. Н. Толстой, По Волыни.
◊ **До черта** (*прост.*) — 1) до крайней степени, очень сильно. *Устал до черта. До черта надоело;* 2) очень много. *И дичи здесь, братцу, до черта, Сама так под порох и прет.* Есенин, Анна Снегина. **К черту (чертям) и ко всем чертям —** 1) (*прост.*) прочь, вон, долой. — *Директор и четверо инженеров полетели со своих мест к черту.* Куприн, Молох. — *В твои годы и мне тоже хотелось бежать ко всем чертям!* М. Горький, В людях; 2) (*прост.*) о полном уничтожении, распаде, расстройстве чего-л.; прахом, вдребезги. — *Раздался взрыв, колба и половина моей лаборатории разлетелись к черту.* А. Н. Толстой, Гиперболоид инженера Гарина; 3) употребляется для усиления иронической или риторической интонации вопросительных местоимений и наречий, к которым относится. *Ну, скажи, какой я к черту странник.* Садофьев, В поисках пути. **Ни черта** (*прост.*) — совсем, совершенно ничего. *Ни к черту* (н е г о д и т с я) — совсем не, совершенно, полностью. (Для) **какого черта; за каким (коим) чертом; на кой черт; на черта** (*прост. бран.*) — зачем, для чего, к чему. **Кой черт** *см.* кой. **Черт (тебя, его, их** и т. д.) **возьми** (или **дери, побери, подери** и т. п.) — восклицание, выражающее удивление, восхищение или возмущение, негодование. **Черт дернул (дернет)** *кого см.* дернуть. **Черт знает кто (или что, какой, куда** и т. п.) (*прост.*) — 1) неизвестно кто (что, какой, куда и т. п.) **Черт знает на что расходовался ум воспитанника!** Помяловский, Очерки бурсы. *Всем уже стало ясно, что заехали мы черт знает куда.* Вересаев, На войне; 2) о ком-, чем-л. очень плохом, дурном. *Матвей Матвеевич спросил Леонида, далеко ли он едет. — В Малмыж, — отвечал тот хмуро. — Черт*

"Russian-English
Dictionary" edited
by O. S. Akhmanova
(Moscow, 1965)

чёрт *м.* dévil, deuce; ◊ иди к ~y! go to the dévil!; ~ возьми́!, ~ побери́! deuce take it!; ~ зна́ет что! what the díckens / dévil!; какого ~a! what the deuce / blázes!: какого ~а он там де́лает! what the deuce / blázes is he doing there!; — на кой ~ why the hell?; не поня́ть ни черта́ not understánd a thing!; сам ~ не разберёт, сам ~ ногу сломит ≅ there is no máking head or tail of it [...hed ...]; ~а с два! like hell!; чем ~ не шу́тит ≅ don't be too sure [...ʃuə]; you never can tell; у ~a на кули́чках at the world's end, in the back of beyónd; не так стра́шен ~, как его́ малю́ют *посл.* the dévil is not so térrible as he is páinted; (*не так плох*) the dévil is not so black as he is páinted.

"Russian-English
Dictionary" edited
by R. C. Daglish
(Moscow, 1965)

чёрт *м.* dévil; ~! oh, damn / hell!; к ~y! to hell with it!; иди́те к ~y! go to hell!, go to the dévil!; какого ~a what the dévil / blázes / hell; чем ~ не шу́тит! you néver know!, you néver can tell!; сам ~ не разберёт there's no máking head or tail of it; ~ зна́ет что тако́е! outrágeous!; ни черта́ не понима́ю! I don't understánd a thing!; что за ~! what the dévil!; не так стра́шен ~, как его́ малю́ют the dévil is not so térrible as he is páinted.

Even a cursory perusal of these 3 lexical entries with "chert" in the "Slovar' russkogo yazyka" (1957-61) edited by the Academy of Sciences, in the "Russian-English Dictionary" edited by Prof. O. S. Akhmanova and in the "Russian-English Dictionary" edited by R. C. Daglish, - should convince us beyond any shadow of doubt that there are peculiar and, indeed, spectacular discrepancies between the most authoritative Russian source and the dictionaries published, inter alia, for the use of English-speaking students. There are no qualifying labels for expressions with "chert" in Russian-English dictionaries and yet the dictionary of the Academy describes them as "prostorechnoe" and even "brannoe" (swear-word, abusive). In the "Tolkovyj slovar' russkogo yazyka" (D. N. Ushakov, 1935-39) all expressions with "chert" are provided with qualifying abbreviations: "razgovornoe" (colloquial), "vulgarnoe" (vulgar, low-common) and "familyarnoe" (unceremonious). The adjective "chertov" (devilish) is described as "prostorechnoe". The compilers of "The Oxford Russian-English Dictionary" (1972) like Daglish and Akhmanova omitted qualifying labels for "chert" and derivative expressions.

The above evidence constitutes another test-case. Readers and users of this dictionary are invited to judge for themselves by examining hundreds of identical cases of other words and expressions in Russian-English dictionaries. But one cannot abstain from quoting just one notorious case. Louis Segal in his "New Complete Russian-English Dictionary" (London, 1942) omits the qualifying label for the vulgar, obscene and lewd word "blad'" (whore) as if it were a thoroughly respectable word belonging to the standard literary language.

The word does not appear in any contemporary Russian dictionary known to the present writer except in "The Oxford Russian-English Dictionary" which describes it as vulgar.

One keeps wondering whether there are two Russian languages: one for native speakers contained in monolingual Russian dictionaries, with all their elaborate qualifying labels, warnings, cautions, prohibitions and reservations, as e.g. in the case of "chert", and another language for English-speaking students, used in Russian-English dictionaries and deprived of correct and unequivocal qualifying labels.

After all, the majority of Russians instinctively know what is colloquial, vulgar and low-common, but foreigners should be told and taught. Instead they are left to their own devices.

Qualifying labels used in this dictionary are based on Russian monolingual dictionaries.

THE NEW ALPHABETICAL METHOD INTRODUCED IN THIS DICTIONARY

I have come to the conclusion that the would-be "logical" method for selecting catchwords for the alphabetical arrangement of expressions in dictionaries has proved to be a complete failure and should be entirely abandoned. Even more so the lack of any method or a random alphabetical arrangement.

I have therefore devised my own simple, easy, consistent, instantly-accessible, foolproof and purely mechanical method based on
THE ORDER OF PRECEDENCE OF THREE IMPORTANT PARTS OF SPEECH. This is, indeed, THE-RULE-OF-THUMB METHOD.

The order of precedence for selecting catchwords under which expressions should be entered in the dictionary is as follows:
1)   If an expression contains nouns, verbs, adjectives and other parts of speech, it is entered under the first noun;
2)   If an expression is nounless, but contains verbs, adjectives and other parts of speech, it is entered under the first verb;
3)   If an expression is nounless and verbless, but contains adjectives and other parts of speech, it is entered under the first adjective.

There are very few nounless and verbless expressions which contain adjectives and other unplaced parts of speech, but the precedence of an adjective over other unplaced parts of speech is of paramount importance in selecting secondary catchwords in expressions;
4)   The other unplaced parts of speech are: pronouns, numerals, adverbs, prepositions, conjunctions and interjections. An expression which includes only other parts of speech is entered in the dictionary under the first component, but prepositions, conjunctions, numerals and personal and possessive pronouns are ignored as unimportant words.

EXCEPTIONS

1)   In compiling an English dictionary of expressions, the auxiliary verbs: "be", "have", "do", "can", "may" and derivatives of "can" and "may" should be unplaced;
2)   In this dictionary only the verb "byt'" (be) is ignored;
3)   For the benefit of less advanced and experienced users of the dictionary all adjectival nouns are treated as adjectives. E.g. "dobryj malyj" is entered under "dobryj", the noun "malyj" having been treated as the second adjective. And likewise "vorotit' proshloe" is entered under the verb "vorotit'", though "proshloe" is in fact a noun, but an adjectival one.

Following the above rules of precedence and exceptions to the rules I list below some examples and illustrations of my method (the catchwords governing the alphabetical place are underlined):

"to come away none the wiser" - (the only verb)
"to give a false colouring to s.t." - (the only noun)
"from the cradle to the grave" - (the first noun)
"to buy a pig in a poke" - (the first noun)
"better fed than taught" - (the first verb)
"least said, soonest mended" - (the first verb)
"Jack of all trades" - (the first noun)

"for better, for worse" - (the first adjective)
"willy-nilly" - (the first component)
"good for you!" - (the only adjective)
"for good" - (the only adjective)
"if if's and an's were pots and pans, there'd be no trade for tinkers" - (the first noun)

The above English examples should convince us that this method could be easily applied to all dictionaries.

A student of Russian who possesses a knowledge of parsing and is proficient enough to be able to pick out unfamiliar expressions from a text will find them in this dictionary with the minimum loss of time at the first attempt. The method gives an absolute guarantee that expressions in the dictionary are not duplicated.

Almost all idioms and set expressions have a constant sequence of components and cannot be inverted except in poetry and rhetorical, flowery and emphatic language. My method is founded upon the ease of determining which is the first, second, etc., noun, verb or adjective in a standard style expression.

THE SELECTION OF SECONDARY CATCHWORDS
FOR THE COMPILATION AND USE OF THE DICTIONARY

If there are less than 20 expressions in a lexical entry (which of course is a random figure) the necessity of secondary alphabetical order within the entry does not exist and all other components, except the catchword, are disregarded. If a lexicographer were compiling an English dictionary of idioms and combinations and arranging the lexical entry "house" consisting of less than 20 expressions or combinations, he would arrange them at random: "boarding house; like a house on fire; to keep house; to bring the house down; to put one's house in order; full house; about the house; the House of Commons; house charge; on the house; to keep an open house; as safe as houses".

Obviously no harm is done if a user of a dictionary has to pick up an expression from a relatively short lexical entry at a glance. It is even very beneficial to learn in passing some other expressions appearing in the same entry. But the position becomes awkward and complicated if there are more, than, say, 20 expressions in an entry as e.g. in this dictionary. There are 127 expressions in the entry "ruka" (hand), 94 - in the entry "glaz" (eye), 53 - in the entry "noga" (leg) and 35 - in the entry "govorit'" (to speak).

For lexical entries in excess of 20 expressions I have devised a more complex method of alphabetical arrangement within an entry by introducing the SELECTION OF SECONDARY CATCHWORDS in all expressions.

If a lexical entry consists of more than 20 expressions and has as a primary catchword a noun, the expressions are divided into four groups:
1) Expressions containing the first noun and secondary nouns, the latter arranged in alphabetical order. The group is preceded by the Russian abbreviation "sushch"

(noun);

2) Expressions containing the noun (the catchword of the entry) and ~~adjectives~~ VERBS, the latter arranged in alphabetical order. The group is preceded by the Russian abbreviation "gl" (verb);

3) Expressions containing the noun (the catchword of the entry) and adjectives, the latter arranged in alphabetical order. The group is preceded by the Russian abbreviation "pri" (adjective), and

4) Expressions containing the noun (the catchword of the entry) and other unplaced parts of speech, the latter at random. The group is preceded by the Russian abbreviation "raz" (various). The range of these expressions is very narrow and presents no difficulty in finding them at a glance.

In a lexical entry of which the primary catchword is a verb, the subdivision is limited to two groups:

1) combinations of the first (primary) verb with secondary verbs, the latter arranged in alphabetical order. The group is preceded by the Russian abbreviation "gl" (verb), and 2) combinations of the leading verb with other parts of speech, the latter at random. There are no combinations verb + adjective. The group is preceded by the Russian abbreviation "raz" (various).

If a lexical entry contains an adjective as a catchword, it is subdivided into two groups:

1) the first adjective with secondary adjectives, the latter arranged in alphabetical order. The group is preceded by the Russian abbreviation "pri" (adjective); and

2) the adjective and other parts of speech, the latter at random. The group is preceded by the Russian abbreviation "raz" (various).

Let me provide an illustration of the method of selecting secondary catchwords. Had I compiled a lexical entry with the primary noun "eye" for an English dictionary of idioms and expressions, I would have applied the following alphabetical arrangement (secondary catchwords are underlined and arranged in alphabetical order):

1) primary catchword "eye" with secondary nouns:

....
the eye of <u>day</u>   d
....
an eye for an <u>eye</u>   e
....
to be up to one's eyes in <u>work</u>   w
....

2) primary catchword "eye" with secondary verbs:

....
to <u>give</u> an eye   g
....
to <u>keep</u> an eye   k
....

to <u>sc</u>rew up one's eyes	sc
to <u>se</u>t eyes on s.t.	se

3) <u>pri</u>mary catchword "eye" with secondary adjectives:

<u>b</u>lack eye	b
<u>g</u>lad eye	g
<u>p</u>ublic eye	p
<u>s</u>tarry eyes	s

4) primary catchword "eye" with other <u>unplaced parts of speech</u>:
(no alphabetical order of unplaced components or at random):
eyes right!
in the eye of
to be all eyes
with an eye to
in one's eyes

SIMPLICITY AND ADVANTAGES OF THE METHOD

The above alphabetical arrangement in a close juxtaposition with the lexical entry "glaz" in this dictionary (pages 46-50) and the entry "glaz" in the "Slovar'" russkogo yazyka" (Academy of Sciences) without any doubt will convince all lexicographers and users of my dictionary of the simplicity and advantages of THE METHOD.

The compilers of the Russian dictionary cross-reference 51 expressions with "glaz" - out of 93 expressions appearing in the dictionary - to other pages and volumes. In the present dictionary 94 expressions have been compiled on 5 consecutive pages in perfect secondary order without one single cross-reference.

The application of this method to other dictionaries, be they French-Bulgarian, Italian-German or Spanish-English, will most certainly:
1) reduce the size of every general and phraseological dictionary by making the repetition of expressions in several lexical entries quite unnecessary;
2) avoid cross-references;
3) provide both compilers and users of dictionaries with the facility of the instantaneous and faultless selection of catchwords, and thus
4) reduce to an absolute minimum the time wasted on consulting dictionaries.

However, one should appreciate the necessity of repeating expressions under all important components in large dictionaries consisting of several volumes. One is perfectly aware how important it is to have lexical entries in which the primary catchwords are e.g. adjectives and both nouns and verbs are relegated to secondary places. How very essential in a large standard Russian dictionary is the entry "krasnyj" with "krasnaya tsena, krasnaya ploshchad', krasnyj fonar', krasnyj zver', krasnaya ryba, krasnaya stroka, krasnyj ugolok, krasnyj tovar, krasnyj ryad, krasnyj petukh, krasnaya devitsa, krasnoe leto", etc. There is no other way of learning that "krasnyj" means not only "red", but also "beautiful" etc.

Before using the dictionary the following notes should be studied:
1) Indication of style or usage (qualifying labels) are given in Russian before the dash which divides a Russian expression from an English rendering. Some expressions are provided with two or more qualifying labels as an expression can be used as archaic, ironic, jocular, etc.;
2) If an English rendering differs from the Russian idiom in degree, indication of usage is given in brackets after the rendering;
3) Synonymous English renderings are marked off by semi-colons and non-synonymous ones by Arabic numerals;
4) If a symmetrical rendering in English is not available a Russian expression is either translated literally or paraphrased;
5) Hyphenated words are entered under the first component;
6) In order to economise on space in the dictionary:
    a) the second particles "libo" and "nibud'" are omitted in "kto-libo", "chto-libo", "kto-nibud'", "chto-nibud'" and in derivatives:
    b) also omitted is "to" before a verb if it is the first component of an expression;
    c) if a noun is the first component of a phrase the definite or indefinite articles are usually omitted;
    d) if consecutive Russian expressions are synonyms instead of repeating English renderings the abbreviation "a/a" - "as above" is used;
    e) if a component of an expression can be substituted by another word or combination of words they are entered in brackets;
    f) if a synonymous expression exists with an additional component it is entered in brackets with the sign +;
7) In all probability the dictionary will be used not only by English-speaking students but also by students whose second language is English (Swedes, Danes, Germans, French, etc.). If, say, a Russian-Norwegian dictionary of this size is not available, one can presume that Norwegians will use this dictionary. They may be proficient in standard English but not quite familiar with some stylistically coloured and too idiomatic English expressions. For their benefit additional rendering-entries are provided in plain standard English e.g. "drazhajshaya polovina" - "one's better half; spouse; wife".
8) In most Russian-English dictionaries, if an English rendering is not symmetrical with a Russian idiom or saying, a tilde is generally used over an equation sign ($\cong$).

Thus a tilde is used between such expression and rendering as "ne suli zhuravlya v nebe, a daj sinitsu v ruki" ≅ "a bird in the hand is worth two in the bush". (Literally: "do not promise a crane in the skies, but give a tomtit into the hands").

The tilde seems to be superfluous as all users of idiomatic dictionaries know full well that the more coloured and figurative is a Russian expression, the more asymmetrical would be the English rendering. Thus the tilde is not used in this dictionary even in such cases as "emu medved' na ukho nastupil" (literally "a bear has trodden on his ear") = "he has no ear for music" or in the same manner: "polozhit' zuby na polku" (literally: "to put one's teeth on a shelf") = "to tighten one's belt; to starve".

"THE OXFORD RUSSIAN-ENGLISH DICTIONARY"

In August, 1972 when this dictionary was already completed and I was putting the finishing touches to this foreword, I acquired "The Oxford Russian-English Dictionary" by Marcus Wheeler. But even this excellent work of several scholars does not seem to give a satisfactory answer to two problems: 1) the alphabetical arrangement of set expressions, and 2) the use of correct qualifying labels. In particular, low-common (common parlance) words and expressions have not been marked as such and more often than not are provided with the qualifying label "colloquial".

There are, however, two improvements on existing Russian-English dictionaries as far as alphabetical arrangement is concerned. Some expressions are repeated in two or three lexical entries thus obviating the necessity of using cross-references. Even more important a step has been made in the matter of purely mechanical alphabetical arrangement of expressions. The authors write in the introduction: "Idiomatic phrases are in many cases duplicated in entries for the component words. Phrases consisting of adjective and noun, however, are normally entered under the adjective component".

For me this is the most welcome confirmation that I have done the right thing by having chosen the purely mechanical rule-of-thumb method of the precedence of parts of speech. The compilers of the Oxford dictionary, having chosen the right path, have not been consistent. They did not go far enough as I did by applying

THE ORDER OF PRECEDENCE TO THREE IMPORTANT PARTS OF SPEECH AND DEVISING BOTH PRIMARY AND SECONDARY SELECTION OF CATCHWORDS. I started to work on the present dictionary in 1963 consistently using the above method.

Unfortunately, as far as the use of qualifying labels is concerned one is unable to find in the Oxford Dictionary any improvements as compared with the dictionaries edited by R.K. Daglish and O.S. Akhmanova. Though the authors profess that they based their dictionary also on the dictionaries of the Academy of Sciences, they disregard some qualifying labels used in profusion in the dictionaries of the Academy. E.g. they mark the vulgar word "bardak" (brothel) as "colloquial" and omit qualifying labels against expressions containing "chert".

Let us examine some samples of the use of qualifying labels in "The Oxford Russian-English Dictionary" (ORED) and compare them with the labels used in the "Slovar' russkogo-yazyka" (Academy of Sciences):

Words and expressions:	qualifying labels used in the ORED	qualifying labels used in the Dictionary of Academy
bardak (brothel)	coll.	the word was omitted altogether as thoroughly vulgar and obscene
spyatit' s uma (to go balmy)	coll.	low-common
delo tabak (things are in a bad way)	coll.	low-common
dubovaya golova (blockhead)	coll.	low-common
dubina (blockhead, numskull)	coll.	low-common, abusive
obaldet' (to become crazed)	coll.	low-common
potaskukha (strumpet, trollop)	coll.	low-common, abusive with the shade of contempt
rylo (about humans - snout, mug)	coll.	vulgar, low-common

Undoubtedly "prostorechie" was a nationwide language of peasants, workers and generally uneducated classes in the pre-revolutionary Russia. In spite of the unprecedented and admirable spread of education and learning after the Revolution, and the stupendous universalisation of the standard and literary language, even after all these 55 years "prostorechie" is still an integral part of Russian "substandard" language.

ACKNOWLEDGEMENT

This foreword would not be complete if I failed to express my sincere and heartfelt thanks to Mrs. Krystyna Slepokora-Blandini, B.A. (London), Dottoressa in Lingue e Letterature Straniere (Università degli Studi di Urbino).

To her flair for minutiae, so important in lexicographical work, I owe very much indeed. She helped me to make the dictionary as symmetrical as feasible.

When we started to work together on the last revision of the dictionary, she was already trilingual and struggling through the maze of dictionaries of two additional languages. She immediately grasped and appreciated the importance and the novelty of my method. I have to emphasize that she is in no way responsible for any errors and shortcomings.

I wish her all success in her future academic career.

Piotr Borkowski

АБСУРД   А3

довести что до абсурда	– carry / reduce/ s.t. to absurdity
делать авансы	– make overtures
быть авантажным	p– look one's best
пускаться в авантюры	– seek adventures / risks/
морская авария	– accident at sea
потерпеть аварию	– meet with an accident ; be damaged
на авось	p– at random ; on the off-chance
авось, небось да как-нибудь	p– hoping for the best ;"something will turn up "
ехать на автобусе	– go by bus
ехать на автомобиле	– go by car
управлять автомобилем	– drive a car
завоевать авторитет	– win /gain/ prestige/ authority/
непререкаемый авторитет	– indisputable authority
пользоваться авторитетом	– have authority
агент уголовного розыска	– detective ; police inspector
прикинуться агнцем	кн у– pretend to be obedient /meek/
ад кромешный	у– unendurable suffering ; hell
поднести адрес	– submit a written eulogy/on the occasion of a jubilee etc/
это по его адресу	– that's meant for him
не по адресу	– to the wrong person /place/
обратиться не по адресу	пер– come to the wrong shop; bark up the wrong tree
по чьему адресу	– concerning s.o.
пройтись по чьему адресу	p– have a dig/ fling/ at s.o.
от аза до ижицы	– from A to Z
не знать ни аза	p– not to know chalk from cheese
ни аза в глаза не знать	p– not to know a thing

АЗ		АНКЕТА
начинать с азов	p-	begin from the beginning
войти в азарт	-	grow heated ; get into the swing
азбука глухонемых	-	deaf-and-dumb alphabet
питаться акридами и диким мёдом	кн -	live frugally
составить акт	юр-	draw a statement / document/
акты гражданского состояния	-	registry records
делать акцент на чём	-	stress/ underline, emphasize/s.t.
его акции поднимаются	пер-	his stock is going up
его акции падают	пер-	his stock is going down
Аллах знает /ведает/!	ш-	goodness/heaven/ knows
бешенным аллюром	-	at breakneck speed
принести что на алтарь чего	кн-	sacrifice s.t. to...
ни алтына	у-	nothing at all; not a penny to bless oneself
от альфы до омеги	-	from A to Z ; " be all and end all"
удариться в амбицию	p-	take offence
амбулаторный больной	-	out-patient
открыл Америку !	-	Queen Anne is dead; the Dutch have taken Holland;the arch rested on Mount Ararat
аминь пришёл ему	p-	that's the end of him
это не его амплуа	у-	it's not his line
провести аналогию с чем	-	draw a parallel with s.t.
поздравить с ангелом	у-	wish s.o. a happy feast day / saint's day/
избитый анекдот	-	trite/ overworked/ joke;Joe Miller
это анекдотично	-	it sounds fantastic/unbelievable/
это просто анекдот	-	it's simply ridiculous
заполнить анкету	-	fill in a form

АНКЕТНЫЙ   АРТЕРИЯ

анкетные данные	—	personal particulars
разводить антимонии	ш р—	chatter; jabber; twaddle
питать к кому антипатию	—	take a dislike to s.o.; feel an aversion to s.o.
испытывать к кому антипатию	—	a/a
пройти с аншлагом	—	be a great hit/ abt. a play/
бурные аплодисменты	—	storm of applause; loud cheers
покрыть аплодисментами	—	applaud; acclaim
говорить с апломбом	—	speak glibly
держаться с апломбом	—	be self-assured/self-confident/
у него не хватает апломба	—	he lacks self-confidence
достигнуть апогея	—	reach the climax
апогей славы	—	summit of glory
раздражать аппетит	—	give an edge to one's appetite; make s.o.'s mouth water
дразнить чей аппетит	—	whet s.o.'s appetite
перебить кому аппетит	пер—	dampen s.o.'s ardour
волчий аппетит	—	voracious appetite
Первое Апреля	—	All Fools' Day; April Fools' Day
как в аптеке	ш—	to a nicety; right to a T
на арапа	у р—	by bluffing
воровское арго	—	thieves' cant / slang/
сногсшибательный аргумент	р—	forcible / stunning/ argument
взять под арест кого	—	take s.o. into custody
посадить под арест кого	—	a/ a
наложить арест на имущество	—	seize a property
водная артерия	—	waterway

АРТИЛЛЕРИЯ			АХТИ
тяжёлая артиллерия	ш пер	-	person hard to move ; sluggish person
сдать в архив		-	1/ shelve, file; 2/ relegate, give up as a bad job
точно/словно, как будто/ аршин проглотил		p-	as stiff as a poker ; as straight as a ramrod
мерить всех на свой аршин		p-	measure others by one's own yardstick ; measure another's corn by one's own bushel
видеть два аршина под землёй		p-	be very observant
аттестат зрелости		-	General Certificate of Education /advanced level/
как аукнется , так и откликнется	пос-		as the call , so the echo ; to be paid back in kind
пуститься в аферы		-	engage in shady trasactions /swindle/
ах да !		p-	by the way !
нести ахинею	п	p-	talk through one's hat
" и ахнуть не успел"		кс-	before you can say knife /Jack Robinson/ ; before he knew where he was
не ахти какой		п-	no great shakes ; rather poor
не ахти как		п-	nothing special ; from fair to middling

БАБА

		БАРИН
ба́ба-яга́	фол-witch; ogress; old broomstick	
ка́менная ба́ба	-stone image	
сне́жная ба́ба	-snow-man	
повива́льная ба́бка	у-midwife	
расскажи́ э́то свое́й ба́бушке	p-tell that to the/+horse/ marines	
э́то ба́бушка на́двое сказа́ла	p-we'll see what we shall see; that remains to be seen	
вот тебе́, ба́бушка, и Ю́рьев день!	here's a fine how d'ye do! пог- that's a nice kettle of fish!	
у́мственный бага́ж	-mental outfit; erudition; store of knowledge	
бить баклу́ши	p-twiddle one's thumbs; loaf; idle; waste time	
ко́нчен бал	пер-the game is up; it's all over	
бесстру́нная балала́йка	ш-chatterbox; windbag; babbler; twaddler	
ба́ловень судьбы́	-minion/child, darling/ of fortune; spoiled child of fortune	
про́бный бало́н	пер-kite; feeler	
поли́ть бальза́м на что	у- soothe; comfort	
разводи́ть/точи́ть/ баля́сы	п- talk nonsense/rubbish/; talk through one's hat	
держа́ть /мета́ть/ банк	- keep the bank	
сорва́ть банк	- break the bank	
бе́лая ба́ня	- village bath-house with a chimney	
чёрная ба́ня	- /as above -without a chimney/ /smoke rises through a hole in the ceiling/	
крова́вая ба́ня	- massacre; carnage	
зада́ть кому́ ба́ню	p- give s.o. what for; make it hot for s.o.	
смотре́ть как бара́н на но́вые воро́та	пог- look blank	
бара́шек на бума́жке	у- bribe; palm oil; oil of palms; palm grease	
бара́шки на мо́ре	пер- white horses	
сиде́ть ба́рином	у- loaf; not to lift a finger	

БАРИН		БЕДА
жить барином	у-	live like a lord; live a life of ease
кисейная барышня	у-	bread-and-butter miss
рассказывать басни	-	tell tall stories
баснями соловья не кормят	пос-	a hungry belly has no ears; fine words butter no parsnips
каков батька, таковы и детки	пос-	like father, like son
батюшки мои!	п-	good gracious! good heavens!
батюшки светы!	п-	a/ a
звать/величать/ по батюшке	у р-	use patronymic/after person's Christian name/
дубовая башка	п-	blockhead; dunderhead; nitwit
быть под башмаком у кого	р-	be under s.o.'s thumb
под башмаком у жены	р-	hen-pecked husband
ни бе ни ме /+ни кукареку/	п-	not to understand /hear/ a thing
быть в бегах	у-	be on the run/in hiding/; be outlawed
бегом марш!	-	at the double! on the double!
бегать взапуски	-	race one another; chase each other
бежать бегом	р-	hurry; fly
мышиная беготня	р-	fuss; running about
обратить в бегство	-	put s.o. to flight
обратиться в бегство	-	take to flight
спастись бегством	-	take refuge in flight; escape; run away

<u>беда</u>

<u>сущ.</u>

пришла беда, отворяй ворота	пос-	it never rains but it pours; misfortunes never come singly
лиха беда - начало	пог-	you must spoil before you spin; beginning is always difficult
семь бед -один ответ	пос-	in for a penny, in for a pound; as well be hanged for a sheep as for a lamb

БЕДА

беда, коль пироги начнёт печи сапожник, а сапоги точить пирожник   *а* пос- let the cobbler/shoemaker/ stick to his last

__гл.__

выручить кого из беды	—	help s.o. out of trouble
довести до беды	—	lead to disaster; bring to grief
он беда как любит это	p—	he loves it very much
наделать беды	—	make a mess of things
накликать беду	—	court disaster
пахнет бедой	—	there's a trouble in the offing
покинуть кого в беде	—	leave s.o. in the lurch
попасть в беду	—	get into trouble; come to grief
беда приезжает верхом, а уходит пешком	пос—	misfortunes come on wings and depart on foot
беда не приходит одна	пос—	it never rains but it pours
беда одна не ходит	пос—	an evil chance seldom comes alone

__при.__

не велика беда	—	it doesn't matter; never mind

__раз.__

на беду	—	alas; unfortunately
не беда !	—	never mind! no harm done!
беда мне с ним	p—	he is giving me a great deal of trouble
быть беде !	p—	there's trouble ahead ! look out for trouble!
долго ли до беды	p—	there'll be trouble
просто беда	p—	it's a bad job
как на беду	p—	as ill luck would have it
что за беда ?	p—	what does it matter ?

БЕДНОСТЬ

бедность — не порок	пос—	poverty is no sin /crime/

БЕДСТВИЕ   БЕС

стихи́йное бе́дствие	–	natural calamity; disaster
бежа́ть во всю	р–	run as quick as one's legs can carry one
бежа́ть как угоре́лый	р–	run like mad
бе́здна дел	–	a thousand and one things to see to
бе́здна прему́дрости	ш–	store of wisdom
бе́здна неприя́тностей	–	a world of trouble
делово́й безде́льник	ш–	idler and loafer who pretends that he is working
он тако́й безру́кий	–	his fingers are all thumbs; he's all thumbs
на безры́бьи и рак ры́ба	пос–	half a loaf is better than none; in the kindgom of the blind the one-eyed is a king
довести́ кого́ до безу́мия	–	drive s.o. crazy/mad/
люби́ть до безу́мия	–	dote upon s.o.; be madly in love with s.o.
влюблённый до безу́мия	–	infatuated; madly in love
что ты белены́ объе́лся ?	п–	are you out of your mind? are you off your head?
сплошна́я белиберда́	п–	sheer nonsense; poppycock
кружи́ться как бе́лка в колесе́	р–	be as busy as a bee; be continually on the go
верте́ться как бе́лка в колесе́	р–	a / a
реве́ть белу́гой	р–	shout/yell/ at the top of one's voice; howl frenziedly
ры́ться/копа́ться/ в чьём гря́зном белье́	–	wash s.o.'s dirty linen in public
ни бельме́са не смы́слить/знать, понима́ть/	п–	not to understand/ know/ a thing
как бельмо́ на глазу́	р–	as an eyesore; thorn in one's flesh
вы́ступить с берего́в	–	overflow the banks
разреши́ться от бере́мени	у кн–	be delivered of a child
как бес пе́ред зау́треней	п–	/frightened/ as the devil before the morning mass

рассыпа́ться ме́лким бе́сом пе́ред кем	p- fawn upon s.o.; lay oneself out to please s.o.
засто́льная бесе́да	y- table-talk
задуше́вная бесе́да	- heart-to-heart talk
подде́рживать бесе́ду	- keep the ball rolling; keep up a conversation
никако́го беспоко́йства	- no trouble at all
прости́те за беспоко́йство	- I'm sorry to trouble you
поэти́ческий беспоря́док	ш- artistic confusion/ mess/
лири́ческий беспоря́док	ш- a/ a
худо́жественный беспоря́док	ш- a/a
живопи́сный беспоря́док	ш- a/a
у него́ хвати́ло бессты́дия	- he had the impudence / cheek/
продувна́я бе́стия	p- crafty/knowing/ fellow; sly /roguish/ chap
то́нкая бе́стия	p- artful dodger ; sly customer
пья́ный до бесчу́вствия	- dead drunk
доводи́ть до бе́шенства	- drive s.o. mad; goad s.o. into fury
приходи́ть в бе́шенство	- fly into a rage ; see red
бие́ние жи́зни	- the pulse of life
биле́т в оди́н коне́ц	- single ticket
биле́т туда́ и обра́тно	- return ticket
экзаменацио́нный биле́т	- examination paper
бе́лый биле́т	y- certificate giving exemption from military service
жёлтый биле́т	дорев- yellow identity card issued to registered prostitutes
во́лчий биле́т	дорев- rustication from a university or an office of political suspects
пригласи́тельный биле́т	- complimentary ticket
смотре́ть /сиде́ть/ бирюко́м	p- look morose /sullen /

БИРЮЛЬКИ   БЛОНДИНКА

играть в бирюльки	пер-	waste one's time on trifles
метать бисер перед свиньями	-	cast pearls before swine
битком набитый	биб p-	full up; full to overflowing; like herrings in a barrel
бить на что	-	aim at
бить наверняка	-	only shoot once; play a trump card
лежачего не бьют	пос-	don't hit a man when he is down
бич общества	-	social evil/ scourge/
желаю вам всех благ!	-	the best of luck to you!
всех благ!	-	a / a and- so long!
ни за какие блага в мире	-	not for the world
счесть за благо	-	deem it right
пользоваться чьим благоволе- нием	у-	be in s.o.'s good books; stand high in s.o.'s favour
благодарю покорно	у-	many thanks
благодарю покорно	ир-	thanks / thank you/ for nothing
благодаря тому, что...	-	thanks to ...
не стоит благодарности	-	don't mention it
пользоваться чьей благосклон- ностью	-	be in s.o.'s good graces/books/ be in a high favour with s.o.
на него нашла блажь	р-	he has been taken by a sudden whim/ caprice/
по блату	р-	by backstairs influence
у него есть блат...	р-	he has a pull in; he has a friend at court
во всём блеске	-	in all one's /+radiant/ glory
придавать блеск чему	-	add lustre to s.t. ; give polish to s.t.
печь как блины	-	make s.t. very quickly
первый блин комом	пог-	you must spoil before you spin
химическая блондинка	р-	peroxide blonde

БЛЮСТИТЕЛЬ

блюститель порядка	ир ш -	limb /arm/ of the law
гадать на бобах	р-	make a wild guess
остаться/сидеть/ на бобах	р-	get nothing for one's pains; be left out in the cold
бобы разводить	р-	talk to no purposes /babble/
убить бобра	п-	get s.t. very valuable
убить бобра	ир-	get s.t. worthless instead of valuable

Бог

сущ.

как Бог на душу положит	р-	anyhow; slap-dash; higgledy-piggledy
отдать Богу душу	у-	die
давай Бог ноги	р-	take to one's heels
дай Бог память /памяти/	-	let me recollect; let me refresh my memory
Бог в помощь!	-	God help you!
Бог в помочь!	п у-	a/ a
ни Богу свечка, ни чёрту кочерга	ко- пог-	neither good nor bad; neither fish nor fowl/+ nor good red herring/
Бог вам судья	-	let God be your judge

гл.

это не Бог весть что такое	р-	it's nothing special; no great shakes
Бог весть что	р-	goodness knows what
не дай Бог	-	God preserve
Бог его знает	-	God/ goodness/ knows
избави / избавь/ Бог	-	God/ Heaven/ forbid
накажи меня Бог	-	let God punish me
чем Бог послал	р-	take pot luck
Бог прибрал его	п-	he died; he has joined the majority
не приведи Бог!	-	God/ Heaven/ forbid!
убей меня Бог!	-	God, strike me dead!

БОГ	БОК
упаси́ Бог !	— God/Heaven/ forbid
все под Бо́гом хо́дим	y— man proposes , God disposes
при.	
Бо́гом уби́тый	p— feeble-minded
раз.	
ра́ди Бо́га !	p— for God's sake ! for goodness' sake
ей-Бо́гу	p— honestly ; really and truly ; honour bright
Бог с ним	— forget about him ; let him do as he likes
чем бога́ты ,тем и ра́ды	— you are welcome to what we have; take pot luck with us
утопа́ть в бога́тстве	— roll in money
бога́тство кра́сок	— riot of colours
теря́ть бо́дрость ду́ха	— lose one's courage
бой-ба́ба	p— energetic /resolute/ woman
закалённый в бою́	— battle-hardened
взять без бо́я	— take without striking a blow
брать с бо́ю что	— take s.t. by force
рукопа́шный бой	— hand-to-hand fight
вступи́ть в рукопа́шный бой	— come to close quarters
бить кого́ смёртным бо́ем	p— thrash s.o. within an inch of his life
завяза́ть бой	— engage in battle / struggle/
лежа́ть на боку́	p— idle ; twiddle one's thumbs
бок о́ бок	— side by side; shoulder to shoulder; cheek by jowl
схвати́ть за бока́ кого́	p— take s.o. to task
взять кого́ за бока́	p— a/a
налома́ть/намя́ть/ бока́ кому́	п— give s.o. a sound thrashing /licking/

БОК   БОМБА

выйти боком	п-	not to be to one's liking; turn out a proper mess
находиться под боком	-	be quite near; be round the corner /near by, hard by/
схватиться за бока от смеха	-	split one's sides with laughter
поднимать бокал за кого	-	raise one's glass to s.o.; drink a toast to s.o.; toast s.o.
более или менее	-	more or less
более того	-	and what's more; moreover
более всего	-	most of all
тем более	-	all the more
всё более и более	-	more and more
английская болезнь	-	rickets
медвежья болезнь	ш р -	diarrhoea caused by fear
переносить болезнь	-	have an illness
запускать болезнь	-	neglect an illness
падучая болезнь	-	epilepsy
болезни роста	-	growing-pains
оправиться после болезни	-	recover after an illness
что у кого болит, тот о том и говорит	пос -	the tongue always turns to an aching tooth
болтать невесть что	р -	talk nonsense/rubbish, rot/; talk through one's hat
с болью в душе	-	with a heavy heart
лечь в больницу	-	go to a hospital
класть в больницу	-	send to a hospital
выписывать из больницы	-	discharge from a hospital
незначительное большинство	-	narrow majority
влететь бомбой	-	burst into / in/
влететь как бомба	-	a/a

БОР   БРАТ

с бо́ру , да с со́сенки	р-	taken at random; chosen haphazardly
с бо́ру, по со́сенке	р-	a/a
отку́да сыр-бо́р загоре́лся?	-	what has started all the trouble?
смея́ться в бо́роду	-	laugh in one's sleeve
отпуска́ть / отра́щивать/ бо́роду	-	grow a beard
боро́дка кли́ном	-	Vandyke beard
оставля́ть кого́ за бо́ртом	пер-	leave s.o. in the cold
оста́ться за бо́ртом	пер-	be left in the basket /the lurch/
борьба́ не на жизнь/живо́т/, а на смерть	-	mortal/death/ struggle; struggle for life and death
борьба́ за существова́ние	-	struggle for survival
сиде́ть на порохово́й бо́чке	-	sit on a powder keg
пить как бо́чка	-	drink like a fish
бездо́нная бо́чка	ш-	1/ person who can drink much; 2/ high expenses
бразды́ правле́ния	выс-	reins of government; helm of state
гражда́нский брак	-	marriage at a registry office
брак по любви́	-	love-match
брак по расчёту	-	marriage of convenience
рождённый в бра́ке	-	born in wedlock
рождённый вне бра́ка	-	born out of wedlock
нера́вный брак	-	misalliance
вступи́ть в брак	-	marry ; join in matrimony
забо́рная брань	-	swearing / as graffiti on walls and fences /
ма́терная брань	-	obscene language
площадна́я брань	-	a/ a and " Billingsgate"
родно́й брат	-	full brother

БРАТ   БРУДЕРШАФТ

молочный брат		– foster-brother
молочный брат	у–	son of a wet nurse
двоюродный брат		– first cousin
на брата	р–	for each; per person; per head
знаем мы вашего брата	р–	we know your lot
ваш брат	р–	your kind/ lot/ ; people of your ilk
свой брат	р–	one of us ; one of the boys/lads/
брат милосердия		– male nurse
свой своему поневоле брат	пог–	blood is thicker than water
они берутся нарасхват	р–	they go like hot cakes
брать взаймы у кого		– borrow from s.o.
брать напрокат что		– hire / rent / s.t.
твоя берёт !	р–	you win!
брать лишнее		– overcharge
браться за кого	р–	take s.o. to task/ in hand/
разрешиться от бремени	кн у–	be delivered of a child
бриллиант чистой воды		– diamond of the first water
насупить/ хмурить/ бровь		– knit one's brows
и бровью не повести		– not to bat an eyelid; not to turn a hair
попасть не в бровь, а в глаз		– hit the nail on the head ; too close for comfort
не зная броду, не суйся в воду	пос	– look before you leap
брожение умов		– mental ferment ; discontent
хоть брось	п–	very bad ; couldn't be worse
бросить пить		– give up drinking
бросить курить		– give up smoking
выпить на брудершафт		– pledge fraternity / after the drink the persons concerned address themselves by Christian names /

БРЮНЕТ		БЫК
жгу́чий брюне́т		– raven-head
на брю́хе шёлк, а в брю́хе щёлк	пос-	great boast, small roast
по́лзать на брю́хе пе́ред кем	п-	cringe /grovel/ before s.o.
брю́хо сы́то, да глаза́ голодны́	пог	–his eye is bigger than his belly
отрасти́ть брю́хо		п-grow a paunch
сы́тое брю́хо к уче́нию глу́хо	пос-	fat paunches have lean pates
бряца́ние ору́жием		–sabre-rattling
сла́вны бу́бны за гора́ми	пог-	the grass is always greener next door /over the hill/
смотре́ть бу́кой		p-look morose/sullen/
с большо́й бу́квы	пер-	real; genuine; worth its/one's/ name
бу́ква зако́на		–the letter of the law
бу́ква в бу́кву		– to the letter; word by word
брать на букси́р кого́	пер-	help/ assist, coach/ s.o.
англи́йская була́вка		–safety pin
ни бум-бу́м		п-nothing at all / to know, to understand/
излага́ть на бума́ге		–state in writing ; commit to paper
мара́ть бума́гу		–spoil paper ; scribble
бума́га всё те́рпит	пог-	paper is forbearing /patient/; write whatever you fancy
почто́вая бума́га		–note paper
бу́ря в стака́не воды́		–storm in a teacup
раздави́ть/распи́ть/ буты́лку		p-crack a bottle
лезть в буты́лку		п-be angry for no reason at all
загля́дывать в буты́лку		ш-drink from time to time
двойна́я бухгалте́рия		пер-double-dealing
с бу́хты бара́хты		п-all of a sudden ;off-hand; without rhyme or reason
здоро́в как бык		p-as strong as a horse; as sound as a bell

БЫК   БЫЧОК

упёрся как бык	p-	he is as obstinate as a mule
взять быка́ за рога́	p-	take the bull by the horns
быльём поросло́	y-	it is a thing of the past
с быстрото́й мо́лнии	-	as quick as a flash ; like wildfire
входи́ть в быт	-	become a custom/ tradition/

быть

бы́ла и не́ту !	п -	gone for a holiday !
была́ не была́	p-	come what may; sink or swim
будь что бу́дет	-	be that as it may ; what will be , will be
как бы то ни́ было	-	a/ a
быть по сему́	y-	so be it / e.g. the formula used by a tzar when signing
бу́дет с вас !	p-	stop it! that /state papers/ will do! you've had enough!
так и быть	-	so be it
бу́дет тебе́ за э́то	-	you will get what for
как быть ?	-	what to do ? what is to be done?
и был тако́в	p-	and off he went
я не бу́ду я ,е́сли...	-	I'm a Dutchman , if...; I 'll eat my hat ,if...
бу́дет тебе́ / пла́кать/	p-	stop it / stop crying/
как ни в чём не быва́ло	-	as though nothing happened
быть бычку́ на верёвочке	пог-	you will be brought to obedience

18

ВА-БАНК	ВЕЗТИ
играть ва-банк	—stake one's all
идти ва-банк	— a/a
ставить ва-банк	— a/a
писать вавилоны	у p-reel ; stagger/when drunk/
выводить вавилоны	у p- a/a
вагон времени	ш—heaps of time
телячий вагон	— stove-heated railway goods van used for passengers
для пущей важности	p-for greater show ; to look important; to enhance the effect
напускать на себя важность	— assume airs ; put on airs
эка важность ?	p- what does it matter? who cares?
не велика важность	p-it is of no consequence; it doesn't matter in the least
девятый вал	— the tenth wave ; the highest wave
валом валить	p- flock ; throng ; come in flocks
вали, как попало!	п-hit or miss! do it higgledy-piggledy !
валяй во всю ивановскую!	п-get going as fast as you can!
валяй во всю !	п- a/a
принять ванну	—take a bath
ванька-встанька	—tilting-doll
соломенная вдова	p-grass widow
соломенный вдовец	p-grass widower
вдоль и поперёк	—all over; far and near; far and wide; up and down; thoroughly
ведать не ведаю	п-I haven't the foggiest idea
льёт как из ведра	— it's raining cats and dogs; it's coming down in sheets
везде и всюду	—high and low; here, there and everywhere
вам везёт	p-you are in luck/luck's way/

ВЕЗТИ	ВЕНЕЦ
ему́ чёртовски везёт	p- he has the devil's own luck
мне всегда́ так везёт	p- just my luck

ве́к

во ве́ки веко́в	-for ever and ever ; for all time; world without end
век живи́ -век учи́сь	пос- live and learn; never too old to learn
век живи́ -век учи́сь, а дурако́м умрёшь	пос- a/a
не зака́ивайтесь на ве́ки ве́чные	p- never is a long time / day /
не знать ве́ку	п- 1/ be very healthy/strong/; 2/ be hardwearing/ shoes etc/
ко́нчить век	у- die ; be deceased
мы́кать век	п- live in poverty /misery /
отжи́ть свой век	-1/ have had one's day; 2/ go out of use/ fashion/
отста́ть от ве́ка	-not to keep abreast with the times
на ве́ки ве́чные	-for ever and ever; for all time; world without end
в ко́и-то ве́ки	p- once in a blue moon
испоко́н ве́ку / веко́в/	у- from time immemorial
вро́вень с ве́ком	-abreast of the times
на моём веку́	-in my lifetime ; in my day
дожива́ть свой век	-spend / be living/ the rest of one's days
по щу́чьему веле́нию	р ш- by the wave of a wand /magic wand/
веле́ть до́лго жить	у- die; depart from this life; join the majority
испо́лненный вели́чия	кн- majestic
в натура́льную величину́	-true to life; life-sized
писа́ть вензеля́	p- reel;stagger / when drunk/
идти́ под вене́ц	у- marry
вести́ под вене́ц	у- lead to the altar;marry

ВЕРА	ВЕС
служить верой и правдой кому у-	serve s.o. faithfully; wait upon s.o. hand and foot
принимать на веру что	- take s.t. on trust ; take s.t. for granted
не принимать всего на веру	- take s.t. for what it's worth
слепая вера	- implicit / blind/ faith
вереница мыслей	- train of thoughts
вить верёвки из кого	p- twist s.o. round one's little finger
по нём давно верёвка плачет	p- he should have been hanged long ago
что верно, то верно	- there's no denying that; no doubt about that
верю, как дважды два четыре	- as sure as eggs is/ are/ eggs; as sure as death and taxes
для большей верности	- to make assurance doubly/double/ sure; be on the safe side
вернуться несолоно хлебавши	p- have nothing for one's pains; return empty-handed
вернуться ни с чем	- a/ a
по всей вероятности	- in all probability /likelihood/
его за версту видно	ш- you can't miss him/ he is so tall/
в коломенскую версту	ш- very tall person
вертеться вокруг да около	p- beat about the bush
верх наглости	- brazen impudence
одержать верх над кем	- gain the upper hand over s.o.
взять верх над кем	- a/ a
нахвататься верхов	- get a mere smattering of s.t.
верх блаженства	- height of bliss ; seventh heaven
на верху блаженства	- in perfect bliss ; on the top of the world
верх совершенства	- peak/ pink/ of perfection
верхушка общества	- the upper crust ; upper ten thousand
ровный вес	- correct weight

ВЕС

иметь вес	- carry weight
на вес золота	- worth its weight in gold
приуныть после веселия	- laugh on the wrong side of one's face
веселиться напропалую	p- have a whale of a time
веет весной	- spring in the air
вести себя благовоспитанно	- have good manners
дурно вести себя	- behave badly ; misbehave
ведите себя прилично !	- behave ! behave yourself!
к чему он это ведёт ?	- what is he driving /getting/ at?
дайте о себе весточку	- drop me a line ; let me hear from you
пришлите мне весточку	- a/ a

ВЕТЕР

сущ.

пускать на ветер деньги	- play ducks and drakes with money; waste money
ветер свистит в карманах	ш- out of pocket; pennyless; not a penny to bless oneself
бросать на ветер обещания	- make promises lightly
ищи ветра в поле	p- go on a wild-goose chase; you have had it; you may whistle for it

гл.

болтать на ветер	p- waste one's breath ; whistle down the wind ; speak at random
говорить на ветер	p- a/ a
ждать , куда ветер подует	- see how the cat jumps
каким ветром вас занесло ?	- what good wind brings you here?
знать , куда ветер дует	- see which way the wind blows
идти , куда ветер дует	- be a weathercock ; sit on the fence

пр.

подбитый ветром	p- 1//clothing/ poor , thin coat; 2/ /person/ empty-headed

ВЕТЕР

попу́тный ве́тер	– fair wind; tail wind
с попу́тным ве́тром	– with the wind
с попу́тным ве́тром !	– bon voyage ! God speed!
проти́вный ве́тер	– adverse / contrary/ wind ; headwind

раз.

про́тив ве́тра	– against the wind; in the teeth of the wind ; with a headwind
прийти́ в ве́тхость	– fall into disrepair / decay/
смени́ть ве́ху	р – change sides
Та́йная Ве́черя	рел– the Last Supper
кану́ть в ве́чность	кн – sink into oblivion
отойти́ в ве́чность	– die; disappear
це́лая ве́чность	– years and years ago
я его́ не ви́дел це́лую ве́чность	– I have not seen him for ages / for donkey's years/
вещь ве́щи рознь	р– things differ
смотре́ть широко́ на ве́щи	– be broad-minded; take a broad view of things
называ́ть ве́щи свои́ми имена́ми	– call a spade a spade
ме́рить вёрсты	у– walk long distances
за семь вёрст киселя́ хлеба́ть	пог– go on a wild-goose chase

все, всё

все до одного́	– to a man; to the last man
все , как оди́н	– a/a
всего́ хоро́шего/лу́чшего/ !	– good-bye; all the best /very best/
на всём гото́вом	– all found ; board and lodging found
все от ма́ла до велика́	– young and old ; everyone
всего́ понемно́жку	– a little bit of everything

| ВСЕ | ВЗГЛЯД |

всего́-на́всего	p- in all; only; but; nothing but
все поголо́вно	- one and all; all to a man
все вме́сте	- all together
все вдруг	- all at once
не все вдруг/сра́зу/ !	- one at a time!
всего́ ничего́	- almost nothing
всё равно́	- it makes no difference; never mind
не всё ли равно́?	- what does it matter ?
всё и вся	p- all and sundry
во всю	p- with all one's might
всё-таки / всё-же/	- and yet; all the same; anyway; nevertheless
и всё тако́е	- and all that / + sort of thing/; and so on ; and so forth
всё из-за вас	- all because of you
при всём э́том	- for all that ; moreover
всё ни к чему́	- all for nothing
взад и вперёд	- backwards and forwards; to and fro; up and down
ни взад ни вперёд	- at a standstill ; at a deadlock
отвеча́ть взаи́мностью	- return one's love /feelings/; reciprocate
зада́ть взбу́чку	п- give s.o. a good hiding/scolding, dressing-down/
быть на взво́де	p- be in one's cups

взгляд

броса́ть влюблённые взгля́ды	- make eyes ; cast sheep's eyes
броса́ть гне́вные взгля́ды	- look daggers
бро́сить многообеща́ющий взгляд	- give the glad eye
оки́нуть взгля́дом	- glance over; have a look

ВЗГЛЯД   ВЗДУМАТЬ

не отрывать взгляда от кого /чего/	- have one's eyes glued to s.o. / s.t./
поймать чей взгляд	- catch s.o.'s eye
поймать многообещающий взгляд	- get the glad eye
придерживаться взгляда	- uphold the view
пронзить взглядом	- look fixedly / intently /; look daggers
это противоречит моим взглядам	- that doesn't agree with my views
разделять чьи взгляды	- share s.o.'s views/opinions/; see eye to eye with s.o.
расходиться во взглядах	- differ in opinion ; be at variance
смерить кого взглядом	- eye / look/ s.o. up and down
уловить чей взгляд	- catch s.o.'s eye
ищущий взгляд	- wistful / anxious/ look
с одного взгляда	- at a glance
на первый взгляд	- at first sight; on the face of it; prima facie
старые взгляды	- old-fashioned ideas
взгляд исподлобья	- sullen look
на мой взгляд	- to my mind ; in my opinion
взглянуть на что предвзято	- take a jaundiced view of s.t.
нести вздор	p- talk nonsense/ rot/ ; talk through one's hat
молоть вздор	p- a /a
городить вздор	p- a/ a
сущий вздор	p- stuff and nonsense
сплошной/чистейший/ вздор	p- a/ a
испустить последний вздох	y- breathe one's last
и не вздумайте !	- and don't you dare
как вздумается	- at one's own sweet will

ВЗОР		ВИД
обратить на себя взоры	-	attract all eyes
потупить взор	-	cast down one's eyes
радовать взор	-	gladden the eye
скрестить взоры	-	meet s.o.'s eyes
проводить взором кого	-	follow s.o. with one's eyes
мерит взором кого	-	look up and down at s.o.
взрывы хохота	-	roars of laughter
взрыв апплодисментов	-	burst of applause
с него взятки гладки	пог-	you won't get anything out of him

__взять__

взять / да сделать что/	p-	do s.t.
взяться за что	-	try one's hand at s.t.
всё вместе взятое	-	as a whole; lock, stock and barrel
взятый в целом	-	as a whole
откуда ни возмись	p-	all of a sudden; out of the blue; goodness knows where from
наша взяла !	p-	we've won! we've done it !
он этого и даром не возмёт	-	he wouldn't have it as a gift / for free/

__вид__

__сущ.__

вид на жительство	-	residence permit ; identity card; identification card /Am./
в виде исключения	-	by way of exception ; for this once
вид с птичьего полёта	-	bird's eye view

__гл.__

он видал /+ и не такие/ виды	p-	he's seen a lot of life ; he's been around ; he's an old hand
выставлять кого в смешном виде	-	make a laughing stock of s.o.

ВИД	ВИД
держа́ться на виду́	– keep oneself in the foreground /limelight/
де́лать вид, что	– make believe / pretend/ that
име́ть в виду́	– bear/ have, keep/ in mind
име́ть ви́ды на кого́/что/	– have one's eye on s.o. ; count on s.t.
напуска́ть на себя́ ва́жный вид	– put on airs
не показа́ть ви́да /ви́ду/	– not to give oneself away
потеря́ть и́з виду	– lose sight ; overlook; not to take into consideration
су́дя по вне́шнему ви́ду	– on the face of it
су́дя по его́ ви́ду	– to look at him ; judging by his appearances
упусти́ть что и́з виду	– overlook, miss; lose sight of s.t.
ходи́ть с напы́щенным ви́дом	– strut; walk with a pompous gait

при.

в го́лом ви́де	– naked ; with nothing on
/име́ть/ затрапе́зный вид	p– look shabby
/име́ть / изму́ченный вид	– look rundown
/име́ть/ истрёпанный вид	– look seedy / worn out/
ки́слый вид	– sullen look
неопределённого ви́да	– vague ; nondescript ; not easily classified
в нетре́звом ви́де	– under the influence of drink
подтя́нутый вид	– smart appearance
в пья́ном ви́де	– under the influence of drink
уны́лый вид	– long face
у него́ цвету́щий вид	– he's a picture of health

раз.

для ви́да	p– just for show; to show off; for appearances' sake
ни под каки́м ви́дом	– by no means; on no account; not under any circumstances

ВИДЕТЬ		ВКОПАННЫЙ

где э́то ви́дано ?	p-	have you ever seen anything like that ?
оно́ и ви́дно	p-	that's obvious / self-evident/
то́лько его́ и ви́дели	-	he was gone in a flash; he disappeared as suddenly as he came
ви́деть его́ не могу́	-	I can't bear / stand/ the sight of him
ви́деть кого́ насквозь	-	read s.o. like a book; see through s.o.'s game
по всей ви́димости	-	to all appearances ; in all likelihood
ви́димо-неви́димо	p-	lots; galore; crowds/abt.people/
отве́тный визи́т	-	return visit
отда́ть визи́т	-	pay a return visit; return a visit
пойти́ с визи́том	-	call on s.o.
нанести́ визи́т кому́	-	pay a visit to s.o.
э́то ещё ви́лами на/по/воде́ пи́сано	пог -	it is all still in the air
приня́ть/взять/на себя́ вину́	-	take / bear, shoulder/ the blame
свали́ть вину́ на кого́	-	put the blame on s.o. / at s.o.'s door; shift the blame on s.o.
загла́дить вину́	-	redress a wrong
искупи́ть вину́	-	redeem a wrong ; atone for one's guilt
без вины́ винова́т	п-	found guilty though being innocent
смягча́ющие вину́ обстоя́тельства	юр-	extenuating circumstances
отягча́ющие вину́ обстоя́тельства	юр-	aggravating circumstances
ста́вить /вменя́ть/ в вину́ кому́	-	blame s.o. for s.t.
отрица́ть вино́вность	-	plead not guilty
"зелён виногра́д"!	к с -	" the grapes are sour!"
у него́ ви́нтика не хвата́ет	p-	he's got a screw loose
как вко́панный	-	as if rooted to the ground

| ВКРИВЬ | | ВНЕШНОСТЬ |

вкривь и вкось	-	in all directions ; at random
угодить в чей вкус	-	suit one's taste; be to one's liking /taste/
на вкус и цвет товарищей нет пос	-	tastes differ ; one man's meat is another man's poison
о вкусах не спорят	-	a/ a
войти во вкус чего	-	begin to enjoy s.t.
прийтись по вкусу кому	-	catch one's fancy ; suit s.o.'s taste
не по вкусу	-	not to one's liking ; against the grain
он не в моём вкусе	-	he's not my sort /type/
перейти к другому владельцу	-	change hands
ввести кого во владение	-	put s.o. in possession
властитель дум выс кн-		spiritual leader ; inspirer
ваша власть п у-		it's up to you ; please yourself ; you're the boss
во власти предрассудков	-	ridden by prejudices
облекать властью кого у-		lodge power with s.o.
терять власть над собой	-	lose one's temper ; lose one's self-control
прийти к власти	-	come into power
власть решить и вязать у ист-		unquestionable / indisputable / authority
сколько влезет р-		to one's heart's content ; galore ; enough and to spare
испытывать влечение к кому	-	take a fancy to s.o.; be drawn to s.o.
под влиянием минуты	-	on the spur of the moment
иметь влияние на кого	-	have a hold /influence/ over s.o.
отрицательное влияние	-	bad influence
вместе с тем	-	at the same time; moreover
вне себя от чего	-	beside oneself with s.t.
судить по внешности	-	judge by appearances

ВНИМАНИЕ   ВОДА

завладе́ть чьим внима́нием	— compel s.o.'s attention
обрати́ть на себя́ чьё внима́ние	— draw s.o.'s attention ; catch s.o.'s notice/ eye/
не обраща́ть внима́ния	— ignore ; disregard ; take no notice of ...
оста́вить без внима́ния	— ignore ; disregard
поглоща́ть чьё внима́ние	— absorb one's mind/ attention/
по́льзоваться чьим благоскло́нным внима́нием кн—	have s.o.'s favourable attention
привле́чь к себе́ чьё внима́ние	— draw s.o.'s attention; catch s.o.'s notice / eye/
прико́вывать внима́ние	— arrest attention
принима́ть во внима́ние	— take into consideration; take note of
принима́я во внима́ние	— in view of; in consideration of
приня́в всё во внима́ние	— all things considered; taking it all round
усыпля́ть чьё внима́ние	— put s.o. off his guard
он- весь внима́ние	— he's all eyes / ears/
он -нуль внима́ния р—	he does not care a fig; he could not care less
вовсе́ нет	— nothing of the sort /kind/

<u>вода́</u>

<u>сущ.</u>

седьма́я вода́ на киселе́ пог —	a cousin seven times removed; a second cousin twice removed
лить во́ду на чью ме́льницу	— play into s.o.'s hands
воды́ мо́рю прибавля́ть пог —	carry coals to Newcastle ; hold a candle to the sun
темна́ вода́ во о́блацех ш у—	enigma ; mystery
черпа́ть во́ду решето́м пог —	draw water in a sieve
он молчи́т , как бу́дто воды́ в рот набра́л	— he's playing mum ; he doesn't utter a word
мно́го /нема́ло/ воды́ утекло́ с тех пор	— a great deal of water has flowed under the bridge since then
в му́тной воде́ ры́бу лови́ть пог—	fish in troubled waters

ВОДА   ВОЖЖА

толо́чь во́ду в сту́пе   пог-   beat the air; plough the sands;
                                       mill the wind; flog a dead
                                       horse; thrash over old straw

гл.

вы́вести на чи́стую /све́жую/во́ду-   bring to light; bring out in
                                       the open ; call s.o.'s bluff
вы́йти сухи́м из воды́   пер-   get out of it with clean hands;
                                       come off scot free
он воды́ не замути́т   -   he looks as if butter wouldn't
                                       melt in his mouth
как в во́ду кану́ть   -   vanish into thin air
лечи́ться на вода́х   -   take the waters / in a spa/
мути́ть во́ду   пер-   stir up trouble
обли́ть / окати́ть/ холо́дной
    водо́й   пер-   throw a cold shower on s.o.
пить во́ды   -   take the waters / in a spa/
их водо́й не разолье́шь   р-   they stick together; they are
                                       as thick as thieves ; they are
                                       bosom friends
его́ как водо́й смы́ло   -   he vanished into thin air
спусти́ть на во́ду   -   launch / a ship/
при.
как в во́ду опу́щенный   -   down in the dumps; like a lost
                                       soul; downcast
тёплые во́ды   -   watering place ; the waters
чисте́йшей воды́   -   of the first water
ти́ше воды́ , ни́же травы́   р-   meek and mild ; as if butter
                                       wouldn't melt in one's mouth
дать на во́дку кому́   дорев- give s.o. a tip ; tip s.o.
без во́дки не разберёшь   пог-   you have to be drunk to under-
                                       stand that
распусти́ть во́жжи   пер-   let s.o. get out of hand
ему́ вожжа́ под хвост попа́ла   п-   he behaves in a funny / whimsi-
                                       cal/ way
держа́ть во́жжи в рука́х   пер-   concentrate the power in one's
                                       hands

ВОЗ   ВОЛК

что с возу упало , то пропало	пос	it´s no use crying over spilt milk; what´s lost is lost; what´s done can´t be undone; finders keepers ,losers weepers
" а воз и ныне там "	кс -	things have not budged an inch
воздать сторицей кому	-	return a hundredfold to s.o.
на вольном / открытом / воздухе	-	in the open air ; out of doors
выйти на воздух	-	go out for a breath of air
в воздухе носится	-	it´s in the air
в воздухе чуствуется	-	a/ a
взлететь в воздух	-	blow up
блестящая возможность	-	golden opportunity
мышиная возня	пер-	bustle; fuss; petty intrigues ; much ado about nothing
выставлять возражение	-	raise an objection
выглядеть соответственно своему возрасту	-	look one´s age
выйти из возраста	-	reach the age limit / e.g. for an employment /
на возрасте	-	of age
нежный возраст	-	tender age
не по возрасту	-	beyond one´s years
развязать войну	-	unleash/ start/ a war
вести войну	-	wage war ; fight a war
работать как вол	-	work like a horse/beaver/
трудиться как вол	-	a/ a
с одного вола семь /двух/ шкур не дерут	пос-	you can´t flay the same ox twice
волей-неволей	p-	willy-nilly
морской волк	p-	old salt ; sea-dog

ВОЛК

тра́вленный волк		— old hand
волк заре́зал овцу́		— the wolf killed a sheep
волк в ове́чей шку́ре		— wolf in sheep's clothing
голо́дный как волк		— as hungry as a wolf/hunter, hawk/
смотре́ть во́лком		— lour; look daggers
хоть во́лком вой	p —	/ abt. desperate, hopeless situation /
и во́лки сы́ты и о́вцы це́лы	пос-	that makes everyone happy
с волка́ми жить, по во́лчьи выть	пос-	when in Rome do as the Romans do
волко́в боя́ться, в лес не ходи́ть	пос-	nothing venture, nothing gain; nothing ventured, nothing gained
приходи́ть в волне́ние		— get excited /nervous/
быть вне себя́ от волне́ния		— be beside oneself with anxiety
бума́жная волоки́та		— red tape; bureaucracy
канцеля́рская волоки́та		— a/ a

ВО́ЛОС

у него́ во́лосы ста́ли ды́бом		— his hair stood on end
дожи́ть до седы́х воло́с		— live to a ripe old age
быть на во́лос от чего́		— be within a hair's breadth of s.t.
ни на во́лос		— not at all; not in the least
э́то притя́нуто за во́лосы		— it's far-fetched
вцепи́ться кому́ в во́лосы	p-	seize s.o. by the hair
накладны́е во́лосы		— false hair; wig; toupée
непослу́шные во́лосы		— unruly hair
отпуска́ть во́лосы		— grow one's hair long
висе́ть на волоске́		— hang by a thread
держа́ться на волоске́		— a/a

ВОЛОСО́К

ВОЛОСОК		
ни на волосо́к	–	not in the least; not at all
на волосо́к от	–	by a hair; within a hair's breadth of ; touch and go
быть на волосо́к от чего́	–	have a narrow escape /close shave/
завести́ волы́нку	п–	cause delays; keep on putting things off ; dawdle; dally
тяну́ть волы́нку	п–	a/ a
на во́ле	р–	free; outdoors
дава́ть во́лю рука́м	р–	be ready with one's hands
дава́ть во́лю кулака́м	р–	use one's fists
э́то в ва́шей во́ле	–	it's in your power; it's up to you
брать во́лю	р–	take the liberty /liberties/
по свое́й до́брой во́ле	–	of one's own free will; of one's own accord
дать во́лю кому́	р–	liberate / let loose, let go/ s.o.
отпуска́ть кого́ на во́лю	–	set s.o. free ; release s.o.
во́ля ва́ша / ва́ша во́ля /	п–	as you please ; as you wish
по во́ле слу́чая	–	by chance
оставля́ть что на во́лю слу́чая	–	leave s.t. to chance
дать во́лю воображе́нию	–	give rein to one's imagination
дать во́лю чу́вствам	–	let oneself go
дать во́лю языку́	–	loosen one's tongue
дать во́лю чему́	–	give vent to s.t.
дать себе́ во́лю в чём	–	indulge in s.t.
во́лею суде́б	выс кн –	as fate has willed it/arch/; willy-nilly
Наро́дная Во́ля	ист –	a secret political organization in the eighties
ВОЛЬНОСТЬ		
позволя́ть себе́ во́льности с кем-		take liberties with s.o.; make free with s.o.

ВООБРАЖАТЬ

мнóго воображáть о себé	— think too much of oneself; think no small beer of oneself /col/
онá воплощéние здорóвия	— she is the /+very/ picture of health

вопрóс

сущ.

вопрóс жи́зни и смéрти	— a matter of life and death
по вопрóсу и отвéт	— as the question so the answer; don't ask silly questions and you won't get silly answers
стáвить вопрóс ребрóм	— put a question point blank /squarely/
вопрóс чéсти	— point of honour

гл.

задавáть вопрóс	— put/ ask / a question
засыпáть когó вопрóсами	— heap questions upon s.o.
ну, и вопрóс затянýл !	p— now, what a question to ask!
коснýться вопрóса вскользь	— touch upon a question in passing
коснýться вопрóса мимохóдом	— a / a
обойти́ вопрóс	— side-step /evade, avoid/ a question
освещáть вопрóсы	— explain problems ; deal with questions
поднимáть вопрóс	— raise an issue / a question/
стáвить вопрóс	— a/ a
стáвить под вопрóс что	— call s.t. into question

при.

больнóй вопрóс	— sore subject ; burning question
под больши́м вопрóсом	— subject to considerable doubt
жгýчий вопрóс	— vital / burning/ problem
злободнéвный вопрóс	— the question of the hour; burning topic of the day

ВОПРОС

ВОПРОС	ВОСТРЕБОВАНИЕ
узлово́й вопро́с	– main question/ problem/
щекотли́вый вопро́с	– sore point /subject/
карма́нный вор	– pickpocket
пло́хо не клади́, вора́ в грех не вводи́	пос– opportunity makes the thief
на воре́ ша́пка гори́т	пос– an uneasy conscience betrays itself; if the cap fits wear it
до́брому во́ру всё в по́ру	пос– all is fish that comes to his net
ста́рого воробья́ на мяки́не не обма́нешь	пос– an old bird is not to be caught with chaff
стре́лянный воробе́й	p– knowing old bird; old stager
литерату́рное воровство́	– plagiarism
во́рон во́рону глаз не вы́клюет	пос– "dog doesn't eat dog"; shark/s/ don't eat shark/s/
куда́ во́рон косте́й не занесёт	– at the back of beyond
чёрный во́рон	p– Black Maria
бе́лая воро́на	– rara avis; rare bird
счита́ть воро́н	p– gape; yawn; loaf; idle; twiddle one's thumbs
воро́на в павли́ньих пе́рьях	– in borrowed plumes; jackdaw in peacock's feathers
пу́ганная воро́на куста́ бои́тся	пос– once bitten /bit/, twice shy; a burnt child dreads fire; the scalded cat fears cold water
от воро́т поворо́т	p ш– point blank refusal
вороти́ть про́шлое	– rake the past
Ве́рбное Воскресе́ние	– Palm Sunday
выходи́ть на восто́к	– look east / e.g. windows/
Бли́жний Восто́к	– Middle East
до востре́бования / письмо́/	– post restante; to be called for; general delivery / Am./

ВОСТОРГ   ВПОЛОВИНУ

прийти́ в восто́рг	— go into raptures
в теля́чем восто́рге	p— in childish glee
прийти́ в теля́чий восто́рг	p— get foolishly enthusiastic
администрати́вный восто́рг ир	— bureaucrat's delight /in issuing laws, regulations etc/
он в ди́ком восто́рге от чего́	— he is mad about s.t.
вызыва́ть восхище́ние	— fill with admiration
приходи́ть в восхище́ние	— be / get/ delighted
вот тебе́ на !	p— well, I never ! well, I declare! how do you like that ?
вот тебе и на!	p — a / a
вот и всё	— and that's all ; and that's that
вот как	— is that so ? really ?
вот же тебе́!	p— here you are !
вот-вот	— any minute now ; round the corner
вот и́менно	— exactly ; quite so; precisely
вот ещё!	— I like that !
вот так так !	p— can you beat it ?
производи́ть впечатле́ние на кого́	— make an impression on s.o.
производи́ть прия́тное впечатле́ние на кого́	— impress s.o. favourably
выноси́ть впечатле́ние	— get / have / the impression
находи́ться под впечатле́нием	— be under the impression
создава́ть впечатле́ние	— make an impression
обме́ниваться впечатле́ниями	— exchange news ; compare notes
вплотну́ю оди́н к друго́му	— close to each other
вполови́ну ме́ньше	— less by half

ВПОЛНЕ		ВРЕМЯ
вполне́ возмо́жно		- very much so ; as likely as not
быть впо́ру		- fit / abt. clothing ,shoes etc/
он себе́ не враг	пог	- he knows which side his bread is buttered; he knows what is good for him
нажи́ть враго́в		- make enemies
закля́тый враг		- sworn enemy
кро́вный враг		- deadly enemy
смерте́льный враг		- a/ a
его́ ниче́м не вразуми́шь		- he won't listen to reason
ца́рские врата́	цер	- holy gates / leading to the main altar/
ври бо́льше !	р	- tell that to the marines ! tell me another one !
ври, да не завира́йся !	р	- you don't expect me to believe that !
показа́ться врачу́		- see a doctor
вызыва́ть врача́		- send for a doctor

__вре́мя__

__сущ.__

вре́мя от вре́мени		- from time to time ; now and again; on and off; every now and then
у меня́ вре́мени в обре́з	р	- I'm short of time ; I have no time to spare
вре́мя рабо́тает не в на́шу по́льзу		- time is against us

__гл .__

вре́мя бежи́т	- time flies
взять на вре́мя	- to borrow
вы́играть вре́мя	- save / gain/ time
выкра́ивать вре́мя	- find time

ВРЕМЯ

время ждёт	– there's still time
засе́чь вре́мя	– take a note of the beginning and end of s.t.
вре́мя идёт	– time goes by; time is passing
име́ть ма́ло вре́мени	– be pressed for time
корота́ть вре́мя	– while away one's time
вре́мя лети́т	– time flies
наверста́ть поте́рянное вре́мя	– make up for lost time
наста́ли после́дние времена́	– hard times have come
наступи́ли после́дние времена́	– a/ a
оттяну́ть вре́мя	p– delay ; temporize
подхо́дит вре́мя	– it's about time
проводи́ть вре́мя	– pass/ spend/ time
что́бы провести́ вре́мя	– to pass away the time
хорошо́ провести́ вре́мя	– have a good time; have a whale of time/ col/
вре́мя рабо́тает на нас	– time is on our side
распределя́ть своё вре́мя	– map out one's time
вре́мя те́рпит	– there's no hurry; there's still time
вре́мя не те́рпит	– time is short; time presses
теря́ть вре́мя	– waste time
не теря́я вре́мени	– without delay
вре́мя течёт	– time is passing
тра́тить вре́мя по́пусту	– dally away/ waste/ one's time
тра́тить вре́мя зря	– a/ a
тяну́ть вре́мя	– temporize; play for time; take one's time
уби́ть вре́мя	– kill time

ВРЕМЯ

при.

время детское	p-the night is young
в должное время	-in due time / course/
глухое время	-slow/slack/ season
горячее время	-busy time
время исчерпано	-time is up
в настоящее время	-at present ; now
с незапамятных времён	-from time immemorial; time out of mind
ненастное время	-bad spell of weather ; spell of bad weather
в непродолжительном времени	-before long; in the not too distant future
до последнего времени	-till quite recently
опередивший своё время	- ahead of / before/ one's time; forerunner
в последнее время	-lately ; recently
в прежние времена	-in the old days ; in the past
в прежнее время	- a/ a
самое время	-it's just the time; it's high time
в свободное время	-at one's leisure; in one's spare time
в скором времени	-before long

раз.

во-время	-on / in/ time
не во-время	- behind time
по временах	- from time to time; on and off; between whiles
раньше времени	- before time
в наше время	-/ past / in our day; /present/ nowadays
всё в своё время	- all in good time
в своё время	-in due time

ВРЕМЯ	ВЫВОД
во время оно	у- in the days of yore; in the year one; in the year dot; when Queen Anne was alive; once upon a time
во времена / Николая II/	- in the days / during the reign/ of / Nicholas ll/
сколько времени ?	- what's the time ?
во всеуслышанье	- for all to hear; from the roof--tops; from the house-tops
вскочить как встрёпанный	- jump like a shot
голосовать вставанием	- vote by rising to one's feet
горячая встреча	- hearty meeting
какая приятная встреча !	- pleased to meet you !
до скорой встречи !	- see you soon !
мимолётная встреча	- fleeting encounter
встреча Нового Года	- seeing in the New Year ; New Year's party
встречный и поперечный	р- all and sundry ; anybody and everybody
первый встречный	- first comer
задать встрёпку кому	р- give s.o. a good scolding
всякая всячина	р- all sorts of things ; odds and ends; bits and pieces
всыпать горячих кому	п- make it hot for s.o.; give s.o. a good / sound/ thrashing
без всяких "но"	р- but me no buts
все входы и выходы	- all the ins and outs
вход/+посторонним/ воспре- щается	out of bounds; no entrance ; un--authorized persons not admitted
перед ним стоит выбор	- he is faced with a choice
полагаться на чей выбор	- leave s.t. to s.o.'s choice
дополнительные выборы	- by-election; special election/Am./
вывести кого из себя	- drive s.o. out of his wits; get s.o.'s blood up
делать вывод	- draw a conclusion

ВЫВОД		ВЫПИТЬ
поспешить с выводом	— jump to a conclusion	
делать поспешный вывод	— a/ a	
выворачивать наизнанку	— turn inside out	
вывести что наружу	— bring s.t. to light	
кривая вывезет	п— " something may turn up "; one might be lucky	
получить выговор	— be reprimanded	
делать выговор	— reprimand; rebuke	
делать строгий выговор	— reprimand severely	
строгий выговор с предупреждением	— severe reprimand and warning	
выдавать себя за кого	— impersonate s.o. ; pretend to be s. o. else	
выдавать кого замуж	— marry s.o. off; give away a bride	
он на выдумки горазд	p— he's clever	
выежать на ком	p— exploit s.o.	
выежать на чём	p— profit by s.t. ; turn s.t. to good account	
мокрый , хоть выжми	— dripping wet	
выходить на вызовы	— take one's curtain calls	
быть в выигрыше	— be in pocket ; win	
выложить всё начистоту	p— make a clean breast of s.t.	
вынь да положь !	п— give it without delay / at all costs/!	
хоть святых вон выноси	p— it is such a terrible noise/view, smell/ that you have to take the icons out	
выписка из больницы	— discharge from a hospital	
выпить лишнее	p— have a drop too much ; have one drink too many	
он выпивает	p— he likes his drop/ cup/	
выпить на ты с кем	— drink to become on familiar terms with s.o. / on Christian -name terms/	

ВЫРАЗИТЬСЯ		ВЫХОДИТЬ
если можно так выразиться	—	in a manner of speaking
мягко выражаясь	—	to put it mildly ; to say the least
извините за выражение	—	excuse the word; saving your presence
отборные выражения	—	pungent oaths ; coarse language; Billingsgate
обиходные выражения	—	household words ; colloquial expressions
ходячие выражения	—	catch-phrases
он выродок в нашей семье	—	he is the black sheep of our family
выскочить замуж	—	marry in a hurry
за выслугу лет	—	for long meritorious service
быть благосклонно выслушанным	выс —	gain s.o.'s ear
ваше высокоблагородие	у—	your lordship/ honour, excellency/
оказаться на высоте положения	—	be equal to s.t. ; rise to the occasion
оказаться на высоте требований	—	a/ a
на должной высоте	—	up to the mark
не на высоте положения	—	below the mark
с высоты птичьего полёта	—	bird's eye view
с высоты своего величия	—	with assumed airs; looking down at s.o.
выставлять что напоказ	—	make a show of s.t. ; put up for a show; cut a dash
без единого выстрела	—	without firing a shot
выучить наизусть	—	learn by heart
найти выход из тупика	—	break a deadlock
другого выхода нет	—	there are no two ways about it
давать выход чувству	—	give vent to one's feelings ; blow off steam
выходить из себя	—	lose one's temper ; fly into rage ; fly off the handle
выходить замуж за кого	—	marry s.o. / woman to a man/

ВЫХОДИТЬ   ВЬЮН

из него выйдет /хороший учитель/- he will make/a good teacher/

выходить увозом замуж   - elope

ничего не выйдет   - that won't do ; nothing doing

выйти проветриться   - take an airing

щутливая выходка   - prank ; jest

выходец с того света   - apparition ; ghost

виться   вьюном   - 1/ fidget; 2/ dance attendance on s.o.

вертеться вьюном   -   a/ a

ГА́ДОСТЬ		ГЕРО́Й
сде́лать га́дость	p-	do a vile thing
сде́лать га́дость кому́	p-	play a dirty trick on s.o.
кака́я га́дость !	p-	what a nasty thing to do !
дать газ	p-	step on the gas
сба́вить газ	p-	slow down
на по́лном газу́	p-	at full speed
жива́я / ходя́чая/ газе́та	p-	well-informed person
по газо́нам ходи́ть воспреща́ется	-	keep off the grass
у него́ га́йка слаба́	п-	it's above him
подня́ть галдёж	p-	raise a din
э́то сплошна́я галиматья́	p-	it's a sheer nonsense/balderdash/
нести́ галиматью́	p-	make up a rigmarole
счита́ть га́лок	p-	gape about; loaf; twiddle one's thumbs
ста́вит га́лочку на чём	-	tick off s.t.
сесть в гало́шу	p-	get into a mess /fix/
заложи́ть за га́лстук	п-	drink one too many
поднима́ть гвалт	p-	raise a hullaballoo
гвоздь сезо́на	p-	the hit of the season
гвоздём сиде́ть /засе́сть/	p-	/ abt. importunate thoughts; idée fixe/
и никаки́х гвозде́й!	p-	and that's that ! and that's all!
похо́же, как гвоздь на панихи́ду	пог-	as like as chalk and cheese
гвоздь / обе́да /	-	piece of resistance of/ a dinner/;choice dish
где ему́ ... !	p-	he'll never manage it ...! that's beyond him!
где бы то ни́ было	-	no matter where
геро́й рома́на	-	principal character of a novel

ГЕРОЙ	ГЛАЗ
герой дня	- the man of the hour
это поведёт к его гибели	- that will ruin him
гибель всяких дел	p- heaps of things/to do/
петь кому гимны	- praise s.o. to the sky
ставить во главу угла кого	- regard s.o. as an important person
идти во главе	- lead the way
сидеть во главе стола	- sit at the top of the table

ГЛАЗ

сущ.

с глазу на глаз	- cheek by jowl; tête-à-tête
у него глаза и зубы разгорелись	- he eyed s.t. longingly; an eager look came to his eyes; he's dying for ...
у него глаза на мокром месте	p- he's a cry baby
возвести глаза к небу	- cast up one's eyes
глаза как плошки	- saucer eyes
с глаз долой, из сердца вон	пос- out of sight, out of mind

гл.

его глаза бегают	- he has restless/shifty/ eyes
бросаться в глаза	- strike one's eye
вертеться перед глазами	- pester s.o. with one's presence
водить глазами	- roll one's eyes
ворочать глазами	- a/ a
вращать глазами	- a/ a
вскинуть глаза/глазами/	- cast up one's eyes
кто старое вспомянет, тому глаз вон	пог- let bygones be bygones
темно, хоть глаз выколи	- it's pitch dark
выплакать глаза	- cry one's eyes out

ГЛАЗ   ГЛАЗ

вы́пучить /выка́тывать/ глаза́	p-	stare goggle-eyed
вы́пялить глаза́	p-	a/ a
вы́расти в чьих глаза́х	-	improve /rise/ in s.o.'s opinion
вы́смотреть глаза́	-	tire one's eyes out
глаза́ бы мои́ не гляде́ли	p-	it makes one sick to see/look/
говори́ть в глаза́ кому́	-	say right to s.o.'s face
говори́ть за глаза́	p-	talk behind s.o.'s back
у меня́ в глаза́х двои́тся	-	I'm seeing double
де́лать кру́глые глаза́	-	/ express surprise, fright/
есть глаза́ми кого́	-	be unable to take one's eyes off s.o.; feast one's eyes
закати́ть глаза́	-	roll up one's eyes; turn up the whites of one's eyes
закры́ть глаза́ на что	-	turn a blind eye to s.t.
закры́ть глаза́	пер-	pass away; die
зама́зать глаза́ кому́	p-	deceive /cheat/ s.o.; pull the wool over s.o.'s eyes
знать кого́ в глаза́	-	know s.o. by sight; know s.o.'s face
не знать, куда́ глаза́ деть	-	not to know where to hide oneself
идти́, куда́ глаза́ глядя́т	-	follow one's nose; up hill and down dale
игра́ть глаза́ми	-	make eyes at s.o.
коло́ть глаза́ кому́	p-	throw s.t. in s.o.'s teeth
лгать /+прямо/ в глаза́ кому́	-	lie to one's face
ло́пни глаза́ мои́, е́сли ...	п-	strike me blind, if...; I'm a Dutchman, if...
мозо́лить глаза́	p-	be an eyesore / nuisance/
гла́зом не моргну́ть	-	not to turn a hair; carry it off
не моргну́в гла́зом	-	without batting an eyelid; without turning an eyelash
намета́ть глаз на что	-	acquire an eye for s.t.

ГЛАЗ

наплáкать себé глазá	– have swollen eyes from crying
обводи́ть глазáми	– look around
отвести́ глазá	– look aside
отвести́ глазá комý	– distract s.o.'s attention; pull the wool over s.o.'s eyes
он не мог отвести́ глаз от...	– he couldn't take his eyes off s.o./ s.t./
и глáзом не повести́	– without batting an eyelid
подби́ть комý глаз	– give s.o. a black eye
показáться комý на глазá	– appear in s.o.'s presence
покупáть за глазá	– buy sight unseen; buy a pig in a poke
кто стáрое помя́нет, томý глаз вон пос-	– let bygones be bygones
попадáться комý на глазá	– meet s.o.'s eyes; catch the eye
пробежáть глазáми что	– look through s.t.
проглядéть все глазá p-	– look in vain for ...
продирáть глазá p-	– open one's eyes; wake up
он проигрáл в моих́ глазáх	– I have lost respect for him; he has fallen in my opinion
у негó глазá разбежáлись	– his eyes wander all over the place
у негó глазá разгорéлись	– he eyed s.t. longingly; an eager look came to his eyes; he's dying for ...
рéзать глаз/глазá /	– offend the eye
у негó ряби́т в глазáх	– he's dazzled
не своди́ть глаз с когó	– not to take one's eyes off s.o.; keep one's eyes glued to s.o.
сказáть в глазá комý	– say to one's face
смея́ться комý в глазá	– laugh into s.o.'s face
не сморгнýв глáзом	– without batting an eyelid
смотрéть други́ми глазáми	– look from a different point of view

ГЛАЗ

смотре́ть глаза́ми кого́	– see through s.o.'s eyes
смотре́ть во все глаза́	– be all eyes; be on one's guard
смотре́ть пря́мо в глаза́ кому́	– look s.o. right in the face
не сомкну́ть глаз	– not to get a wink of sleep
не спуска́ть глаз с кого́	– not to take one's eyes off s.o.
стара́ться не попада́ться кому́ на глаза́	– keep out of s.o.'s way/sight/
стреля́ть глаза́ми	– make eyes; give the glad eye
торча́ть пе́ред глаза́ми	p– pester s.o. with one's presence
упере́ться глаза́ми в кого́	– stare at s.o.
не успе́л и гла́зом моргну́ть	– before he could say knife / Jack Robinson/
наско́лько хвата́ет глаз	– as far as one can see
хло́пать глаза́ми	– blink; look blank

при.

дурно́й глаз	p– evil eye
с завя́занными глаза́ми	– blindfold
ма́сленые глаза́	– oily eyes
невооружённый глаз	– naked/ unaided/ eye
ра́ди прекра́сных глаз	p– for love
за прекра́сные глаза́	p – a/ a
просты́м гла́зом	– with the naked/ unaided/ eye
с пья́ных глаз	п– when drunk; under the influence of drink
ра́чьи глаза́	– goggle eyes
хозя́йский глаз	p– master's eye
чёрный глаз	п– evil eye

раз.

с глаз доло́й !	– out of sight! go away! off with you!

ГЛАЗ   ГЛУБИНА

прочь с глаз моих !	– get out of my sight ! off with you !
с глаз моих долой !	– a/ a
за глаза́ дово́льно	p– more than enough; enough and to spare
на глаза́х	p– before one´s /+very/ eyes
за глаза́	– behind one´s back
в глаза́	– to one´s face / teeth/

глазо́к

де́лать гла́зки кому́	– make / + sheep´s / eyes at s.o.
стро́ить гла́зки кому́	– a/ a
Аню́тины гла́зки	– pansy
одни́м глазко́м	p– with half an eye ; out of the corner of one´s eye
на глазо́к	p– roughly ; at a guess
глас вопию́щего в пусты́не	биб– the voice /+ of one crying/ in the wilderness
преда́ть гла́сности	– make s.t. public; bring s.t. into the limelight; publish
драть гло́тку	п– yell; bawl
надрыва́ть гло́тку	п– yell; scream; cry blue murder
во всю гло́тку	п– at the top of one´s voice; from the house-tops
заткни́ гло́тку !	п– shut up ! hold your jaw!
заткну́ть гло́тку кому́	п– shut s.o. up
э́то мне не ле́зет в гло́тку	п– it sticks in my throat
ора́ть во всю гло́тку	п– cry blue murder
промочи́ть гло́тку	п– wet one´s whistle
лужёная гло́тка	п– throat of cast iron
в глубине́ веко́в	– in the remote past; in ancient days; in remote ages
уязви́ть до глубины́ души́	– hurt s.o. to the quick; touch s.o. on the raw

ГЛУБИНА		ГОВОРИТЬ
в глубине души	—	in one's heart of hearts; at the bottom of one's heart
от глубины души	—	with all one's heart ; with one's whole heart
до глубины души	—	to the bottom of one's heart
брось эти глупости !	p—	stop that nonsense !
болтать глупости	p—	talk nonsense
это глупости !	p—	stuff and nonsense ! rubbish!
глядеть в оба	p—	be all eyes; be on one's guard
глядеть не на что	p—	it's hardly worth looking at / mentioning/
нечего на него глядеть	p—	don't take any notice of him
того и гляди	p—	any minute now ; it looks like...
ни на что не глядя	p—	heedless of everything
не в гнев будь сказано	—	don't take it amiss
вымещать гнев на ком	—	vent/ work off/ one's anger on s.o.
распалять гневом	—	infuriate s.o.
вскипеть гневом	—	fly into a rage
сменить гнев на милость	y—	stop being angry
не помнить себя в гневе	—	be beside oneself with rage
насиженное гнездо	—	long-occupied place / home or place of work/;comfortable perch
потревожить осиное гнездо	—	bring a hornet's nest about one's ears; stir up a nest of /<u>hornets</u>
уютное гнёздышко	—	cosy/snug/ home
свить себе гнёздышко	—	feather one's nest
куда он гнёт?	p—	what is he driving at ?

говорить
гл.

| говори ,да не заговаривайся! | p— | mind what you say ! don't let your tongue run away with you! |

ГОВОРИТЬ   ГОВОРИТЬ

не говори "гоп", пока не пере-прыгнешь	пос-	don't halloo till you're out of the wood; between the cup and the lip a morsel may slip
о присутствующих не говорят	-	present company/+always/ excepted
говорить на авось	p-	speak at random
вообще говоря	-	generally / broadly / speaking
говорить впустую	p-	waste one's breath ; talk to no purpose
говорить гладко	-	be a glib talker
говорите громче !	-	speak up !
грубо говоря	-	roughly speaking
иначе говоря	-	in other words
короче говоря	-	cutting a long story short; in short; the long and the short /of it
коротко говоря	-	a / a
красно говорить	п-	be eloquent
говорить напрямик	p-	not to mince matters/words/; not to beat about the bush
говорить наугад	p-	speak at random
нечего и говорить	-	it goes without saying
откровенно говоря	-	to be frank
говорить как по-писанному	p-	speak like a book
говорить попусту	p-	waste one's breath; talk to no purpose
говорить прямо	-	get to the point
свободно говорить по-русски	-	speak Russian fluently
строго говоря	-	strictly speaking
говорить складно	-	be well-spoken
хорошо вам говорить	-	it's all very well for you to say
между нами говоря	-	between us; between you and me

ГОВОРИТЬ		ГОД
говорить из пятого в десятое	p-	talk at random; tell a story in snatches
не говоря уже о...		- let alone...; not to mention...
уж кто бы говорил , а ты бы помалкивал	пог -	the pot calls/ is calling/ the kettle black
и не говори	p-	yes ; by all means
что/как/ не говори	p-	say what you like; in any case
как говорится		- as the saying goes
что и говорить	p-	it goes without saying
есть о чём говорить!		- don't mention it !
это говорит само за себя		- it speaks for itself; it tells its own tale
ходить гоголем	p-	strut; walk with a pompous gait
выступать гоголем	p-	a / a

год

сущ.

из года в год	-year in , year out
год от году/года/	- a/ a
без году неделя	ш-only a few days
раз в год по обещанию	p-once in a blue moon

гл.

встречать Новый Год	- see the New Year in; celebrate New Year's eve
ему года вышли	п -1/ he's of age ;2/ he has reached the age-limit
остаться на второй год	- fail to get one's remove
ему пошёл двенадцатый год	- he's in his twelfth year
убавлять себе годы	-pretend to be younger than one is
спустя четыре года	-in four year's time

ГОД   ГОЛОВА

<u>при.</u>

в бу́дущем году́	- next year
де́тские го́ды	- childhood
кру́глый год	- all the year round; the whole year round
с Но́вым Го́дом	- a Happy New Year
в про́шлом году́	- last year
в ста́рые го́ды	- in the olden days; in bygone days
в тре́тьем году́	- the year before last
быть у́мным не по года́м	- be wise beyond one's years; have an old head on young shoulders

<u>раз .</u>

че́рез два го́да	- in two years' time
год тому́ наза́д	- a year ago
в мои́ го́ды	- in my time
в года́х	- old; elderly; getting on/+ in years/
лиха́я годи́на	y- hard times
тяжёлая годи́на	y- a/ a
э́то никуда́ не годи́тся	- that won't do at all

<u>голова́</u>

<u>сущ.</u>

голова́ в го́лову	- neck - and-neck
у меня́ голова́ идёт круго́м	- I feel giddy/ dizzy/; my head is spinning
пови́нную го́лову меч не сечёт	a fault confessed is half пос- redressed
ему́ пришла́ в го́лову мысль	- it dawned upon him
с головы́ до ног	- from head to foot; from top to toe
вооружённый с головы́ до ног	- armed to the teeth
сме́рить кого́ с головы́ до ног	- eye s.o. from head to foot /up and down/

ГОЛОВА

даю́ го́лову на отсече́ние	– I would stake my life on it
име́ть го́лову на плеча́х	– have a good head on one's shoulders
с головы́ до пят	– from head to foot; from top to toe
бить голово́й об сте́ну	– be up against a brick wall; beat one's head against a stone wall
ско́лько голо́в, сто́лько умо́в	пос– so many men, so many minds
ему́ пришла́ в го́лову фанта́зия	– he took it into his head

гл.

бежа́ть, сломя́ го́лову	– run at breakneck pace; run like hell; run for one's life
вали́ть с больно́й головы́ на здоро́вую	пог– lay / shift/ the blame on s.o. else; pass the buck
голова́ ва́рит	п– one's brain is working
вбива́ть в го́лову кому́	p– drive s.t. home to s.o.; din s.t. into s.o.'s ears
вбить себе́ в го́лову	p– get into one's head
у меня́ э́то ве́ртится в голове́	– it's on the tip of my tongue
взбрести́ в го́лову	p– come into one's head
взять себе́ в го́лову	– take into one's head
вскружи́ть кому́ го́лову	– turn s.o.'s head
втемя́шилось ему́ в го́лову	п– he's taken it into his head
вы́бросить из головы́ что	– put s.t. out of one's head
вы́дать голово́й кого́	– betray s.o.
вы́кинуть из головы́ что	– put s.t. out of one's head
у него́ э́то вы́летело из головы́	– he's clean forgotten it
дури́ть кому́ го́лову	п– fool/ cheat/ s.o.; pull s.o.'s leg
лома́ть себе́ го́лову	– rack/ cudgel/ one's brains
моро́чить кому́ го́лову	p– pull s.o.'s leg

ГОЛОВА   ГОЛОВА

не надо вешать голову!	– keep smiling! chin up! never say die!
намылить голову кому	p– rap s.o.'s fingers; rap s.o. over the knuckles; give s.o. a good rating
отвечать головой за что/кого/	– stake one's life on s.t./s.o./
отстать на голову	– lose by a neck
очертя голову	p– headlong; rush head-first
выше головы не перепрыгнешь	пос– a man can do no more than he can
/ + отрицательно/ покачать головой	– shake one's head
поникать головой	– hang one's head
понурить голову	– a/ a
поплатиться головой	– pay with one's life
прийти с повинной головой	– admit one's guilt; come cap in hand
прийти в голову	– cross one's mind
голову прозакладываю	p– I stake my head/ life/
работать головой	– use one's brain
у него голова хорошо работает	– he has a good head on his shoulders
разбить на голову	– rout; defeat utterly
ручаться за что головой	– take full responsibility for s.t.
ручаться за кого головой	– vouch for s.o.
свернуть голову кому	– break s.o.'s neck
сложить голову за ...	– lay down one's life for ...
сломить себе голову	– break one's neck
снести голову кому	– cut off s.o.'s head
ему не снести головы	– it will cost him his life
сорви-голова	– daredevil; desperado
спасти свою голову	– save one's neck

ГОЛОВА		ГОЛОВУШКА
не терять головы́	– keep a level head	
э́то уда́рило ему́ в го́лову	– it went to his head	
при.		
на́ голову вы́ше кого́	– head and shoulder above s.o.	
голово́й вы́ше кого́	– a/a	
го́лая голова́	– bald/bare / head	
городско́й голова́	ист– mayor / of a town /	
дубо́вая голова́	п– blockhead	
дыря́вая голова́	p– forgetful person	
забубённая голова́	п– daredevil; a person leading a dissipated life	
мяки́нная голова́	p– stupid person; blockhead	
в пе́рвую го́лову	– first of all	
пуста́я голова́	p– forgetful person ; absent-minded person	
на све́жую го́лову	– with a clear mind	
све́тлая голова́	– lucid mind	
тупа́я голова́	p– dull wits; thick head	
раз.		
сам себе́ голова́	p– one's own master	
на свою́ го́лову	– to one's own misfortune	
на мою́ го́лову	– at my responsibility	
э́то у него́ из головы́ вон	p– he clean forgot it	
он с голово́й	p– he has brains ; he has a good head on his shoulders	
гла́дить по голо́вке	p– pat on the back	
зада́ть кому́ головомо́йку	p– give s.o. a dressing down	
бе́дная моя́ голо́вушка !	p– poor me !	

ГОЛОВУШКА

бу́йная голо́вушка	п- madcap ; wild/rash/ person
пропа́ла моя́ голо́вушка !	п- I'm done for! this is the end of me!
го́лод лу́чший по́вар	пос - hunger is the best relish
утоли́ть го́лод	-appease one's hunger
умира́ть с го́лоду	-starve to death
кни́жный го́лод	-shortage of books
мори́ть го́лодом кого́	p-starve s.o. to death
объяви́ть голодо́вку	-go on a hunger-strike

го́лос

гл.

говори́ть с чужо́го го́лоса	-repeat slavishly ;echo other people;repeat s.o.'s views
крича́ть не свои́м го́лосом	-yell; shout at the top of one's voice
лиши́ться го́лоса	-forfeit one's voice
надорва́ть го́лос	-strain one's voice
отда́ть го́лос за кого́	-vote for s.o.; cast one's vote for s.o.
петь с чужо́го го́лоса	- repeat slavishly; echo other people;repeat s.o.'s views
пода́ть го́лос	у- announce one's presence
подвыша́ть го́лос	-raise one's voice
пони́зить го́лос	- speak in a low voice
сорва́ть го́лос	- lose one's voice
ста́вить го́лос кому́	-train s.o.'s voice

при.

у него́ большо́й го́лос	- he has a strong voice/ abt. a singer/
гробово́й го́лос	-sepulchral voice
ни́зкий го́лос	- deep voice

ГОЛОС	ГОРА
прерыва́ющим го́лосом	- with a catch in one's voice
пропи́тый го́лос	- gin-and-water voice; drunken voice
реша́ющий го́лос	- casting / deciding/ voice

раз.

голоса́ за и про́тив	- the ayes and the noes; voices for and against
в оди́н го́лос	- unanimously; with one voice
во весь го́лос	- at the top of one's voice
откры́тое голосова́ние	- open ballot; vote by a show of hands
поста́вить на голосова́ние	- put to the vote
почто́вый го́лубь	- carrier-pigeon; homing pigeon
голь на вы́думки хитра́	пог- necessity is the mother of invention
подверга́ть гоне́ниям	- persecute s.o.
зада́ть го́нку кому́	п- give s.o. a good talking-to
сбить го́нор с кого́	p- take s.o. down a peg or two

гора́

сули́ть золоты́е го́ры	у п- promise wonders/the moon/
обеща́ть золоты́е го́ры	- a/ a
стоя́ть горо́й за кого́	- stand firm for s.o.; back s.o. with all one's strength
гора́ с плеч доло́й	- a load off one's mind
гора́ с плеч свали́лась	- a/ a
гора́ на душе́ лежи́т	- a load on one's mind
гора́ с горо́й не схо́дится, а челове́к с челове́ком сойдётся	- men may meet but mountains never / + greet/
	пос
наде́яться/полага́ться/на кого́, как на ка́менную го́ру	_ put implicit faith in s.o.

ГОРА   ГОРЕ

не за горами		– not too far ; round the corner
идти в гору	пер	– go up in the world; be on the rise
по горам, по долам	нар поэ	– up hill and down dale
за горами, за долами	нар поэ	– far away; at the back of beyond
кто во что горазд	р	– each in his own fashion/Dutch concert /
он на всё горазд	р	– he can do anything ; he's Jack of all trades
своим горбом	р	– by the sweat of one's brow
гнуть горб	р	– do uphill work
на своём горбу испытать	р	– learn by one's own experience
своим горбом зарабатывать	р	– toil and moil ; earn by one's own toil

горе

<u>сущ</u>.

завить горе верёвочкой	ш	– take it easy ; stop worrying
заливать горе в вине	р	– drown one's sorrows in drink
топить горе в вине	р	– a/ a
на горе, на/и/ радость	р	– for better, for worse
горе-утешитель		– Job's comforter

<u>гл.</u>

выплакать своё горе	р	– cry one's heart out
горе горевать	нар поэ	– suffer great sorrow
залить горе	р	– drown one's sorrows
с горя запить	р	– drown one's grief in drink
горе мыкать	п	– live in poverty ; lead a wretched life
мыкать горе	п	– a/ a
помочь чьему горю		– help s.o. out of his troubles

ГОРЕ

причинять кому горе	– grieve s.o.
размыкать горе	p– shake off one's grief
сделать что с горем пополам	p– just about manage to do s.t.
хватить горя	p– experience much/ a great deal of/ sorrow
хлебнуть горя	p– a/ a
при.	
убитый горем	– broken-hearted; heart-broken; grief-stricken
раз.	
ему и горя мало	p– he doesn't care a hang/hoot/; what does he care ?
горе мне с ним	p– what a trouble he is ; he gives me a good deal of trouble
не горит!	p– there's no need to hurry !
красная горка	y– first Sunday after Easter/wedding season in olden days/
появиться на чьём горизонте	– appear in s.o.'s life
исчезнуть с чьего горизонта	– disappear from s.o.'s life

ГОРЛО

я сыт/ сытый/ по горло	p– I'm satisfied; I'm full up to here
наситься по горло	p– eat one's fill; be full up
это мне поперёк горла стало	п– it makes me sick; it sticks in my throat
по горло в работе	– up to the chin/elbow/ in work
перегрызть кому горло	пер– bite s.o.'s head off
ему не лезет в горло	p– it sticks in his throat
хохотать во всё горло	p– roar with laughter
промочить горло	p– have a drink; wet one's whistle
орать во всё горло	п– yell at the top of one's voice; cry blue murder
кричать во всё горло	p– a/a

ГОРОД   ГОСТЬ

трезво́нить по всему́ го́роду	p-	spread all over the town; shout from the roof-tops
родно́й го́род	-	home town
престо́льный го́род	y-	capital city
горо́хом сы́пать	p-	patter ; speak quickly
сме́йся горо́х, не лу́чше бобо́в	пос-	the pot is calling the kettle black
поро́ть горя́чку	p-	do things pell-mell/ in a rush/
допи́ться до бе́лой горя́чки	p-	drink till one feels blue

господи́н

сам себе́ господи́н	-	one's own master
служи́ть двум господа́м	-	run with the hare and hunt with the hounds
господи́н своему́ сло́ву	-	man of one's word
господи́н своего́ сло́ва	-	a/a
господи́н положе́ния	-	master of the situation

Госпо́дь

ах, Ты Го́споди !	-	good God! my goodness!
Госпо́дь с ним !	-	let's forget him!
Госпо́дь с тобо́й !	-	God bless you ! bless your heart/+ and soul/ !
не дай Го́споди !	-	God preserve/forbid/ !
Госпо́дь зна́ет/ве́дает/	-	who knows ? goodness knows!
Госпо́дь / Го́споди/ упаси́ !	-	God preserve !
злоупотребля́ть чьим гостеприи́мством	-	overstay one's welcome

гость

приходи́ть в го́сти	-	pay a visit
напра́шиваться в го́сти	-	fish for an invitation
набива́ться в го́сти	p-	a/ a

ГОСТЬ ГРАФИК

в гостях хорошо ,а дома луч-ше	пос-	there's no place like home; East or West , home is best
ждать в гости	-	expect visitors/guests /
быть в гостях у кого	-	be on a visit to s.o.
гости к обеду	-	dinner-party
незваный гость хуже татарина	пос -	lit." an uninvaited guest is worse than a Tartar";"unbidden guests are often welcomest when they are gone" /Shakespeare/
желанный гость	-	welcome guest ; a sight for sore eyes
милостивый государь	у-	sir; milord
на всём готовом	-	all found
грабёж среди бела дня	-	highway robbery
грабёж на большой дороге	-	a/ a
град идёт	-	it is hailing
почётный гражданин	-	freeman of a town/city/
принимать гражданство	-	be naturalised
филькина грамота	ир-	useless scrap of paper/written by an illiterate or ignoramus/
тарабарская грамота	п-	gibberish
верительные грамоты	дип-	credentials; letter of credence
это для меня китайская грамота	-	it's Greek to me
жалованная грамота	ист -	patent-letter
учить кого грамоте	-	teach s.o. read and write
политическая грамота	-	rudiments of political know-ledge
выходить из границ	пер-	pass all bounds; overstep the mark
это переходит все границы	-	it beats all
по графику	-	according to plan/schedule/

ГРАФИК		ГРОБ

выбиться из графика	–	be behind schedule
стричь всех под одну гребёнку	p–	reduce all to the same level; make everyone fit into the same pattern
грезить наяву	–	day-dream
грех		
как на грех	p–	unfortunately; as bad luck would have it
держаться подальше /+от/ греха	p–	keep out of mischief /harm's way/
хватить греха на душу	p–	sin
мне нечего греха таить	p–	let me tell the whole story; there's no concealing the fact
недолго и до греха	p–	s.t. bad may happen
долго ли до греха ?	p–	a/ a
отпускать грехи кому	–	remit s.o.'s sins
грех пополам	p–	we both have to suffer for it
принять на себя грех	–	take the blame upon oneself
он это сделал с грехом пополам	p–	he just managed to do it; he has made a poor job of it
грех сказать	p–	it would be unfair to say
дурен, как смертный грех	p–	very ugly
за ним водится один/этот/ грешок	p–	that's his besetting sin
сделать гримасу	–	pull a wry face
корчить гримасы	p–	make faces
идти за гробом	–	take part in a funeral
краше в гроб кладут	p–	pale as death
глядеть в гроб	p–	be on the verge of death
вгонять /сводить/ кого в гроб	–	drive s.o. to the grave
хоть в гроб ложись	p–	/ abt. a desperate situation/

ГРОБ

по гроб жизни	–	till one's dying day
он перевернёться в гробу	p–	he will turn in his grave
как гром средь/среди/ ясного неба	–	like a bolt from the blue
как громом поражённый	–	thunderstruck
метать против кого громы и молнии	–	curse the life out of s.o.

грош

гроша медного не стоит	p–	it's not worth a brass farthing
гроша ломаннаго не стоит	p–	a/ a
ни в грош не ставить кого	p–	not to give a damn for s.o.; hold s.o. cheap
продавать за гроши	–	sell for a song /dirt-cheap/
купить за гроши	–	buy for a song/dirt-cheap/
не иметь ни гроша за душой	p–	not a penny to bless oneself; not a penny to one's name
ни за грош пропасть	p–	perish to no purpose
без гроша в кармане	p–	low in the pocket; out of pocket; stony-broke
не иметь ни на грош чего	p–	not to have a grain of s.t.
наговорить кому грубостей	–	be rude to s.o.

ГРУДЬ

грудь колесом	p–	with bulging chest ; with the chest puffed out
отнять от груди	–	wean
вскармливать грудью	–	nurse; breast-feed
стоять /встать/ грудью за кого	–	stand up for s.o.; defend s.o. with might and main
таить что в груди	–	keep s.t. secret
биться грудь с грудью	–	come to grips / close quarters/
биться грудь на грудь	–	a/ a
грудью проложить себе дорогу	–	force one's way through

ГРУДЬ		ГУЖ

у меня́ в груди́ оторвало́сь	p-	I'm shaken by troubles ; I've lost my heart
у меня́ щеми́т в груди́	-	there's a load on my chest
надса́живать грудь	p-	quarrel violently
вздохну́ть по́лной гру́дью	-	fill one's lungs
назва́лся грузде́м, полеза́й в ку́зов	пос -	in for a penny, in for a pound

гря́зь

сме́шивать с гря́зью кого́	p-	throw /fling/ mud at s.o.; trample s.o. underfoot
облива́ть гря́зью кого́	p-	besmear s.o.'s name; defame s.o.; ride roughshod over s.o.
вта́птывать в грязь кого́	p-	defame / vilify/ s.o.
вы́тащить из гря́зи кого́	p-	help s.o. out of a humilating situation
он в грязь лицо́м не уда́рит	p-	he will not disgrace himself; he will not be found wanting
пое́хать на гря́зи	-	go to a mud-spa
принима́ть гря́зи	-	undergo a mud cure
из гря́зи да в кня́зи	p-	/ abt. a sudden and unexpected promotion/ ; rags to riches
наду́ть гу́бы	-	pout one's lips
гу́бы серде́чком	p-	mincing /finicking/ lips ; pursed lips
сложи́ть гу́бы ба́нтиком	p-	pout one's lips
у него́ губа́ не ду́ра	пог-	he knows which side his bread is buttered / what is good for him/
то́лько по губа́м пома́зать	p-	1/ cajole ;2/ break promises; 3/ whet s.o.'s appetite
пошла́ писа́ть губе́рния	ш-	a bustle /commotion, flurry/ started
губи́тель серде́ц	ш-	lady-killer
и ни гу-гу́!	p-	keep it mum! mum's the word !
взя́вшись за гуж, не говори́, что не дюж	пос-	you can't back out once you've begun

ГУЛЯНИЕ		ГУЩА
наро́дное гуля́ние	-	public merry-making/ festivity, gaiety /
она́ с ним гуля́ет	p-	she has been going with him
хоро́ш гусь !	p-	1/ a fine / nice/ fellow! 2/ he's a queer customer !
гусь ла́пчатый	п-	old fox; sly rogue; a cunning one; artful fellow /chap/
как с гу́ся вода́	p-	like water off a duck's back
гусь свинье́ не това́рищ	пос-	a sow is no match for a goose
гада́ть на кофе́йной гу́ще	-	tell fortunes in a teacup; read tea-leaves

68

ДА	ДАР
да ну ?	p - is that so? you don't say so!
да ещё как!	p - I should think so! by all means
да ещё	p - in addition ; as well
и да и нет	- yes and no ; half and half
да ну его !	p - oh, bother him !
да и только	- and that's all
я тебе дам !	p - I'll teach you ! I'll make it hot for you !
давайте / читать/ !	- let us / read/
давать кому почувствовать что	- make s.o. feel s.t.
давать взаймы	- lend /money etc/
оказывать давление на кого	- bring pressure to bear upon s.o.
давно бы так !	- and it is high time! at long last! and about time too !
давным-давно	p - ages ago ; ever so long ago; long long ago
и так далее	- and so on ; and so forth
далеко не так	- far from it; not nearly
ей далеко до него	- she is far inferior to him
в далёком прошлом	- far back in the past
дальше некуда!	п - that's the limit !
дама сердца	ш - lady love ; sweetheart
облагать данью	ист - lay under tribute
отдавать дань уважения кому	выс - pay homage to s.o.
дары данайцев	- Greek gifts
дар слова	- gift of eloquence ; gift of the gab / col./
он лишился дара слова	- he lost his tongue
лишить кого дара слова	- strike s.o. dumb

ДАР		ДВЕРЬ
дар ре́чи	—	gift of speech
да́ром что	p—	although ; though
ни дать ни взять	p—	as like as two peas ; exactly the same
два-три	p—	one or two ; a few
ни два ни полтора́	p—	neither here nor there; neither fish nor fowl
как два́жды два четы́ре	—	as plain as a pikestaff ; obvious

дверь

сущ.

захло́пнуть дверь пе́ред са́мым но́сом	— slam the door in s.o.´s face

гл.

выставля́ть кого́ за дверь	— turn s.o. out of the house
ломи́ться в откры́тую дверь	пер— force an open door
подсма́тривать у две́ри	— spy through the keyhole
показа́ть кому́ на дверь	— show s.o. the door
постуча́ться в дверь	— knock at the door
провожа́ть кого́ до двере́й	— see s.o. to the door
протисну́ться че́рез дверь	— edge oneself through the doorway
стуча́ться в откры́тую дверь	пер— force an open door

при.

глуха́я дверь	— blind door
при закры́тых дверя́х	юр— in camera ; in private
при откры́тых дверя́х	юр— in public session / court/
пара́дная дверь	— front door; main entrance
ца́рские две́ри	цер— gate leading to the main altar

ДВЕРЬ		ДЕЙСТВИТЕЛЬНОСТЬ
раз.		
у дверей	пер -	near by ; round the corner
приводить что в движение	-	set s.t. in motion
прийти в движение	-	start to move
сгонять со двора	р -	turn out of the house
чёрный двор	-	back-yard
заежий двор	у -	inn
постоялый двор	у -	inn
на дворе	-	outside ; out of doors
быть не ко двору	р -	be ill-suited ; be an outsider
идти на попятный двор	р -	eat one's words; back out; break one's word
девать некуда	р -	galore; enough and to spare
старая дева	р -	old maid; spinster
красная девица	-	beautiful girl
красная девица	ш -	modest / shy/ young man
засидеться в девках	п -	stay a spinster too long
красная девушка	-	beautiful girl
красная девушка	ш -	modest/ shy/ young man
ёлочный дед	-	Santa Claus ; Father Christmas
рождественский дед	-	а / а
Дед Мороз	фол -	Jack Frost; Santa Claus
Дедушка Мороз	фол -	а / а
деды и прадеды	-	ancestors
приводить что в действие	-	set s.t. in motion
оторваться от действительности -		lose touch with reality
считаться с действительностью -		face realities

ДЕЙСТВОВАТЬ

действовать наверняка	-	play safe ; take no chances
декорации переменились	пер -	the situation has changed
от нечего делать	-	to while away the time
делать нечего	-	there's nothing to be done; it can't be helped
делать на фу-фу	п-	act haphazardly
делать кое-как	-	do s.t. by half / haphazardly/
делать под себя	п-	wet / foul/ one's bed
делать что наскоро	-	do things in a slapdash way
делать по-своему	-	have it one's own way; do things one's own way
делить поровну	-	share equally; go halves
делить пополам	-	a / a
нам делить нечего	-	there's nothing to quarrel over

ДЕЛО

сущ.

дело вкуса	-	matter of taste
дел выше головы	-	up to the ears in work ; up to the neck in work
дело за деньгами	-	it's a question/ matter/ of money
дело дрянь	р-	things are rotten
довести дело до конца	-	carry s.t. through
и дело с концом	-	and that's that ; and that puts the lid on it
дело идёт на лад	р-	things are going better / are taking a turn for better/
дело на мази	р-	things are going swimmingly; things are getting on
дело мастера боится	пос-	as is the workman so is the work
золотых дел мастер	у-	goldsmith
часовых дел мастер	у-	watchmaker

ДЕЛО   ДЕЛО

де́ло не те́рпит отлага́тельства	– the matter cannot be delayed
обверну́ть де́ло вокру́г па́льца р	– settle a matter quickly
э́то де́ло ему́ не по плечу́	– it is above him
у него́ де́ло идёт на попра́вку	– he is on the mend
де́ло идёт свои́м поря́дком	– things are taking their regular course
де́ло привы́чки	– matter of habit
де́ло идёт к развя́зке	– the affair is coming to a head
де́ло поста́вленно на ре́льсы	р– things are running smoothly
э́то де́ло его́ рук	– it's his doing
де́ло гори́т в рука́х	– the work is going with a swing
дела́, как са́жа бела́	пог– things are in a mess ; things are rotten
пусти́ть де́ло на самотёк	р– let matters drift
представля́ть де́ло в друго́м све́те	– put a different colour /complexion / on the matter
его́ де́ло сторона́	р– it doesn't concern him
переда́ть де́ло в суд	– bring case before court
положи́ть де́ло под сукно́	– shelve the matter ; pigeon-hole the matter
де́ло таба́к!	п– all is lost ! you have had it! one's goose is cooked
де́ло зашло́ в тупи́к	– affairs are at full stop
де́ло на по́лном ходу́	– things are in full swing; it's a going concern
де́ло в шля́пе	ш– it's in the bag ; everything is settled
отложи́ть де́ло в до́лгий я́щик	р– shelve/ pigeon-hole/ s.t. ; put s.t. off
гл.	
бра́ться за де́ло	– get down to business
вме́шиваться в чужи́е дела́	– meddle in s.o.'s affairs

ДЕЛО	ДЕЛО
не вмешиваться не в своё дело	– mind one's own business
дело не выгорело	p– business was a flop
дело вышло наружу	– the affair/matter/ has come to light
дело не вяжется	p– things are not making headway
говорить дело	p– talk sense /busines, turkey/
говорить по делу	p– a/ a
делать дело наполовину	– do things by halves
это совершило дело	– that's done it
дело не ждёт	– things can't be delayed
заварилось дело !	p– now we are in for it !
замять дело	p– hush up an affair
он занимался этим между делом	– he did it as a side-line / spare-time job/
дела идут тихо	– things are slack
иметь дело с кем	– have to deal with s.o.
дело кипит	p– things are in full swing
лезть не в своё дело	p– poke one's nose into other people's affairs
не лезьте в чужие дела	p– mind your own business
ну и наделал ты дел!	p– you've been and done it !
как обстоят дела ?	– how are things ?
открыть своё дело	– start one's own business
это к делу не относится	– it's irrelevant/ beside the point/
переходить к делу	– come to the point
пей, да дело разумей	пог– you may drink, but you have to know your job/duties /
плюньте на это дело	п– don't waste your time on that
подшить что к делу	– file s.t.

ДЕЛО ДЕЛО

ему́ попа́ло за де́ло	p- it serves him right
вы по како́му де́лу пришли́ ?	- what's your business? what can I do for you ?
принима́ться за де́ло	- get into one's stride
приступи́ть к де́лу	- put the matter in hand
провали́ть всё де́ло	p- let the whole show down
проню́хать , в чём де́ло	p- smell a rat
прота́лкивать де́ло	p- push an affair forward
разбира́ть де́ло	- try a case in court
раскуси́ть ,в чём де́ло	p- get to the heart/ core/ of the matter
сиде́ть без де́ла	- sit and do nothing ; have nothing to do
он не сла́дит с э́тим де́лом	- he will not cope with this task
слоня́ться без де́ла	p- loiter; idle about; loaf; swing the lead
сорва́ть де́ло	- spoil the whole thing
де́ло спо́рится	- the work is going with a swing
де́ло не спо́рится	- there's a hitch somewhere
за на́ми де́ло не ста́нет	- there will be no hindrance from our side
за чем де́ло ста́ло ?	- what's the hitch ?
топта́ться без де́ла	p- hang about ; lounge about
ула́дить де́ло	p- give a bribe; grease the palm/ wheels/

при.

де́ло быва́лое	p- usual thing
де́ло ве́рное	- winning game
ви́даное ли э́то де́ло ?	p- have you ever heard of such a thing ? fancy that !
де́ло вы́игрышное	- winning game
ги́блое де́ло	п- lost hope / cause/; bad job

ДЕЛО   ДЕЛО

главное дело	-	the most important thing
грешным делом	п-	I'm sorry to say ; I regret to say
дело естественное	-	matter of course
дело житейское	p-	there's nothing out of the ordinary in it
заплечное дело	у-	occupation of an hangman / executioner/
какое мне дело ?	-	what do I care ?
моё дело маленькое	p-	it is no concern of mine ; none of my business /
миленькое дело	ир-	that's a nice kettle of fish
минутное дело	-	quick job
у меня много дел	-	I have a lot to do
мыслимое ли это дело ?	p-	is it conceivable ?
это дело наживное	p-	that'll come with time
нечистое дело	-	shady affairs ; foul play
мне нет никакого дела	-	for all I care
первым делом	-	first of all
плевое дело	п-	trifling matter; as easy as pie
поверенный в делах	дип-	chargé d'affaires
это дело подстроенно	p-	this is a put up job; it's a frame-up
последнее дело	p-	the worst solution
пропащее дело	p-	bad job; hopeless case
это дело прошлое	-	that's the water under the bridge / over the dam/; a thing of the past
пустяковое дело	p-	child's play; as easy as A.B.C.
в самом деле	-	indeed; in fact ; in very deed
сердечные дела	-	love affairs
слыхано ли это дело ?	п-	just fancy that !

ДЕЛО   ДЕЛЬЦЕ

сомнительные дела		– shady transactions/affairs/
это стоящее дело		– it's worth one's while
такие-то дела !	p–	so that's the time of day! and that's that ! so goes the world
таковые дела!	p–	a/ a
это дело хозяйское	у p–	it's for you to decide ; you are the boss
хорошенькое дело	ир p–	that's a nice kettle of fish!

раз.

прямо к делу		– to the point
дело за вами		– it depends on you ; it's up to you
он то и дело / + глагол/		– he keeps on / + gerund/
ближе к делу !		– keep to the point !
в чём дело ?	p–	what's it all about? what's the matter ? what's up? what can I do for you ?
в том-то и дело		– that's just the point; that's just it
ваше дело		– it's up to you
то и дело		– every now and again; from time to time; every now and then
между делом		– at odd moments; in spare time
как дела ?		– how are you ? how is the business? how's life treating you?
к делу		– to the point !
не в этом дело		– it's not the case ; that's not the point
не у дел	у p–	without occupation / office/
по делу		– on business
какое мне дело ?	p–	what business is it of mine?
обстряпать дельце	p–	fix s.t. ; arrange matters

ДЕНЕЖКИ		ДЕНЬ
де́нежки счёт лю́бят	пог-	you should count your money
пла́кали мои́ де́нежки	p-	good-bye my money / abt. an unrecovered debt or ill-spent money /
де́нно и но́щно	у рел-	day and night

день

сущ.

день а́нгела	у-	feastday ; saint's day / celebrated instead of birthday/
день откры́тых двере́й	-	open day / at schools/
жить со дня́ в день	-	live from hand to mouth
изо дня́ в день	-	from day to day
день в день	-	exactly to the day
и день и ночь	-	all day long; round the clock
его́ днём с огнём не найдёшь пог	-	he is nowhere to be found
иска́ть днём с огнём	пог-	seek in vain
день приёма госте́й	-	at home day
день стра́шного суда́	-	judgement day ; day of judgement; doomsday
не по дня́м, а по часа́м	-	very quickly ; by leaps and bounds
расти́ не по дня́м, а по часа́м пог	-	grow before one's eyes

гл.

жить вчера́шним днём	-	live in the past
иска́ть вчера́шнего дня	p-	go on a wild-goose chase
откла́дывать на чёрный день	-	to lay by for a rainy day
среди́ бе́лого дня	-	in broad daylight; in the face of the day
ка́ждый Бо́жий день	-	every single day
я́сно, как Бо́жий день	-	as clear as a noonday ; as plain as the day

ДЕНЬ	ДЕНЬГИ
до́брый день	– good morning! good afternoon!
в былы́е дни	– in olden / bygone/ days
выходно́й день	– day off; rest-day
день-деньско́й	р– all day long
друго́й день	– next day
за́втрашний день	– 1/tomorrow ; 2/ near future
не́сколько дней подря́д	– for several days running
па́мятный день	– a day to remember
пра́здничный день	– holiday ; festival ; red-letter day
в оди́н прекра́сный день	– one fine day
с сего́дняшнего дня	пер– from now on
су́дный день	рел– day of judgement ; day of reckoning ; doomsday
счи́танные дни	– a few days
Христо́в День	– Easter
це́лый день	– all day / + long/
чёрный день	– hard/ trying/ time ; rainy day
на чёрный день	– for a rainy day
раз.	
тре́тьего дня	– the day before yesterday
че́резъ день	– every other day
на дня́х	– one of these days/future/ ; the other day ; a day or two ago / past/

<u>де́ньги</u>
<u>сущ.</u>

де́ньги на бо́чку !	р– cash down ! cash on the nail!
де́ньги на була́вки	– pin-money

ДЕНЬГИ ДЕНЬГИ

разбрасыват деньги на ветер	-	squander one's money ; throw money down the drain
положить деньги на книжку	p-	put money in a savings bank
держать деньги в кубышке	у p-	hoard one's money
класть деньги в кубышку	у p-	save up money in a money box
у него денег куры не клюют	пог-	he is rolling in money; he has money to burn
загребать деньги лопатой	p-	make / earn/ heaps of money
денег в обрез	-	money is very short
давать деньги под отчёт	-	give money to be accounted for
у него денег пропасть	p-	he has heaps/pots/ of money
у него денег хоть пруд пруди	p-	he is rolling in money; he has money to burn
деньги на мелкие расходы	-	pocket money
давать деньги в рост	дорев -	lend money on interest

гл.

выкачать деньги из кого	p-	fleece s.o.
выманить деньги у кого	-	diddle s.o. out of his money
вымогать деньги у кого	-	blackmail s.o. out of his money
выудить деньги у кого	p-	diddle s.o. out of his money; coax money out of s.o.
у него вышли все деньги	-	his money has run out
гони деньгу !	п-	cash down , and make it quick!
его деньги долго не держатся	-	money burns a hole in his pocket
жениться на деньгах	-	marry money / fortune/
загребать деньги	p -	make /earn/ heaps/piles/ of money
зашибать деньги	п-	make a lot of money
играть не на деньги	-	play for love
ковать деньги	p-	earn much and quickly

ДЕНЬГИ	ДЕНЬГИ
остро нуждаться в деньгах	– be hard pressed for money
платить бешеные деньги	p– pay through the nose; pay exorbitant sum/ price/
раздобыть денег	– raise money
все деньги разошлись	– all the money was spent
расточать деньги	– squander money
сидеть без денег	– be short of money
сорить деньгами	– play ducks and drakes with money
он не справился с деньгами	– he has not got enough money
сыпать деньгами	– spend money like water
учиться за медные деньги	у– / about a student in reduced circumstances /
швырять деньгами	п– throw money down the drain

при.

бешеные деньги	p– heaps/ piles/ of money
большие деньги	– a lot of money ; lots of money
кровные деньги	p– hard-earned money
крупные деньги	– big money
мелкие деньги	– change; small change
наличные деньги	– ready cash
прогонные деньги	у– travelling allowance/expenses/
быть стеснённым в деньгах	– be in reduced circumstances; be hard up
сумасшедшие деньги	– pots of money ; enormous sum of money
трудовые деньги	– hard/earned money

раз.

у него туго с деньгами	p– he is hard up ; he is hard pressed for money
быть при деньгах	p– be in the money/ in pocket; in cash /

ДЕНЬГИ		ДИКОВИНКА

ни за какие деньги	-	not for the world; not for love or money
быть не при деньгах	-	be short of money / hard up, out of cash /
за деревьями леса не видеть	пог-	not to see the wood for the trees
родословное дерево	-	family tree
скрипучее дерево долго стоит	пос-	a creaking door hangs long on its hinges
скрипучее дерево два века стоит	пос-	a/ a
он из храброго десятка	p-	he is brave
он не робкого десятка	p-	he is no coward
он не трусливого десятка	p-	a/a
вдаваться в детали	-	go into details
мне не детей крестить с ним	p-	I would not be in close friendship with him
ходить за детьми	-	mind the children; look after children
присматривать за детьми	-	a / a /and/ keep an eye on children
безпризорные дети	-	waifs and strays
грудные дети	-	babes in arms
впадать в детство	-	be in one's second childhood; be in one's dotage
общественный деятель	-	public man
и дёрнуло меня / пойти / !	п-	why on earth / I went/ ! what on earth possessed me/to go/!
дёшево , да гнило	пог -	the cheapest is the dearest
дёшево ,да сердито	пог -	it's cheap but good
что за диво !	p-	1/ how strange!2/fancy that!
это ему не в диковинку	p-	he finds nothing unusual about that
это ему в диковинку	p-	he has never seen anything like that

ДИКТОВКА			ДОБРО
под чью диктовку	пер	-	at s.o.'s bidding ; by s.o.'s order
чем бы дитя не тешилось, лишь бы не плакало	пос	-	" anything for a quiet life"
петь дифирамбы кому	кн	-	sing the praises of s.o.; belaud s.o.
пороть дичь		p-	talk rubbish / nonsense/ ; talk through one's hat
дневать и ночевать	нар поз	-	spend all one's time
опуститься на дно	пер	-	go down the social scale; join the dregs of society
уйти на дно		-	sink
золотое дно	пер	-	goldmine; cushy job
вверх дном		-	upside down; at sixes and sevens; topsy-turvy
поставить вверх дном		-	turn upside down/topsy-turvy/
достать со дна морского		-	get s.t. at any cost
пить до дна		-	drink to the dregs; drain to the dregs
до дна !		-	bottoms up !
перевернуть вверх дном		-	play havoc ; wreak havoc
ни дна ему ни покрышки !		п-	bad luck to him!
в добавление ко всему		-	on top of everything
добиться своего		-	carry one's point; have one's will; come into one's own
ничего не добиться		-	get nothing for one's pains
добираться до кого		-	have a go at s.o. ; show s.o. what's what
это к добру не ведёт		p-	no good will come of it
это до добра не ведёт		p-	a/a
это не к добру		p-	that's a bad sign /omen/
поминать кого добром		p-	think kindly of s.o.; speak well of s.o.
от добра добра не ищут		пос-	enough is as good as a feast; let well alone

ДОБРО́   ДОЖДЬ

жела́ть добра́ кому́	wish s.o. well
чужо́е добро́ впрок не идёт пос-	ill-gotten, ill-spent; ill-gotten gains never prosper
до́брый ма́лый p-	good sort; good chap; regular guy/ Am./
втира́ться в дове́рие к кому́	worm oneself into s.o.'s confidence
втира́ться в чьё дове́рие	a/ a
пита́ть дове́рие к кому́	place reliance/ trust/ in s.o.
завоева́ть чьё дове́рие	gain s.o.'s confidence
злоупотребля́ть чьим дове́рием	take advantage of s.o.'s trust; abuse s.o.'s trust/ confidence/
обле́чь кого́ дове́рием	entrust s.o. with s.t.; place trust in s.o.
в доверше́ние всех бе́дствий	to cap the misery / calamity /
в доверше́ние всего́	to cap it all; to crown it all
убеди́тельный до́вод	conclusive proof
неопроверж́имый до́вод	irrefutable argument
до́воды за и про́тив	the pros and cons; the arguments for and against
до́вод притя́нутый за во́лосы	far-fetched argument
теря́ться в дога́дках	be lost in conjectures / guesses/
сме́лая дога́дка	bold guess
" догна́ть и перегна́ть!" к с /Ле́нин /	overtake and surpass !
по́сле до́ждика /до́ждичка/ в четве́рг пог-	when two Sundays come together; at latter Lammas; when hell freezes; when the cows come home; when pigs fly; at the Greek calends; one fine day when it is raining
дождь идёт	it's raining
идёт проливно́й дождь	it's coming down in sheets
дождь льёт как из ведра́	it's raining cats and dogs
попа́сть из дождя́ в во́ду пос-	out of the frying pan into the fire

ДОЖДЬ   ДОЛГ

дождь ливмя льёт	п-	it's pouring ; it's coming down in sheets
грибной дождь	-	rain during sunshine
золотой дождь	пер-	large amount of money received unexpectedly ; windfall
до чего он дожил?	-	what has he come to ?
лошадиная доза	-	overdose; huge dose
обходить дозором	-	be on the beat
вещественные доказательства	-	exhibits; material evidence
веские доказательства	-	strong arguments/ proofs/
наглядное доказательство	-	visual / graphic, clear/ proof / evidence/
делать доклад	-	read a paper ; make a report
жить в долг	-	live on credit
наделать долгов	-	incur debts
влезать в долги	-	get / run/ into debt
входить в долги	-	a/ a
завязнуть в долгах	-	get tied up with debts; be head over ears in debt
дать в долг	-	lend/ money/
взять в долг	-	borrow / money/
исполнять свой долг	-	do one's duty
долг платежом красен	пос-	one good turn deserves another
кругом в долгу	-	deep in debt; up to one's neck in debt
в долгу ,как в шелку	пог -	head over ears in debt
запутаться в долгах	-	be immersed in debt
выходить из долгов	-	pay off one's debts
отдать долг натуре	ш-	obey the call of nature

ДОЛГ

по долгу службы	— in one's official capacity
первым долгом	— first of all; the first thing to do
не остаться в долгу перед кем	— give as good as one gets
считать своим долгом	— make a point of s.t.; consider it to be one's duty
отдать последний долг кому	— pay the last honours to s.o.;
отстранить от должности	— discharge from a duty /office/
освободить от должности	— a / a
вступить в должность	— take over a duty / post/
занимать должность	— hold/ fill/ a post /an office/
требовать свою долю	— ask for one's share / for a fair share/; cry halves
доля истины	— grain of truth
выпасть на долю кому	— fall to s.o.'s lot
войти в долю с кем	— go halves with s.o.

ДОМ

сущ.

в доме повешенного о верёвке не говорят пос-	name not the rope in the house of him that hanged himself
дом отдыха	— holiday home
дом терпимости	у- house of ill-repute; brothel; bawdy house; disorderly house
у них дом — полная чаша	у- they live in clover/ plenty /

гл.

ввести в дом кого	— introduce / recommend/ s.o.
выживать кого из дому	— force s.o. to leave the house
гнать кого из дому	p- turn s.o. out of house and home
отбиться от дома	— avoid staying at home
отказывать от дома кому	— forbid s.o. the house; close door to s.o.

ДОМ	ДОРОГА
скучать по дому	– be homesick ; long for home
тосковать по дому	– a / a

при.

детский дом	– nursery ; children's home
воспитательный дом	– foundlings' hospital/ home/
жёлтый дом	у– mental hospital ; lunatic asylum; mad house
заезжий дом	у– inn
заколдованный дом	– haunted house
исправительный дом	– reformatory ; institution for reformation of young criminals /juvenile delinquents/
дом для престарелых	– old people's home
публичный дом	у– brothel
сумасшедший дом	– lunatic asylum; mad house; mental hospital

раз.

вне дома	– out of doors
на дому	– at home
будьте как дома!	– make yourself at home !
у него не все дома	р– he's not all there
он дома	– he's in; he's at home
его нет дома	– he's out ; he's not at home
подвергнуть допросу кого	– interrogate s.o.
допрос с применением пытки	– third degree interrogation
допрос с пристрастием	– third degree; continuous carping and nagging ; grilling
перекрёстный допрос	– cross- examination

дорога

сущ.

проложить себе дорогу грудью пер	– achieve s.t. through fight ; force one's way through

ДОРОГА   ДОРОГА

желе́зная доро́га ме́стного значе́ния		— local railway line
гл.		
э́то на доро́ге не валя́ется	р—	it's difficult to get /obtain/
они́ встре́тились на у́зкой доро́ге	пер—	their interests clashed
вы́биться на доро́гу	—	find the right path; find one's way in life
вы́вести кого́ на широ́кую доро́гу	—	set s.o. on his feet
дать доро́гу кому́	—	get out of s.o.'s way
забы́ть доро́гу куда́	пер—	stop seeing / visiting/ s.o.
отправля́ться в доро́гу	—	set out on one's journey
перебега́ть кому́ доро́гу	—	cross s.o.'s path
перебежа́ть кому́ доро́гу	пер—	snatch s.t. from under s.o.'s nose
пойти́ по би́той доро́ге	—	follow the beaten track
проби́ть/проложи́ть/себе́ доро́гу	—	force one's way through
проби́ть/проложи́ть /себе́ доро́гу	пер—	make one's way in life
не разбира́я доро́ги	—	up hill and down dale; folowing one's nose
сби́ться с доро́ги	—	lose one's way
сверну́ть с доро́ги	—	leave the road
он стои́т на хоро́шей доро́ге	—	his future / career/ is assured
стать поперёк доро́ги	—	be in s.o.'s way
не сто́йте на доро́ге !	—	get out of my way !
уступа́ть кому́ доро́гу	—	make way for s.o. : let s.o. pass
при.		
больша́я доро́га	—	highway ; high road
кругова́я доро́га	—	roundabout way / road/
просёлочная доро́га	—	local / country / road

ДОРОГА		ДОСТУП
столбовая дорога	у-	highway ; high road
торная дорога	-	beaten track
шоссейная дорога	-	highway ; main road
раз.		
мне с тобой по дороге	-	we go the same way
мне с тобой не по дороге	-	we go in different directions; our paths diverge
мне с тобой не по дороге	пер-	we part company
туда ему и дорога !	р-	it serves him right ! that's where he belongs !
дороговизна жизни	-	high cost of living
идти по проторенной дорожке	-	keep to the beaten track
какая досада !	-	how annoying! what a pity /nuisance/ !
до гробовой доски	-	till one's dying day; to the end of one's life / days/
красная доска	порев-	board of honour; roll of honour
доска почёта	порев-	a/ a
чёрная доска	порев-	list of shirkers/ absentees/
попасть на чёрную доску	-	be put on the black list
от доски до доски	-	from cover to cover
ставить кого на одну доску с кем	-	put s.o. on a level with s.o.
жить в достатке	-	be comfortably off; be in easy circumstances
оценить по достоинству	-	do justice to s.o.; estimate s.o. at one's true worth
уронить своё достоинство	-	lose one's dignity ; lose face
унижить чьё достоинство	-	humiliate s.o.
осматривать достопримечательности	-	see the sights; see lions; see elephants / Am./
найти доступ к чьему сердцу	-	win s.o.'s heart/ liking/

ДОСУГ		ДРУГ

на досу́ге	−	at leisure ; in one's spare time
ма́мина до́чка	−	mummy's darling daughter
ма́менькина до́чка	p−	a /a
оте́цкая дочь	нар поз−	daughter of a rich man
дочь Е́вы	ш−	woman ; female ; the fair sex
лезть / рва́ться/ в дра́ку	−	be spoiling/looking/ for a fight
всео́бщая дра́ка	−	free fight ; free-for-all
дойти́ до дра́ки	−	come to blows
драть втри́дорога	p−	charge an exorbitant price
бараба́нная дробь	−	roll of a drum
дрова́ в лес вози́ть	пос −	carry coals to Newcastle
налома́ть дров	пер−	do silly things; make a mess of things
расти́ как на дрожжа́х	−	grow/ sprout/ like mushrooms
э́то меня́ броса́ет в дрожь	−	it gives me the shudders / creeps/
дрожь пробежа́ла у него́ по те́лу−		he shook all over
закады́чный друг	p−	bosom friend
быть закады́чными друзья́ми	p−	be hand in glove / bosom friends/
набива́ться в друзья́	p−	impose one's friendship on s.o.
друзе́й узна́ют в беде́	пос−	a friend in need is a friend indeed
друзья́ узна́ються в беде́	пос−	a/ a
сам− друг	y−	two together ; both together
друг про́тив дру́га	−	against each other ; face to face
друг дру́га	−	one another
друг с дру́гом	−	one with another
друг за дру́гом	−	one after another

ДРУЖБА

водить дружбу с кем	—	be friends with s.o.; hob-nob with s.o.
сводить дружбу с кем	—	make friends with s.o.
завязать дружбу с кем	—	a/ a
в тесной дружбе с кем	—	in close friendship with s.o.; hand in glove with s.o.
дружба дружбой , а служба службой	пос-	don't let friendship interfere with your business
согнуть кого в дугу	р-	subdue s.o. ; bring s.o. under
согнуть кого в три дуги	р-	a/ a
плясать под чью/чужую/дудку	р-	dance to s.o.'s tune /piping/
думать думу	нар поз-	brood; ponder; think
об этом и думать забудь!	—	get it out of your head !
и думать не смей !	—	don't you dare ! not on your life!
думать про себя	—	think to oneself
не долго думая	—	without thinking twice; without a moment of hesitation
много о себе думать	—	think a lot of oneself ; think no small beer of oneself
кого вы думаете ?	—	whom do you mean ?
не думано, не гадано	нар поз-	unexpectedly
не думал, не гадал!	р-	who could have foretold that ?

ДУРАК

<u>сущ.</u>

заставь дурака Богу молиться, он и лоб расшибёт	пос-	let a fool pray and he will break his forehead/ abt. touching the church floor with /one's forehead/
"услужливый дурак опаснее врага" к с /Крылов/	—	God deliver me from fools
дурак дураком	п-	damned/ brazen fool /
дуракам закон не писан	пог-	fools rush in where angels fear to tread

ДУРАК   ДУРЬ

носи́ться с че́м, как дура́к с писно́й торбо́й	пог-	fuss over s.t. like a child over a new toy

гл.

валя́ть дурака́	п-	kid around ; play the monkey ; act the giddy goat
ко́рчить дурака́	п-	a/a
лома́ть дурака́	п-	a/ a
не на дурака́ напа́л !	р-	not likely ! no fear ! not bloody likely !/ sl/
нашёл дурака́	р-	a/ a
оста́ться в дурака́х	р-	be a fool for one's pains; be out in the cold ; be left holding the bag/ baby/; be duped
оставля́ть кого́ в дурака́х	р-	leave s.o. in the cold ; fool / dupe / s.o.
разыгра́ть дурака́	р-	make a fool of oneself

при.

изря́дный дура́к	р-	real/ right/ fool
кру́глый дура́к	р-	perfect/ utter/ fool
наби́тый дура́к	р-	damned fool
непроходи́мый дура́к	р-	perfect / utter, brazen/ fool
отча́янный дура́к	р-	arrant/ hopeless/ fool

раз.

круго́м дура́к	р-	a fool all round ; perfect fool
мне ду́рно		I feel sick/ill, giddy, faint/
вы́бить дурь из головы́ чьей	п -	knock the nonsense out of s.o.
вы́кинь э́ту дурь из головы́!	п -	don't be / +bloody/ silly /sl/
на него́ нашла́ дурь	п -	he has gone off his head; he has gone crazy
вы́колотить дурь из кого́	п -	knock the nonsense out of s.o.

ДУХ   ДУХ

дух

сущ.

дух врéмени — the spirit of the age/times/

гл.

бежáть во весь дух   p— run for dear life
воспáрить дýхом   у ш выс— get inspiration
воспрянуть дýхом   у выс— get a new lease of life
вышибить дух из когó   п— kill s.o. with one blow;
                                                     kill s.o. outright
от этого у негó дух захватило — it took his breath away
испустить дух   кн у— breath one's last ; gasp out
                                                     one's life
набрáться дýху   — pluck up one's courage/ heart/
пáдать дýхом   — lose one's heart/ courage/ ;
                                                     become despondent
чтоб твоим дýхом не пáхло !   п— never set your foot here again!
перевести дух   — catch one's breath
дух перешибить   п— use perfumes to kill bad
                                                     odour
поднимáть дух   — infuse courage into...;stiffen
                                                     the spirit of...
поникнуть дýхом   — lose hearth/ courage/
сдéлать что одним дýхом р— do s.t. at one go / at a
                                                     stroke/
чтоб я дýху твоегó не слыхáл! р— get out of my sight!
собрáться с дýхом   — pull oneself together ; pluck
                                                     up one's courage
ты это святым дýхом узнáл ? р— has a little bird told you
                                                     that ?
скакáть во весь дух   — gallop at full speed
у негó дýха/ дýху /не хватáет — he hasn't the heart to do ...
хватить дýху   р— have the heart
при.

бóдрый дýхом   — in high spirits

ДУХ   ДУША

живым духом	р-	in a jiffy; in no time
нечистый дух	фол-	evil spirit; devil; the evil one
одним духом	р-	in a jiffy; in no time
и прочее в том же духе раз.	-	and all that ; in the same vein
это не в моём духе	-	it's not to my taste / my cup of tea/
чтобы духу твоего не было !	р-	be off! off with you! go away!
во весь дух	р-	at full speed; with all one's might
что есть духу	р-	a/ a
он не в духе	-	he's in bad mood/ in low spirits, out of sorts/
в том же духе	-	in the same vein ; along the same lines; on the same lines
чёрное духовенство	у-	orthodox clergy leading monastic life
принимать душ	-	have a shower-bath

ДУША

сущ.

душа в душу	р-	in perfect harmony/ amity, unity/
у меня на душе кошки скребут	р-	I am feeling out of sorts; I am feeling blue
у меня душа не на месте	р-	I'm not myself
душа общества	-	life and soul of society / party/
отпустить душу на покаяние	р-	let s.o. alone ; leave s.o. in peace
у меня душа в пятки ушла	р-	my heart leaped into my mouth; my heart sank into my boots
душой и телом	-	body and soul
ни душой ,ни телом	-	not in the least
еле-еле душа в теле	ш пог-	just keeping body and soul together
он душа человек	р-	he is a good soul /jolly fellow/

ДУША		ДУША

что на душе́, то и на языке́	погл.	what the heart thinks, the tongue speaks/does not conceal/
у меня́ боле́ет душа́	–	I am sick at heart
брать за́ душу кого́	p–	upset / worry/ s.o.
вкла́дывать ду́шу во что́	–	put heart and soul into s.t.
влезть в ду́шу кому́	–	worm oneself into s.o.'s confidence
у меня́ с души́ воро́тит	p–	it turns my stomach; it makes me sick
вы́мотать ду́шу кому́	p–	nag the life out of s.o.; worry s.o. to death
вытя́гивать ду́шу из кого́	–	a/ a
говори́ть с душо́й	–	speak with animation
у него́ душа́ гори́т	–	he is very excited
в чём у него́ душа́ де́ржится?	p–	how does he keep body and soul together?
есть ско́лько душе́ уго́дно	–	eat one's fill
зале́зть в ду́шу кому́	–	worm oneself into s.o.'s confidence
криви́ть душо́й	p–	play the hypocrite; act against one's conscience
у него́ душа́ не лежи́т к э́тому	p–	he doesn't feel disposed to it; his heart isn't in it
лезть в чью́ ду́шу	–	intrude into s.o.'s privacy
надрыва́ть ду́шу кому́	p–	harrow s.o.'s soul; rend s.o.'s heart
облегчи́ть ду́шу	–	get s.t. off one's chest
она́ облегчи́ла ему́ ду́шу	–	she eased his mind
откры́ть всю ду́шу кому́	–	open one's heart to s.o.
отвести́ ду́шу	p–	unburden one's heart
отвести́ ду́шу с кем	p–	have a heart-to-heart talk with s.o.
он поёт без души́	–	he sings without feeling
пить ско́лько душе́ уго́дно	–	drink one's fill

ДУША   ДУША

от души посмеяться	-	have a good laugh
он мне пришёлся по душе	p-	I took a fancy to him
работать с душой	-	have one's heart in one's work
душа радуется	-	the heart fills with joy
разговаривать по душам	p-	have a heart-to-heart talk
раскрыть душу	-	open one's mind to s.o.
стать над душой	p-	pester s.o.; stand over s.o.; pester the life out of s.o.
тянуть душу из кого	p-	worry the life out of s.o.; pester s.o.; torment s.o.; exasperate s.o.
тянуть кого за душу	p-	a/ a
хватить за душу	p-	tug at one's heart-strings
души не чаять в ком	p-	dote upon s.o.; worship s.o.
она в нём души не чает	p-	he is the apple of her eye

при.

бумажная душа	-	bureaucrat
всей душой	-	with all one's heart/ + and soul/
от всей души	-	with all one's soul; wholeheartedly
добрая душа	-	kind soul / person/
за милую душу	p-	with pleasure
продажная душа	-	mercenary creature
родственная душа	-	twin soul
чернильная душа	ш-	penpusher

раз.

у него душа нараспашку	p-	he wears his heart on his sleeve
от души	-	from the bottom of one's heart
в душе	-	in one's heart

ДУША

душа́ моя́ !	-	my darling! my sweetheart! my honey /Am./!
мне му́тно на душе́	p-	I have got the blues
ско́лько душе́ уго́дно	p-	to one's heart's content ; cut and come again
с души́	y-	per head / person/
ни души́	p-	not a soul ; not a living soul
без души́	y-	1/ elated; 2/ frightened to death
для души́	p-	as a hobby / passtime/
по душа́м	p-	heart to heart
по душе́	p-	to one's liking
у меня́ тяжело́ на душе́	-	I'm sad at heart
она́ така́я ду́шка	p-	she is such a duck/darling, dear /
ме́лкая душо́нка	p-	petty creature
га́дкая душо́нка	p-	base creature
рассе́иваться как дым	-	end in smoke ; vanish into thin air
дым коромы́слом /столбо́м/	p-	quite a rumpus; there's an uproar/hullabaloo/
нет ды́ма без огня́	пос-	where there's smoke , there's fire
затаи́ть дыха́ние	-	hold one's breath
перевести́ дыха́ние	-	catch one's breath ; get one's breath back
у него́ дыха́ние захвати́ло	-	he became breathless
испусти́ть дыха́ние	-	draw one's last breath
е́ле дыша́ть	-	be at one's last gasp
для како́го дья́вола/за каки́м дья́волом, на кой дья́вол/ ?	п --	why on earth ! why the deuce ?
чёртова дю́жина	p-	baker's / devil's/ dozen

ДЯДЮШКА

америка́нский дя́дюшка	p-	rich uncle from America

ЕДА   ЕРЕСЬ

за едо́й	– during a meal
на вас не напасёшься еды́	p– you will eat us out of house and home
набра́сываться на еду́	p– pounce on food
навали́ться на еду́	p– tuck into the food; to wolf one´s food
едва́ не	– nearly
едва́-едва́	– hardly
едва́ ли когда́-нибу́дь	– hardly ever
едва́ ли не	– almost
получи́ть едини́цу /по геогра́фии/	– get a bad mark / for geography/
он наш единомы́шленник	– he shares our opinions/ views/; he is at one with us
вступа́ть в единобо́рство	– engage in a single combat
еди́нство взгля́дов	– unanimity; unity of views
еди́нство ме́ста, вре́мени и де́йствия	– the dramatic unities
/все/до еди́ного	– to a man
на едока́	– per head / person, consumer/
он плохо́й едо́к	– he is a poor eater
у него́ шесть едоко́в	– he has six mouths to feed
е́здить верхо́м	– ride on horseback
он сюда́ бо́льше не ездо́к	p– you won´t catch him coming here any more
ей-е́й !	п– really ! really and truly !
е́й-же-е́й !	п– a/ a
е́ле-е́ле	– hardly
у него́ ералаш в голове́	p– his head is in a muddle
городи́ть е́ресь	p– talk rot /nonsense, rubbish/

ЕРЕСЬ		ЕХАТЬ
нести ересь	p-	talk rot / nonsense, rubbish/
сущая ерунда	p-	1/ child's play; 2/ nonsense
пороть ерунду	p-	talk nonsense; talk through one's hat
говорить ерунду	p-	a/ a
ерунда на постном масле	ш п-	stuff and nonsense; trifling matter
о если бы !	-	if only !
если бы не	-	but for
если бы, да кабы	пог-	if ifs and ans were pots and pans; "if" is a big word ; if the sky falls, we shall catch larks
есть за двоих	-	be a devil to eat
не евши, не пивши	p-	without bite or sup
ешь-не хочу	п-	food galore
есть, сколько влезет	p-	eat all one can ; eat one's fill
есть просит	p ш-	/abt. torn shoes and clothing in need of mending/
есть до отвала/отвалу /	p-	eat till one is full
есть !	-	all right! O.K.! aye-aye, Sir; very good, Sir! present!
тише едешь, дальше будешь	пос -	easy does it ; more haste , less speed
ехать верхом	-	go / ride / on horse-back
ехать /+ верхом/ на ком	пер-	subdue / subjugate/ s.o.
ехать на своих двоих	ш-	walk on foot ; ride on Shank's pony
дальше ехать некуда !	п-	it licks everything! it beats all creation! that's the limit! it takes the biscuit!
ехать на долгих	у-	travel by coach without relay /changing horses/
ехать на почтовых	у-	travel by relay
ехать на перекладных	у-	a/ a

ЕЩЁ		ЁРШ
ещё бы !		— I should think so! of course! by all means! will a duck swim?
да ещё как !		— a/ a
проволочный ёж		— barbed wire ; gooseberry/mil. sl./
новогодняя ёлка	порев	— New-Year's tree
рождественская ёлка	дорев	— Christmas tree
быть на ёлке	дорев	— be at a Christmas party
быть на ёлке	порев	— be at a New-Year's party
проволочный ёрш		— wire brush

ЖАБА		**ЖЕЛАНИЕ**
грудна́я жа́ба	–	angina pectoris
взять кого́ за жа́бры	п–	take s.o. by the small/short/ hairs
томи́ться жа́ждой	–	pant for a drink
утоли́ть жа́жду	–	quench one's thirst
жа́жда кро́ви	–	blood lust
жа́жда зна́ний	–	thirst for knowledge
приноси́ть жа́лобу на кого́	–	lodge a complaint against s.o.
подава́ть жа́лобу на кого́	–	a/ a
кака́я жа́лость !	–	what a pity!
говори́ть с жа́ром	–	speak with animation/heat/
с жа́ром приня́ться за де́ло	–	set to work with enthusiasm
зада́ть жа́ру кому́	п–	give it hot to s.o.; make it hot for s.o.
подда́ть жа́ру	п–	do one's level best; put on steam
загреба́ть жар чужи́ми рука́ми	–	make a cat's paw of other people
его́ кида́ет в жар и хо́лод	–	he feels hot and cold all over
жар-пти́ца	фол–	fire-bird
от э́того мне ни жа́рко ни хо́лодно	p–	it is no concern of mine ; it is not my funeral
жева́ть жва́чку	пер–	harp on the same string
се́меро одного́ не ждут	пос–	for one that is missing there's no spoiling the wedding
он вас ждёт не дождётся	p–	he is dying to see you
он ждёт не дождётся	p–	he is on tenterhooks
того́ и жди	–	any minute now
подавля́ть жела́ние	–	restrain a desire
моё жела́ние осуществи́лось	–	my wish has come true
удовлетвори́ть чьё жела́ние	–	meet s.o.'s wishes

ЖЕЛАЮЩИЙ		ЖИВОТ
для всех желающих		- for all comers
выжечь калёным железом что		- eradicate ; root out mercilessly s.t.
куй железо , пока горячо	пос-	make hay while the sun shines; strike while the iron is hot
у меня желудок подвело	п-	my tummy cries cupboard
брать в жёны		- take s.o. in marriage
без меня меня женили	пер-	in my absence ; without my knowledge
жениться на богатой		- marry money / fortune/
смотреть женихом	p-	be as pleased as Punch; have a happy look
сварливая женщина		- shrew
женщина лёгкого поведения		- light woman; lady of easy virtue
интересная женщина		- attractive / beautiful/ woman
худой как жердь		- as thin as a lath
мышиный жеребчик	у ш-	sugar daddy
приносить в жертву		- make a sacrifice
искупительная жертва		- peace-offering
красивый жест		- fine gesture
изливать жёлчь		- give vent to one's bile
изливать жёлчь на кого		- vent one's spleen on s.o.
жив и здоров		- safe and sound; alive and kicking
ни жив, ни мёртв		- more dead than alive ; half scared to death
едва живой /еле живой/		- more dead than alive
как живой / на портрете /		- true to life; as large as life
живость ума		- quick mind /wit/
у меня живот подводит от голода	p-	my belly cries cupboard; I am starved
не на живот , а на смерть		- to the death

ЖИВОТ	
положи́ть свой живо́т за оте́чество выс	give one's life for one's country/fatherland
надрыва́ть живо́тики со сме́ху р	split one's sides with laughter
надрыва́ть живо́тики от сме́ха р	a / a
хи́щное живо́тное	beast of prey
вью́чное живо́тное	beast of burden
бессло́весное живо́тное	dumb animal
ве́чный жид	wandering Jew

ЖИЗНЬ

сущ.

принести́ свою́ жизнь на алтаре́ оте́чества выс	sacrifice one's life for one's country
жизнь бьёт ключо́м	life is in full swing
в нём жизнь бьёт ключо́м	he is brimming with life
жизнь на широ́кую но́гу	high living ; living in style
жизнь прожи́ть-не по́ле перейти́ пос	life is not all beer and skittles / cake and ale/
жизнь в ро́скоши	life in clover ; high living
он ме́жду жи́знью и сме́ртью	his life is hanging on a thread; he is on the point / verge/ of death ; he is within an inch of death
боро́ться не на жизнь , а на́ смерть	fight to the death ; fight for dear life

гл.

брать всё от жи́зни	enjoy life to the full
вводи́ть в жизнь	put into effect
вдохну́ть жизнь в кого́	breath new life into s.o.
воплоща́ть что в жизнь	put s.t. into practice
вступа́ть в но́вую жизнь	begin a new life; turn over a new leaf
вызыва́ть к жи́зни	bring to life

| ЖИЗНЬ | ЖИЗНЬ |

вычеркнуть кого из своей жизни	- strike s.o. out of one's life
давать на жизнь кому	- maintain / support / s.o.
доживать свою жизнь	- live out the remainder of one's days
жить растительной жизнью	- become a mere vegetable
загубить чью жизнь	- ruin s.o.'s life
зажить новой жизнью	- begin a new life; turn a new leaf
зарабатывать на жизнь	- make one's living
идёт о его жизнь	- his life is at stake
изломать жизнь кому	- ruin s.o.'s life
играть своей жизнью	- take one's life in one's own hands
клянусь жизнью !	- upon my life !
лишить кого жизни	- take away s.o.'s life
лишить себя жизни	- commit suicide ; take one's own life
маячить жизнь	п- lead a miserable / dog's/ life
мыкать жизнь	п- live in poverty
жизнь начать сначала	- get a new lease of life
отдавать свою жизнь	- devote one's life
не отстать от жизни	- keep abreast of life/ of the times/
отстать от жизни	- lag behind life; be out of step with the times
пожертвовать жизнью	- give's one's life; lay down one's life
покончить с жизнью	- commit suicide
положить жизнь за кого /что/	- give one's life for s.o. /s.t./
претворяться в жизнь	- come true
проводить в жизнь	- put into practice
праздно проводить жизнь	- lounge away one's life

ЖИЗНЬ	ЖИР
прожига́ть жизнь	- live fast ; lead a fast life; burn the candle at both ends
разби́ть чью жизнь	- ruin s.o.'s life
руча́ться жи́знью	- pawn one's life
уйти́ из жи́зни	- depart from life
жизнь ему́ улыба́ется	- life is kind to him

при.

бу́дничная жизнь	- humdrum life
великосве́тская жизнь	- high life
вы́хвачен из жи́зни	- true to life; the very image of life
отста́вший от жи́зни	- not keeping abreast of the times
разгу́льная жизнь	- dissipated life
такова́ жизнь !	- so goes the world!
ту́склая жизнь	- dreary life

раз.

никогда́ в жи́зни	- never in one's life; not on your life
напа́сть на золоту́ю жи́лу	- strike gold/ oil/
вытя́гивать все жи́лы из кого́	- make s.o. work too hard; wear s.o. out;tire s.o. to death
юмористи́ческая жи́лка	- vein of humour
попа́сть в жи́лку	у- do s.t. in the right time
он не жиле́ц на бе́лом све́те	у- he has not long to live
пла́каться в жиле́тку	- cry on s.o.'s shoulder
он ло́пается от жи́ра	п- he is very fat / stout/
ры́бий жир	- cod-liver oil
он бе́сится с жи́ру	п- good living drives him out of his mind
спусти́ть жир	п- slim

ЖИРНО ЖУТЬ

не слишком ли жирно будет ?	– that's too much !

жить

жить вслух/ запоем /	– live to the full
жить взаперти	– live in seclusion ; keep oneself to oneself
жить припеваючи	– live on the fat of the land / in clover; on Easy Street/
здорово живёшь?	п– how are you ?
за здорово живёшь	п– for no reason at all ; without rhyme or reason
жил-был...	нар поэ– once upon a time there lived ...
жить нараспашку	p– live in style
жить на всём готовом	– all found; be provided with board and lodging
как живёте- можете ?	п у– how is life treating you ?
не житьё , а масленица!	пог– this is the life! life is bed of roses /cakes and ale/
житья нет	п– life is intolerable
житьё-бытьё	п– life ;existence
играть в жмурки	– play blind-man's buff
метать жребий	– cast lots
тянуть жребий	– draw lots
жребий брошен	– the die is cast
не сули журавля в небе, а дай синицу в руки	пос– a bird in the hand is worth two in the bush; better an egg today than a hen tomorrow
выписывать журнал	– subscribe to a magazine /weekly, monthly etc/
журнал заседаний	– minutes of meetings
его берёт жуть	п– he feels awe-struck

ЗАБАВА		ЗАВИСИМОСТЬ

это для него детская забава	–	it is child's play to him
итальянская забастовка	–	sit-down strike
предать забвению	кн–	bury in oblivion; consign to oblivion
предать прошлое забвению	кн–	let bygones be bygones
забежать вперёд	–	race ahead; outdo s.o.; beat to it
сколько заблагорассудится	–	to one's heart's content ; as long as one likes
вводить кого в заблуждение	–	lead one into error; mislead s.o.; lead s.o. astray
выводить кого из заблуждения	–	undeceive s.o.
находиться в заблуждении	–	be under a misapprehension
не было заботы!	p–	there was trouble enough to spare without it
не моя забота	p–	I don't care ; it doesn't concern me
ему заботы мало	p–	what does he care ?
с открытым/поднятым/забралом	–	above board; openly ; frankly
его забрало за живое	–	he was touched to the quick
себя не забывать	p–	look after one's own interests; take care of number one
хоть завались	п–	enough and to spare
богоугодное заведение	у–	hospital for the poor and aged
завеса упала с его глаз	–	the scales fell from his eyes
духовое завещание	–	last will / + and testament /
умереть ,не оставив завещания	–	die intestate
крепостная зависимость	ист–	serfdom ; bondage
его гложет зависть	–	he is consumed with envy
возбуждать зависть в ком	–	arouse s.o.'s envy
лопнуть от зависти	p–	burst with envy
в зависимости от обстоятельств	–	depending on circumstances ; as the case may be

ЗАВОД	ЗАЗРЕНИЕ
ко́нный заво́д	– stud farm
до за́втра !	– see you tomorrow !
корми́ть кого́ за́втраками	p– feed s.o. with promises/hopes/
говори́ть зага́дками	– to riddle
вот в чём загво́здка !	p– that's the snag! that's just it! that's where the shoe pinches !
она́ про́сто загляде́ние	p– she is simply lovely
загляну́ть вперёд	– anticipate ; think about future
посвеща́ть кого́ в загово́р	– let s.o. into the conspiracy
загово́р молча́ния	– conspiracy of silence
заговори́ть по-ино́му	– change one's tune ; come down a peg or two
он с ва́ми ещё не так заговори́т	p– he'll show you another/ the sharp/ side of his tongue
быть в заго́не	p– be neglected; be kept in the background
дома́шнее зада́ние	– homework
задава́ть храпови́цкого	ш– sleep like a top/ log/
я тебе́ зада́м !	p– I'll give you what-for!
заде́ть кого́ за живо́е	– sting s.o. to the quick; touch s.o. on the raw
за́дом наперёд	p– back to front
зажи́ть по-но́вому	– turn over a new leaf
пья́ный/ хмельно́й/ задо́р	– Dutch courage; pot valour
о чём э́то вы заду́мались ?	– a penny for your thoughts!
глубоко́ заду́маться	– be lost in thought
что вы заду́мали ?	– what are you up to ?
повторя́ть задь́	p– do revision; go over old ground
без зазре́ния со́вести	– without remorse; without any scruples; ruthlessly

III

ЗАЕЦ   **ЗАКУСКА**

за двумя зайцами погонишься, ни одного не поймаешь	пос- grasp all, lose all
убить двух зайцев одним ударом /выстрелом/	kill two birds with one stone
	пог-
ехать зайцем	p-steal a ride ; stow away
пройти зайцем	p-enter without a ticket
зайти слишком далеко	-go too far; beat everything
сделанный на заказ	-made to measure ; bespoke
старого закала	-of the old school
закат солнца	-sunset
на закате дней	выс- in the evening of one's life
биться о заклад	-bet ; lay a wager
предварительное заключение	юр- preventive custody ; detention
делать поспешные заключения	-jump to conclusions
Закон Божий	-religious instruction / as a school subject/
закон не писан кому/для кого/	p- one does not abide by the laws
неписанный закон	-common law
писанный закон	-statute law
закон дубинки	-club law
вступить в закон	у- join in holy matrimony
принять закон	у- a/ a
объявлять вне закона кого	-outlaw s.o.
закон имеет силу	-law is in force
закон имеющий обратную силу	-retroactive law
знать все закоулки	p- know all the ins and outs
на закуску	пер ш- s.t. to finish up with

ЗАЛАДИТЬ   ЗАОДНО

заладить одно и тоже	p-harp on one string
залог дружбы	-token/pledge/ of friendship
залог любви	-seal of love / child/
выпить залпом	p-drink off at one draught
брать на заметку что	p-make a note of s.t.
быть взятым на заметку	p-be under the suspicion
сделать замечание кому	-rebuke / reprimand/ s.o.
беглое замечание	-passing remark
колкое замечание	-caustic remark
едкое замечание	-cutting remark
язвительное замечание	-biting remark
привести в замешательство	-throw into confusion; discomfiture
с замиранием сердца	-with one's heart in one's mouth; with a sinking heart
замкнуться в себе	-retire into oneself; withdraw into one's shell
за /под/ семью замками	-under seven seals; sealed and secured
за/ под/ десятью/ замками	- a/ a
секретный замок	-combination lock
поцеловать замок	ш-come late and find the door locked
строить воздушные замки	-build castles in the air
железный занавес	-iron curtain
под занавес	пер -at the last moment
раз уж вы этим занимаетесь	-while you are about it
не занимать стать чего	п-one has plenty of it
любимое занятие	-hobby
мы с ним заодно	-we understand each other ; we are hand in glove with him

ЗАПАНИБРАТА		ЗАСТАВЛЯТЬ

быть запанибра́та с кем		– be free-and-easy with s.o.; be hail-fellow-well-met with s.o.
запа́с слов		– vocabulary
слы́шать за́пах		– feel / catch, perceive/ the smell
запе́ть друго́е		– change one's note / tune/
запи́ть го́рькую	p	– be in one's cups; drink heavily
страда́ть запо́ем		– be given to drink
за семью́ запо́рами		– under seven seals; under lock and key
уходи́ть на за́работки	у–	go away in search of a living / work/
до заре́зу	p–	very; desperately
э́то заре́з для меня́		– it will be the end of me; it will finish me
хоть заре́жь	п–	desperately; unbelievably
подави́ть в заро́дыше		– nip in the bud; crush in the egg
от зари́ до зари́		– from dusk to dawn; from dawn to dusk
у́тренняя заря́		– sunrise; dawn
вече́рняя заря́		– sunset
засе́сть в заса́де		– lie / wait/ in ambush
откры́тое заседа́ние		– public sitting
прися́жный заседа́тель	у–	juryman; juror; member of the jury
ста́вить кому́ в заслу́гу		– put down to s.o.'s credit
ста́вить себе́ в заслу́гу		– take credit for s.t.
возда́ть кому́ по заслу́гам		– give s.o. his due
отчита́ть кого́ по заслу́гам	p–	tell s.o. his own; give s.o. a dressing down
счита́ть чьей заслу́гой		– give s.o. credit
заста́ть враспло́х		– catch s.o. unawares / by surprise/
не заставля́йте себя́ проси́ть !		– help yourself! please do!

ЗАСТАВИТЬ	ЗВЕЗДА
он не заста́вил себя́ проси́ть	– he was willing enough
не заставля́ть себя́ ждать	– not to keep s.o. waiting; come on time
затверди́ть одно́ и то́же	– harp on one string
по́просту, без зате́й	p – quite informally
на него́ нашло́ затме́ние	– his mind went blank
лу́нное затме́ние	– eclipse of the moon
со́лнечное затме́ние	– eclipse of the sun
зато́р в у́личном движе́нии	– traffic jam
дать кому́ затре́щину	п – box s.o.'s ears
вы́вести кого́ из затрудне́ния	– help s.o. out of difficulties /difficult straits/
вы́ручить кого́ из затрудне́ния	– a/a
выбира́ться из затрудне́ний	– get out of difficulties
е́сли э́то вас не затрудня́ет	– if it's not too much trouble /bother/ for you
идти́ в заты́лок	– keep in single file
зау́чивать что наизу́сть	– learn s.t. by heart
захва́ченный с поли́чным	– caught red-handed /in the act/
захвати́ть врасплох	– take s.o. by surprise ; catch s.o. unawares
заходи́ть сли́шком далеко́	– carry it too far
выступа́ть в защи́ту кого́	– stand up for s.o. ; speak in s.o.'s defence
э́то не в зачёт	– it doesn't count ; it can be ignored / overlooked/
и зва́ния нет	p – there is no trace of it
как ва́ше зва́ние ?	p – what is your name ?
ве́рить в свою́ звезду́	– believe in one's lucky star
роди́ться под счастли́вой звездо́й	– be born under lucky star
роди́вшийся под несчастли́вой звездо́й	– ill-starred

ЗВЕЗДА	ЗДОРОВЬЕ
он звёзд с неба не хватает	пог-he wouldn't set the Thames on fire
путеводная звезда	-guiding star; lodestar
считать звёзды	-twiddle one's thumbs ; loaf
смотреть зверем	p-have a ferocious look
как загнанный зверь	-like a beast at bay
красный зверь	-very valuable animal /bear, fox, elk , marten etc/
травленный зверь	-beast at bay; cornered animal
хищный зверь	-beast of prey
стрелянный зверь	пер-old hand
задать звону	п-dust one's coat; reprimand s.o.; dust one's jacket
звонок по телефону	-telephone call
вы не туда звоните	-you've got the wrong number
пустой звук	-empty phrase ; just a name
звучать убедительно	-ring true
ни зги не видно	p-it's pitch dark
я не здешний	-I'm a stranger here
вот это здорово!	p-that's fine
будьте здоровы!	-good bye ! so long!
на здоровье !	-you're welcome ! to your health!
надорвать здоровье	-undermine one's health
припадать здоровьем	-feel unwell ; be ill
он пышет здоровьем	-he is the very picture of health
как ваше здоровье ?	-how are you ? how do you feel?
на здоровье !	-cheers !
за ваше здоровье !	-cheers ! here's to you!

ЗДОРОВЬЕ

пить за чьё здоровье	– drink s.o.´s health
здрав и невредим	– safe and sound
начать за здравие, а кончить за упокой	пог– start on a merry note, but finish on a sad one
здравия желаю /желаем/!	у– long may you live! / soldiers to officers /
да здравствует!	– long live!
любовное зелье	фол– love-potion

ЗЕМЛЯ

земля
сущ.

на нём земля не клином сошлась	пог– he is not the only pebble on the beach
земля ушла из под его ног	– the ground slipped away from under his feet
земля горит у него под ногами	– the place is getting too hot for him
земля под паром	– fallow

гл.

от земли не видать	ш– tiny; very small / abt. people/
словно из /из-под/ земли вырос	– he appeared all of a sudden / from nowhere; out of the blue/
достать что из-под земли	– get s.t. at all cost / cost what may /
низвести на землю	выс– disillusion s.o.
предать земле	выс– commit to a grave; bury; inhume
он готов был сквозь землю провалиться	– he wished the floor/ ground/ would swallow him up
он как сквозь землю провалился	– he vanished into thin air
провалиться мне сквозь землю!	п– I´ll eat my hat, if...!
он землю роет	п– he is working hard
земли под собой не слышать	у– walk on air; be on the top of the world
сровнять что с землёй	– level / raze / s.t. to the ground
земли под собой не чуять	р– walk on air; be on the top of the world

ЗЕМЛЯ   ЗНАК

при.

кабинетские земли	ист-	estates / lands/ and factories belonging to tzar's family
ничья земля		- no man's land
за тридевять земель	нар поэт-	at the other end of the world; at the back of beyond
в зените славы		- at the height of one's fame
беречь /хранить/ как зеницу ока	пог-	guard as the apple of one's eye
дорожить как зеницей ока		- a/ a
кривое зеркало		- distorting mirror
зиму и лето		- all the year round
употреблять во зло чьё доверие		- abuse s.o.'s confidence
причинять кому зло		- harm s.o.
сделать что со зла		- do s.t. out of spite, maliciously
как на зло		- to crown it all; as bad luck would have it
из двух зол выбирай меньшее	пог	- choose the lesser of two evils
сорвать злобу на ком		- vent one's anger on s.o.
вымещать злобу на ком		- a/a
копить злобу		- cherish / nurse / ill-will
злоба дня		- topic of the day
злоупотребление гостеприимством		- trespass on s.o.'s hospitality
злоупотребление доверием		- breach of trust / faith, confidence/
подколодная змея	пер-	snake in the grass
отогревать змею на груди		- cherish a snake in one's bosom
напиться до зелёного змия	п-	be dead drunk
в знак памяти		- as a token of memory

ЗНАК		ЗУБ
в знак дру́жбы	— as a token of friendship	
заводи́ть знако́мство	— strike up an acquaintance; make an acquaintance	
завяза́ть знако́мство	— a/ a	
набива́ться на знако́мство с кем-	force one's acquaintance on s.o.	
прерва́ть знако́мство	— part company	
мимолётное знако́мство	— fleeting acquaintance	
ша́почное знако́мство	— nodding / bowing/ acquaintance	
быть ко́ротко знако́мым	— be on familiar /friendly/ terms with s.o.	
измени́ть своему́ зна́мени	— desert the colours / colour/	
встать под зна́менем	— join the colours / colour/	
осени́ть кре́стным зна́менем	y- bless with the sign of the cross	
зна́мение вре́мени	— sign of the times	
он знато́к по э́той ча́сти	— he is an expert in this	
знать что назубо́к	p- have s.t. at one's finger-tips	
знать что к чему́	p- know what's what	
знать кого́ понаслы́шке	— know s.o. by name / by hearsay/	
как знать	p- goodness knows	
знать про себя́	p- keep a secret to oneself	
наско́лько я зна́ю	— for all I know ; as far as I know ; to my knowledge	
он не знал, куда́ дева́ться	— he wished the earth would open and swallow him	
знай на́ших !	p-/ boastingly/ you must know what kind of people we are !	
не всё зо́лото, что блести́т пос-	all that glitters is not gold	
зре́ние мне изменя́ет	— my sight fails me	

ЗУБ
сущ.

| зуб за́ зуб | — a tooth for a tooth; tit for tat |

ЗУБ

у меня зуб на́ зуб не попада́ет	p- my teeth are chattering /abt. fear, cold/
положи́ть зу́бы на по́лку	p- tighten one's belt; starve

гл.

говори́ть сквозь зу́бы	- speak through set /clenched/ teeth
зуба́ми держа́ться за что	p- stick to s.t. tooth and nail
загова́ривать зу́бы кому́	у- charm away toothache
загова́ривать зу́бы кому́ пер	- fool s.o. with smooth talk; put s.o. off with fine words
име́ть зуб на /про́тив/ кого́	p- nurse/ cherish, hold/ a grudge against s.o.
у него́ шли зу́бы	- he cut his teeth; he was teething
лома́ть на чём зу́бы	- suffer a setback / defeat/
э́то навя́зло у всех на зуба́х	- everybody is sick and tired of it
оска́лить зу́бы	p- show/ bare / one's teeth
остри́ть зу́бы на что	p- long / yearn/ to get s.t.
он ни в зуб не понима́ет	п- he doesn't know beans/ a thing/
у него́ зу́бы разгоре́лись на что	p- he passionately wants s.t.
ска́лить зу́бы	p- grin; show one's ivories
скрежета́ть зуба́ми	- grind/ gnash/ one's teeth
зу́бы съесть на чём	p- be an old hand at s.t.
он ни в зуб толкну́ть	п- he doesn't know a word of it
точи́ть зу́бы на кого́	- have a grudge against s.o.; threaten s.o.; bear s.o. a grudge
цеди́ть сквозь зу́бы	- grind out the words
цеди́ть сквозь зу́бы	- speak through set /clenched/ teeth
чеса́ть зу́бы	п- wag one's tongue ; gossip

при.

вооружённый до зубо́в	- armed cap-a-pie /from head to foot/
вставны́е зу́бы	- false teeth ; dentures

ЗУБ		ЗУБОК
шата́ющийся зуб	—loose tooth	
раз.		
не по зуба́м	p—too hard/ difficult/ for one	
на оди́н зуб	p—very little / abt.food/	
ни в зуб	p—not a whit	
подари́ть на зубо́к кому́	—give a gift to a newborn baby / esp. when it is cutting first tooth/	
попа́сть на зубо́к кому́	p—become an object of gossip and sharp tongues	

ИВА	
плаку́чая и́ва	— weeping willow
Ивано́в, Петро́в, Си́доров	— Brown, Jones and Robinson
во всю ива́новскую /крича́ть, жить и т.п./	/ generally intensive/ р-
све́ргнуть и́го	— shake off the yoke
сиде́ть как на иго́лках	— be on pins and needles /on tenterhooks/
куда́ иго́лка, туда́ и ни́тка	пос- the thread follows the needle
до иго́лки	— to minute detail
не иго́лка	— it's easy to find
иго́лки не подпусти́ть	у- one cannot find fault with it
с иго́лочки	— brand-new; as clean as a new pin
оде́тый с иго́лочки	— spick and span; dressed up to the nines

игра́

раскры́ть чью игру́	— see through s.o.'s game; discover s.o.'s secret plans
игра́ слу́чая	— freak of chance; trick of fate /fortune/
игра́ судьбы́	— a/ a
игра́ воображе́ния	— freak of imagination
игра́ в пря́тки	— hide-and-seek
игра́ не сто́ит свеч	— the game is not worth the candle
твоя́ игра́ сы́гранна	— you have had it
вести́ кру́пную игру́	— play high / for high stakes/
игра́ слов	— play on words; pun
выбыва́ть из игры́	— be out; quit
вести́ двойну́ю игру́	— play fast and loose
игра́ приро́ды	— freak of nature

ИГРА	
азáртная игрá	–game of chance
игрáть по большóй	–play for high stakes
игрáть по мáленькой	–play for low stakes
игрáть навернякá	p–take no risks/ chances/; act only if it is a dead certainty
э́то не игру́шки	–this is not to be trifled with
как/ слóвно/ игру́шка	–lovely ; smart ; graceful
счастлúвая идéя	–happy thought
блестя́щая идéя	– brainwave
гениáльная идéя	– brilliant idea
навя́зчивая идéя	– fixed idea; obsession; persistent urge
сидéть úдолом	– sit like a stone image

ИДТИ

идтú пешкóм	– walk/go/ on foot
идтú на что	– agree to s.t. ; be willing
идёт !	p– it´s a go ! / Am./ ;it´s a deal !
кудá ни шло !	p– come what may ! let´s chance it!
идтú гуськóм	– walk in single file / Indian file/
идтú на боковýю	– go to bed
идтú вразрéз с кем/чем/	– oppose s.o. / s.t./ ; be at variance ; run counter
идтú напролóм	– stop at nothing ; go the whole hog
идтú напропалýю	– a/a
идтú на попя́тную/попя́тный/	p–beat a retreat ; go back on one´s word
идтú навстрéчу комý	–meet s.o. ; meet s.o.half-way
идтú на всё	– go to all length; move heaven and earth
идтú наперекóр	– run counter ; be at variance

ИДТИ		ИЗДЫХАНИЕ
идёт ,как нельзя лучше		- couldn't be going better
идти кому впрок		- do s.o. good ; be of profit to s.o.
идти гулять		- go for a walk
идти на своих двоих	ш-	ride on Shanks' pony/ mare/
состоять на иждивении у кого		- be maintained by s.o. ; be dependent on s.o.
прописать кому ижицу у	p-	rebuke angrilly / chastise/ s.o.; give s.o. a hiding
белая изба		- cottage with an ordinary chimney
курная изба		- cottage without a chimney to its fireplace
сборная изба	y-	seat of rural council
счастливое избавление		- good riddance
избиение младенцев	биб-	the massacre of the innocents
избиение младенцев	ш -	asking too much of the young and unexperienced
избранник судьбы		- minion of fortune
от избытка чувств		- overcome by emotion
подготовить кого к известию		- break the news gently
добиться известности		- earn fame
поставить кого в известность о чём		inform s.o. of s.t. -
насколько мне известно		- as far as I know ; to my knowledge
официально извещать		- serve notice
рассыпаться в извинениях		- be profuse in one's apologies
ну, уж извините!		- oh,no , that won't do !
ехать на извозчике		- go in a cab/ by cab/
ругаться ,как извозчик		- swear like a trooper/lord/
сидеть у изголовья		- sit at the bedside
при последнем издыхании	p-	on one's last legs ; at one's last gasp

ИЗДЫХАНИЕ   ИМЯ

до последнего издыхания	- to one's last breath
этого хватит с излишком	- that will do ; that will be enough and to spare
государственная измена	- high treason
супружеская измена	- adultery
изменяться к лучшему	- take a favourable turn ; turn over a new leaf
взять кого измором	- starve s.o. out / + into surrender/
изнанка жизни	- seamy side of life
хохотать до изнеможения	- burst one's sides with laughter
не знать износу/ износа /	p- wear very well / abt. clothing/
изображать из себя кого	- give oneself out to be ; pretend to be
приводить в изумление кого	- astonish s.o.
ему изюминки не хватает	p- he wants some ginger
выглядеть именинником	- look bright and happy
смотреть именинником	- a/ a
сидеть именинником	- loaf
именно так	- very much so ; exactly
иметься налицо	- be on hand / available/
если вы ничего не имеете против	- if you don't mind
недвижимое имущество	- real property
распорядиться имуществом	- dispose of one's property
имущие и неимущие	- haves and have-nots

<u>имя</u>

запятнать своё имя   - stain one's good name

ИМЯ		ИСКРА
составить себе имя	—	make a name for oneself; become famous /known/
с именем	—	famous /known/ ; of repute
от моего имени	—	on my behalf
купить что на имя кого	—	buy s.t. on behalf of s.o.
ласкательное имя	—	pet name
пачкать чьё имя	—	defame / disgrace / s.o.'s name
личное имя	—	Christian name ; forename ; first name
имя и фамилия	—	Christian name/ forename/ and surname
имя и отчество	—	Christian name and father's name / patronymic/
Христовым именем жить	у-	go begging ; lead a begging life
живой инвентарь	—	livestock
духовой инструмент	—	wind-instrument
остаться при пиковом интересе	р-	get nothing for one's pains; be out in the cold
из спортивного интереса	—	just to taste one's ability
привлекать всеобщий интерес	—	be in the limelight
ирония судьбы	—	tricks of fortune
встречный иск	юр-	counter-claim; cross-action
иск за клевету	юр-	libel action
предъявить иск кому	юр-	bring an action against s.o.
искатель приключений	—	adventurer
ищи свищи !	р-	you can whistle for it !
все без исключения	—	all without exception; all and sundry
у него искры из глаз посыпались	р-	he saw stars
у него искра /+Божия /	—	he is gifted; talented
искра надежды	—	glimmer of hope

ИСКУССТВО		ИСТОРИЯ
изя́щные иску́сства		– fine arts
подда́ться искуше́нию		– give way to temptation
вновь испечённый	ш	– new-fledged
исполне́ния жела́ний !		– I hope your wishes come true!
во исполне́ние ва́шего жела́ния	кан –	in compliance with your wish
приводи́ть в исполне́ние		– carry out; carry into effect
при исполне́нии служе́бных обя́занностей	кан–	while on duty
брать кого́ на испу́г	p–	frighten s.o. and force him to do s.t.
подве́ргнуть кого́ испыта́нию		– put s.o. to the test
выде́рживать испыта́ние		– stand/ pass/ the test
приводи́ть в исступле́ние		– drive s.o. to frenzy; enrage s.o.
впада́ть в исте́рику		– make a hysterical scene
зака́тывать исте́рику	p–	a/ a
истече́ние да́вности	юр–	lapse of time
а́збучная/изби́тая/ и́стина		– truism ; commonplace
добира́ться до и́стины		– get at the truth
раскры́ть и́стину		– lay bare the truth
свята́я и́стина		– God's truth ; Gospel truth
го́рькая и́стина		– home truth
прописна́я и́стина		– Sunday- school truth
неприкра́шенная и́стина		– unvarnished/ plain/ truth
вот кака́я исто́рия !	ир–	there's a pretty kettle of fish! what you think of that!
вот так исто́рия !		– what a mess / nuisance / !
весе́ленькая исто́рия !		– a pretty pair of shoes !
ве́чная исто́рия !		– here we go again !there we are !

ИСТОРИЯ	ЙОТА
вы́думанная исто́рия	– fabrication ; made-up story
влете́ть в исто́рию	p– get into a mess
войти́ в исто́рию	– become famous
неправдоподо́бная исто́рия	– fishy tale
исто́рия боле́зни	– case history
хоро́шенькая исто́рия !	– a nice how-d´ye-do !
об э́том исто́рия ума́лчивает	– such things are better left unsaid
из достове́рных исто́чников	– on good authority ; from reliable sources
стоя́ть истука́ном	p– stand like a stone image
стоя́ть ,как истука́н	p– a/ a
на исхо́де дня	– towards evening
исча́дие а́да	– fiend; spawn of hell
в коне́чном ито́ге	– in the end; in the long run; when all comes to all
в са́мом после́дним ито́ге	– a/ a
подвести́ ито́ги	– take stock ; total up ; sum up

Й

ни на йо́ту	p– not a jot/ iota/
не уступи́ть ни на йо́ту	p– not to budge an inch ; not to yield one iota

КАБАК		КАК

кабак завести	п у-	make a mess/pigsty/;leave s.t. in disorder
быть в кабале у кого	p-	be in bondage to s.o.
быть у кого под каблуком	-	be under s.o.'s thumb
он у неё под каблуком	-	he is a henpecked husband
устроить кавардак	p-	make a mess; get into a muddle
строить каверзы	p-	play a mean trick on s.o.
в кавычках /поэт/	ир-	so-called/poet/;pseudopoet; self-styled/would-be//poet/
открыть кавычки	-	quote
закрыть кавычки	-	unquote; finish a quotation
раздуть кадило	p-	make much fuss about s.o./s.t./
каждый встречный и поперечный	p-	first comer; all and sundry; anybody and everybody;Tom,Dick and Harry
вольный казак	p-	one's own master
смертная казнь	-	death penalty; capital punishment
египетская казнь	у-	terrible punishment; elemental calamity
как он собой ?	-	what does he look like?
как-нибудь	-	somehow; after a fashion
как-нибудь потом	-	later on; one of these days
как вам не стыдно ?	-	you ought to be ashamed !
как так ?	-	how is that ? how do you mean?
как раз	-	just; fits like a glove; right; exactly
как бы то ни было	-	anyway; be that as it may; all the same
как бы не так	п-	not likely; not bloody likely; none of your tricks; you won't catch me
как раз наоборот	-	quite the contrary;just the other way about; quite the /reverse
как только	-	as soon as

КАК	КАЛЕНИЕ
как назло́	-as ill luck would have it
как наро́чно	- a/ a and -as on purpose
как вдруг	-when all of a sudden
как нельзя́ лу́чше	-could not be better; extremely well ; excellent
как ни	-though ; no matter how
как мо́жно бо́льше	-as many / much / as one can
как его́/ему́/ бишь ?	п-what d'ye call him ? what's his name ?
как насчёт ... ?	p-how about...?
как уго́дно	-at will; as you please
как мо́жно скоре́й	-as soon as possible
как же так ?	-how is that ?
как ни в чём не быва́ло	-as if nothing had happened
по-како́вски ?	p-in what language ?
како́в он собо́й ?	p-what does he look like?
како́е вам!	p-nothing of the sort/kind/ !
како́е там !	p- a/a
как-то раз	-once; one day; once upon a time
как таково́й	-as such
тёртый кала́ч	p-old hand; old stager; tough customer
ему́ на калачи́ доста́лось	p-he got a good rating; he was abused/ beaten/
калачём его́ сюда́ не зама́нишь	p-you can't lure him here for love or money
кала́чиком сверну́ться	-curl up in a ball
бе́лое кале́ние	-white heat
кра́сное кале́ние	- red heat

КАЛЕНИЕ		КАПЛЯ
довести кого до белого каления	пер-	rouse s.o. to a fury; drive s.o. into a frenzy
калиф на час	ир-	king for a day
сесть в калошу	p-	get into fix/ mess/; find oneself in the mire
посадить кого в калошу	p-	put s.o. into fix
пробный /пробирный/ камень	-	acid test ; touchstone
краеугольный камень	-	corner / foundation/ stone
под лежачий камень вода не течёт	пос-	nothing venture, nothing gain; no pains, no gains
держать камень за пазухой на кого	p-	have evil intentions ; harbour thoughts of revenge
камни вопиют	кн-	it cries out to heaven
камня на камне не оставить	-	raze to the ground
лежать камнем на сердце	-	weigh upon s.o.'s heart
у меня словно камень с души /сердца/ свалился		- a load off my mind
надеть кому камень на шею		- fix/ tie, hang/ a millstone about s.o.'s neck
это камень в мой огород ?		-do you mean me?
бросать камень/камешек/ в чей огород		have a dig at s.o. ; give s.o. - a dig; get at s.o.
камень преткновения		- stumbling-block
заковать кого в кандалы		- put s.o. in fetters/irons, chains/
тянуть /разводить/ канитель	p-	bore s.o. to death; harp on the same string; fuss about s.t.
ни капельки истины		- not a grain of truth
ни капельки		- not a bit; not in the least
над нами не каплет	p-	we are not in a hurry; we can take our time
капля в море		- a drop in the ocean /bucket/

КАПЛЯ		КАРМАН

последняя капля	—the last straw	
капля переполнившая чашу	—the last drop which over-flowed the cup	
по капле	—drop by drop	
капля за каплей	— a/ a	
до капли	—to the last drop; to the dregs	
они похожи, как две капли воды	—not a pin to choose between them; as like as two peas	
в этом есть капля моего мёду	—I took part in it ; I also contributed to it	
капли в рот не брать	—not to touch a drop of drink	
капля дёгтя в бочке мёду	пог—a fly in the ointment	
биться до последней капли крови	—fight to the last drop of one's blood; die in the last ditch	
изрубить в капусту	p—cut with a sabre in small pieces; make matchwood of s.t.	
тут ему и капут	p—he has had it; it's all up with him ; he's done for	
писать каракулями	p—scribble; scrawl	
взять на карандаш	p—take notes ; put down	
почётный караул	—guard of honour	
стоять на карауле	—stand guard; be on guard duty	
нести караул	— a/ a	
кричать караул	—scream out/ call / for help	
взять на караул	—present arms	
взять под караул	—arrest s.o. ; take s.o. into custody	
хоть караул кричи	—one might as well call for help; it's simply unbearable	
стать на карачки	p—get on all fours	
карета скорой помощи	—ambulance / + car/	
тюремная каретка	—prison van ; Black Maria	
набить карман	—line one's pocket ; feather one's nest ; enrich oneself	

КАРМАН		КАРТ-БЛАНШ
лезть в карма́н		– pick pockets
не лезть в карма́н за сло́вом		– have a ready tongue
э́то ему́ не по карма́ну		p– it is beyond his means ; he can't afford it
уда́рить/бить/ кого́ по карма́ну		make a hole in s.o.'s pocket; p– touch s.o. in his pocket
бить по карма́ну		p– cost a pretty penny
класть себе́ в карма́н		пер– embezzle ; steal
держи́ карма́н ши́ре !		p– not likely ! not a chance! nothing doing !
вы́трясти чей карма́н		p– spend s.o.'s money; put s.o. to expense
у него́ в карма́не свисти́т		p– his pocket is empty
нема́я /конту́рная/ ка́рта		– outline map; skeleton map
его́ ка́рта би́та		p– his game is up; he has had it
ему́ и ка́рты в ру́ки		p– it's up to him; he's an expert; he is the clever one
ходи́ть с кру́пной ка́рты		– play high ; play for high stakes
спу́тать/смеша́ть/ чьи ка́рты		– spoil s.o.'s game
открыва́ть свои́ ка́рты		– show one's hand; lay the cards on the table
ему́ везёт в ка́ртах		– he's lucky at cards
гада́ть на ка́ртах		– tell fortunes with /by/ cards
поста́вить всё на одну́ ка́рту		– risk all; stake one's all; put all one's eggs in one basket
раски́нуть ка́рты		– put out the cards to tell one's fortune
ка́рты на стол !		– show you hand !
после́дняя ка́рта		– last chance
э́то поста́вленно на ка́рту		– it's at stake
сре́заться в ка́рты		P– have a game of cards
дать ка́рт-бланш		пер– give s.o. a blank cheque/free hand/

КАРТИНА	КАША
картина быта	– scene from life
писать картину	– paint a picture
лубочная картинка	– cheap popular print
как картинка	– very beautiful; picturesque
как на картинке	– a/ a
одет по картинке	– dressed up to the nines; dressed to kill
картофель в мундире	p – potatoes /+ boiled/ in their jackets
визитная карточка	– calling/ business/ card
сделать карьеру	– get to the top ; get ahead
что касается меня	– for all I care; as for me; for my part ; as far as I am con-
что касается его	– as for him / cerned
что касается этого	– for that matter
касса взаимопомощи	– mutual assistance fund; friendly society
кататься верхом	– go on horseback; ride
" Тришкин кафтан"	к с –/mend a coat using pieces cut from other parts of the coat/; rob Peter to pay Paul
с ним каши не сваришь	п – you will get nowhere with him
берёзовая каша	ш – birch-oil; flogging; whipping
заварить кашу	p – stir up trouble; make a mess of things; get into a muddle
сам заварил кашу, сам и рас- хлёбывай	пог – you've made your bed, now lie on it; you made the broth, now sup it
каша в голове	p – muddled head ; muddle-headed
каша во рту	пер – mumbling
он мало каши ел	p – he is inexperienced
расхлёбывать кашу	p – face the music; clear up the the mess
кашу маслом не испортишь	пос – never too much of a good thing

КАША   КЛЁПКА

гре́чневая ка́ша сама́ себя́ хва́лит	blow one's own trumpet/horn/ пог-
таска́ть кашта́ны из огня́ для кого́	be s.o.'s cat's paw; pull s.o.'s chestnuts out of the fire
кача́ть его́ !	p-three cheers for him ! let's throw him up !
ка́юсь, винова́т !	-sorry, it's my fault !
найти́ квадрату́ру кру́га	-square the circle
кварти́ра и стол	-board and lodging
я́вочная кварти́ра	-secret address
ки́нуться бежа́ть	-dash away
бе́лый как ки́пень	-as white as snow
вы́йти из-под ки́сти кого́	-be painted by s.o.
дать /подда́ть/киселя́ кому́	п-kick s.o. with a knee from behind
у него́ кишка́ тонка́	p-he hasn't got the guts ; he wouldn't be able to do it
надорва́ть кишки́ со́ сме́ху	p-burst one's sides with laughter
вы́пустить кому́ кишки́	п- slay/ kill/ s.o.
вы́мотать все кишки́ кому́	п-bother the life out of s.o.
он кла́дезь учёности/ му́дрости, прему́дрости/ выс	he is the fountain of wisdom; ш-he is depository of wisdom /learning/
не кла́няться с кем	-not to be on speaking/ bowing/ terms with s.o.
быть пе́рвым в кла́ссе	-be at the top of the class; be a head boy/ girl/
возводи́ть клевету́ на кого́	-cast aspersions on s.o.
клеймо́ позо́ра	-stigma; the brand of shame
клеща́ми тащи́ть сло́во /отве́т, призна́ние /	force s.o. to admission /consent; answer /
у него́ не хвата́ет /недостаёт/ одно́й клёпки в голове́	p- he has got a screw loose

КЛИН

вышиба́ть кли́ном из головы́	p-	hammer s.t. out of s.o.'s head
куда́ не кинь-всё клин	пог-	/a very difficult situation /
клин кли́ном вышиба́ть	пог-	like cures like; one nail drives out another ; diamond cut diamond
клин кли́ном выбива́ть	пог-	a/a
кли́кнуть кличь	y-	send a call; make an appeal /+to the country -in emergency/
конспирати́вная кли́чка	-	assumed name ; alias / for political reasons/
куда́ вы кло́ните?	-	what are you driving at?
клочо́к бума́ги	-	scrap of paper
разорва́ть в кло́чки	-	tear to pieces / shreds/; tear to ribbons
разорва́ть что в кло́чья	-	a/a
у меня́ клубо́к в го́рле застря́л	-	I have a lump in my throat
сверну́ться в клубо́к	-	coil / abt. an animal/
запере́ть на ключ	-	to lock
кипе́ть ключо́м	-	bubble over; boil
бить ключо́м	-	be in full swing
посади́ть кля́ксу	-	make a blot
приноси́ть кля́тву	-	take an oath
сдержа́ть кля́тву	-	keep one's oath
нару́шить кля́тву	-	break one's oath
ло́жная кля́тва	-	perjury

кни́га

содержа́тельная кни́га	- book full of concentrated meaning; meaty book /col/
кни́га вы́шла из печа́ти	- the book has come out
телефо́нная кни́га	- telephone directory
а́дресная кни́га	- directory

КНИГА   КОЖА

кни́га за семью́ печа́тями	– sealed book
пове́рхностно прочита́ть кни́гу	– dip into the book
вам и кни́ги в ру́ки	p– you know best; you are the expert; you are the clever one; that's your strong point
спра́вочная кни́га	– reference book
жа́лобная кни́га	– book of complaints
хо́дкая кни́га	– best-seller
смотре́ть в кни́гу и ви́деть фи́гу пог ш	– fail to understand a thing / while reading/
чита́ть кни́гу с пя́того на деся́тое	p– skip through a book
нажа́ть на все кно́пки	– pull all strings/ wires/; move heaven and earth
рабо́тать/выступа́ть/ у ковра́	– perform at a circus
ни за каки́е коври́жки	p– not for the world; not for love or money; not for all the gold in Arabia/the tea in China/
когда́-как	– it depends
когда́-нибу́дь	– some day; one of these days
в когтя́х сме́рти	– in the jaws of death
пока́зывать ко́гти	– show one's teeth
держа́ть в когтя́х кого́	– keep s.o. under one's thumb /in submission/
облома́ть ко́гти кому́	p– give it hot to s.o.; give s.o. a sound hiding
ко́е-как	– hit or miss; at haphazard; slovenly
ко́жа да ко́сти	– bag of bones; nothing but skin and bones
из ко́жи вон лезть	p– be all out; lay oneself out; go to all length; do one's best
гуси́ная ко́жа	– goose-flesh / skin/
чёртова ко́жа	p– a sort of textile/very strong/
влезть в чью ко́жу	– get into s.o.'s boots/ shoes/

| КОЗА | | КОЛЕСО |

бить, как си́дорову козу́	п-	give a sound thrashing /hiding/
козёл отпуще́ния	-	scapegoat; whipping boy
от него́, как от козла́ молока́	пог-	he is useless; you can´t milk a bull/milk a he-goat into a sieve/
от него́, как от козла́ ни ше́рсти, ни молока́	пог-	a/ a
пусти́ть козла́ в огоро́д	пог-	set the wolf to keep the sheep; set a fox to keep one´s geese
сде́лать под козырёк	-	salute
брать под козырёк	-	a/ a
име́ть ко́зырь про запа́с	-	have a card up one´s sleeve
ходи́ть ко́зырем	пер п-	strut; behave magnificently
ему́ хоть кол на голове́ теши́	п-	he is so pigheaded/ stubborn; slow on the uptake/
ко́лом стоя́ть в го́рле	p-	/ abt. unpalatable food/
сажа́ть на кол кого́	-	impale s.o.
у него́ ни кола́, ни двора́	p-	he has neither house nor home; he has absolutely nothing
кати́сь колбасо́й !	п-	off with you! off you go !
выбива́ть из коле́й	-	unsettle s.o.; upset s.o.´s routine; get s.o. out of groove
войти́ в колею́	-	settle down; get into groove; get back into one´s routine
поста́вить кого́ на коле́ни	-	bring s.o. to one´s knees
встать на коле́ни	-	get down on one´s knees
стоя́ть на коле́нях	-	kneel
броса́ться на коле́ни	-	fall to one´s knees
го́лый как коле́но	-	piebald; as bald as a coot /egg, billiard ball/
э́то совсе́м друго́й/ино́й/ коленко́р,	пог-	that´s a horse of another colour
поверну́ть наза́д/вспять/ колесо́ исто́рии	-	put/ set back/ the clock; reverse the course of history

КОЛЕСО		КОМЕДИЯ
подмазать колёса	п пер -	give a bribe; oil s.o.'s fist /palm/
ходить колесом	-	turn somersaults
вертеться колесом	-	bustle
кувыркаться колесом	p-	throw cartwheels
мы как на колёсах	p-	we are moving from place to place
пятое колесо в телеге	-	fifth wheel
говорить колкости	-	make caustic remarks
снимать колоду	-	cut playing cards
все на одну колодку скроены /сшиты, сделаны/	-	as like as two peas; not a pin to choose between them
звонить во все колокола	пер-	spread the news far and wide
смотреть на всё со своей колокольни	p-	take a parochial view of s.t.; see only one's own point of view
"колосс на глиняных ногах"	к с-	"colossus on legs of clay" /abt Russia during the Japanese-Russian war, 1905/
дурацкий колпак	-	dunce's cap
шутовской колпак	-	cap and bells
держать кого под стеклянным колпаком	пер-	keep s.o. in cotton wool
жить под стеклянным колпаком	пер	- live in the public gaze /limelight/
я знаю его от колыбели	-	I have known him since he was in petticoats
у него ком подкатил к горлу	-	he felt a lump rise in his throat
музыкантская команда	у-	military band
комар носа /носу/ не подточит	пог-	there are no flies on it; it's all done to a T
комбинация из трёх пальцев	ш-	fig / a gesture of contempt/; thumb between two fingers
разыгрывать комедию	пер -	try to fool s.o.

КОМЕДИЯ	КОН
ломать комедию	p- try to play-act
коментарии излишни	- no comment; it speaks for itself
снять комнату	- rent a room
парадная комната	- best room; sitting room
убирать комнату	- do a room
меблированые комнаты	y- cheap hotel rooms
комок нервов	- bundle of nerves
комок в горле	- a lump in one's throat
составить кому компанию	- keep s.o.'s company
за компанию	- to be sociable
водить компанию с кем	- associate with s.o.
водить плохую компанию	- keep bad company
поддержать компанию	- join in ; take part in s.t.
весёлая компания	- jolly crowd
он ей не компания	- he is no match for her
расстроить компанию	- spoil a party; be a wet blanket/col/
это всё одна компания	- they are all of the same set
они тёплая компания	p- they're as thick as thieves
это вне моей компетенции	- it's not my line/ province/
рассыпаться в комплиментах	- shower praises
напрашиваться на комплименты	- fish for compliments
отпускать /говорить/ комплименты	- pay compliments
поставить на кон	- put at stake ; take a risk

КОНЕЦ   КОНЕЦ

<u>конéц</u>

сущ.

и концы́ в во́ду	p-	and one is none the wiser; and that's that; keep s.t. under one's hat
конéц -дéлу венéц	пог-	the end crowns all
до концá дней свои́х	выс-	till one's dying day
в концé концо́в	-	at the end of it all; in the end; at long last; in the long run; when all is said and done
из концá в конéц	-	from end to end
éле своди́ть концы́ с концáми	пог-	just keep body and soul together
концá-крáю э́тому нет	p-	there's no end to it
концá-крáю не ви́дно	p-	a/ a
оставáться до концá вéрным свои́м убеждéниям	-	stick to one's principles /views, convictions/

гл.

би́ться до концá	-	fight /die/ in the last ditch
взя́ться не с того́ концá	-	get the wrong end of the stick
доводи́ть что до концá	-	carry s.t. through
не знать, с како́го концá начáть	-	not to know where to begin
концо́в не найти́	-	be at loss/ sea/; be unable to get to the root of the matter
начинáть не с того́ концá	-	begin at the wrong end; put the cart before the horse
несть концá	у ш-	there's no end to it
положи́ть конéц чему́	-	put an end to s.t.
своди́ть концы́ с концáми	-	make both ends meet
сдéлать большо́й конéц	p-	walk/travel/ a long distance
хорони́ть концы́	-	cover up one's traces

при.

до побéдного концá	-	till final victory /success/

КОНЕЦ		КОПЕЙКА
на худо́й коне́ц раз.		– at the worst; if the worst comes to the worst
в оди́н коне́ц		– one way
в о́ба конца́		– both ways; return / round/ trip
во все концы́		– in all directions
со всех концо́в		– from all quarters; from every corner
э́то оди́н коне́ц		– it is unavoidable
на э́тот коне́ц		– in this case
коне́чно нет !		– certainly not
сесть на своего́ /+люби́мого/ конька́	пог –	be on one's pet subject; mount a hobby-horse
у ка́ждого свой конёк		– every man has his own hobby--horse
конкуре́нция не на живо́т, а на смерть		– cut-throat competition
како́й конфу́з !	p–	how embarassing/awkward/!
верте́ться на ко́нчике языка́	p–	be on the tip of one's tongue
ко́нчиться в ничью́		– end in a tie/ in a draw/
коша́чий конце́рт	p–	caterwaul; cacophony ; Dutch concert
ломово́й конь	пер–	willing horse
не в коня́ корм	p–	wasted effort ; "it's caviar to the general "/ Shakes./
дарёному коню́ в зу́бы не смо́трят	пос –	one should not look a gift horse in the mouth
до после́дней копе́йки		– to the last farthing
ста́вить после́днюю копе́йку ребро́м	p–	spend one's last penny to show off
стать в копе́йку		– cost a pretty penny
обойти́сь в копе́йку		– a/ a

КОПЕ́ЙКА		КОРО́Б
сколоти́ть копе́йку	p-	make /earn/ some money
поги́бнуть ни за копе́йку	p-	perish for nothing
пропа́сть ни за копе́йку	p-	a/ a
дрожа́ть над ка́ждой копе́йкой	-	grudge every copeck one spends
трясти́сь над ка́ждой копе́йкой	-	a/a
на копе́йку	p-	penny-worth; very little ; next to nothing
копе́йка в копе́йку	p-	to a penny; exactly
загна́ть копе́йку	п-	earn some money
копе́йка рубль бережёт	пос -	take care of the pence/ pennies/ and the pounds will take care of themselves
большо́му кораблю́ -большо́е пла́ванье	пос-	great ships require deep waters
сжечь свой корабли́	-	burn one's boats

ко́рень

вы́рвать что с ко́рнем	- uproot; root out ; eradicate s.t.
измени́ть в ко́рне	- change s.t. radically /root and branch/
ко́рень зла	- the root of all evil; the root of the trouble
смотре́ть в ко́рень чего́	- get to the root of the matter
пересе́чь в ко́рне	- nip in the bud; crush in the egg
красне́ть до корне́й воло́с	- blush to the roots of one's hair
расходи́ться в ко́рне с кем	- differ fundamentally from s.o.
на корню́	- on the stalk
от ко́рки до ко́рки	- from cover to cover/ book/
це́лый ко́роб	пер - very much
це́лый ко́роб новосте́й	- heaps of news

КОРОБ   КОСТЬ

наврать с три короба	p-	tell a pack of lies
наговорить с три короба	p-	spin a long yarn; talk nineteen to the dozen
наобещать с три короба	p-	promise the earth/ moon, wonders/
бодливой корове Бог рог не даёт	пос-	cursed cows have curt horns; curst cows have short horns
дойная корова	пер-	milch-cow
идёт, как корове седло	-	suits s.o. as a saddle suits a sow
чья бы корова мычала, а твоя бы молчала	пос-	the pot calling the kettle black
бывает, что коровы летают	пог-	pigs might fly
будто корова языком слизала	p-	disappear suddenly; vanish into thin air
божия коровка	-	1/lady-bird;2/meek,lamblike person
коротко и ясно !	-	short and sweet ! that's flat! so that's that !
сидеть на корточках	-	squat
"остаться у разбитого корыта"	к с	be no better off than at the start
нашла коса на камень	пог-	diamond cut diamond; one has met one's match
раскладывать костёр	-	build a fire

КОСТЬ

белая кость	-	blue blood
промокший до костей	-	drenched to the bone
продрогший до костей	-	chilled to the bone; frozen to the marrow
пересчитать кому кости	p-	beat s.o. hollow; give s.o. a good thrashing
сложить кости	кн-	be killed ; die
живые кости мясом обрастают	пос-	while there's life, there's hope
одни кости	-	bag of bones; nothing but skin and bones
кость от кости	у кн-	one's flesh and blood
широк в кости	p-	stumpy/stocky/ man

КОСТЬ		КРАЖА
стоять костью в горле	p-	be a lump in one's throat
ты костей не соберёшь !	p-	you 'll never come out alive!
построить на костях	пер -	stop at nothing to achieve one's ends
перемывать косточки кому	p-	pick s.o. to pieces; gossip about s.o.
по косточкам разбирать кого	p-	a/ a
в костюме Адама / Евы/	ш-	stark naked ; in one's birthday suit
что кот наплакал	p-	dribs and drabs; chicken-feed; next to nothing; nothing to speak of
не всё коту масленица , придёт и великий пост	пос -	good things do not last for ever; we don't kill a pig every day
купить кота в мешке	пог -	buy a pig in a poke
кот из дома - мыши в пляс	пос-	when the cat is away, the mice will play
как в котле кипеть	p-	be continuously in trouble
котелок варит	п-	one's brain /head/ is working
они живут , как кошка с собакой	пог	they lead a cat-and-dog life
живуч , как кошка	пог	a cat has nine lives; he has as many lives as a cat
у него кошки скребут на душе	p-	he is sick at heart; he has a fit of despondency
у него кошки скребут на сердце	p-	a/ a
между ними пробежала чёрная кошка		they have become estranged ; they are at loggerheads
бежать , как угорелая кошка	p-	run like mad/ in a frenzy/
отольются кошке мышкины слёзки	пос-	one should be punished for one's misdeeds
знает кошка , чьё мясо съела	пос-	admit guilt
кошелёк или жизнь !	y-	stand and deliver !
уличить кого в краже		catch s.o. red-handed; expose s.o. as a thief
кража со взломом		burglary

КРАЙ	КРАСОТА

край све́та	– world´s end
на краю́ све́та	– at the world´s end; at the back of beyond
быть на краю́ ги́бели	– be on the razor´s edge ; be on the verge of disaster
быть на краю́ про́пасти	– a/ a
из кра́я в край	– from end to end
на краю́ моги́лы	– on the verge of death
слу́шать кра́ем у́ха	– hear with half an ear
услы́шать кра́ем у́ха	– chance to hear s.t. /overhear s.t. /
че́рез край	– in plenty; galore
хвати́ть че́рез край	p– go too far; cut it too fat; lay on the colours too thickly ; lay it on with a trowel; exaggerate
непоча́тый край	– galore; plenty ; aboundance
непоча́тый край рабо́ты	– no end of work
впада́ть в кра́йность	– go to extremes ; go to the limit
вдава́ться в кра́йности	– a/ a
довести́ кого́ до кра́йности	– exasperate s.o.
во всей красе́	– as large as life; in all one´s beauty
пи́саная краса́вица	p– picture of beauty ; beauty
сгуща́ть кра́ски	– exaggerate ; lay it thick/col/
не жале́ть кра́сок	– spare no words
рисова́ть в мра́чных кра́сках	– paint s.t. too dark
рисова́ть в я́рких кра́сках	– put a lively colour on s.t.
у неё кра́ска броса́ется в лицо́	– she is blushing
вгоня́ть кого́ в кра́ску	p– make s.o. blush
наводи́ть на себя́ красоту́	p– make oneself beautiful

КРЕДИТ   КРОВЬ

отпускать в кредит	- sell on credit
прикованный к креслу	- confined to one's armchair
поставить крест на ком /чём/	- give s.o. /s.t./ up for lost ; give up as a bad job
осенить крестом выс	- make the sign of the cross over s.o. / s.t./
целовать крест	- 1/ kiss the cross ;2/kiss the book/abt. oath/
крест-накрест	- crosswise
вот тебе крест! у п-	I swear!
креста на нём нет у-	he is a heartless man
боевое крещение	- baptism of fire
последний крик моды	- the last word in fashion ; all the rage; all the go/col/
поднимать крик	- make a noise ; shout
крик души	- cry from the heart
не выдерживать никакой критики-	be beneath critisism; not to hold water / col/
быть ниже всякой критики	- а/ а
язвительная критика	- biting criticism
кричать во всю ивановскую	р- shout at the top of one's voice
остаться без крова	- become homeless
ни кровинки в лице	- deathly pale

кровь

сущ.
кровь не вода	пог- blood is thicker than water
кровь бросилась ему в голову	- he lost his temper
от этого кровь стынет в жилах	- it makes one's blood freeze
от этого кровь леденеет в жилах	- а/ а
кровь от крови у кн	- one's flesh and blood

КРОВЬ

кровь за кровь — an eye for an eye
кровь бросилась ему в лицо — blood rushed to his face
кровь с молоком — peaches-and-cream /lillies-
 -and-roses/ complexion

гл.

у него кровь бродит — his blood is up
у него кровь горит — a/ a
кровь играет — blood is boiling / abt. excess of vitality/
истекать кровью — bleed profusely
исходить кровью — a/ a
у него кровь кипит — his blood is up
купаться в крови — wallow in blood
налиться кровью — become bloodshot /abt. eyes/
портить кровь кому — upset s.o.
портить кровь себе — worry oneself; upset oneself
пускать кровь кому — bleed s.o.
утопать в крови — wallow in blood
холодить кровь кому — make s.o.'s blood run cold

при.

голубая кровь — blue blood

раз.

до крови — till it bleeds
это у него в крови — it runs in his blood
подопытный кролик — guinea pig
ни крошки p— not a scrap ; not a bit
на круг p— on the average

КРУГ

КРУГ		КТО
на кругу́	p- on the average	
круг заня́тий	- sphere of activity	
заколдо́ванный круг	- vicious circle	
маги́ческий круг	- a/ a	
враща́ться в кругу́ кого́	- frequent the society of s.o.	
поро́чный круг	- desperate situation; vicious circle	
сде́лать круг	- go a roundabout way	
дать круг	- a/ a	
у́зкий кругозо́р	- narrow outlook/mind/	
как/ + там/ не крути́	п- you can't dodge it; willy--nilly	
под крыло́м ма́тери	- under one's mother's care	
чёрный ,как во́роново крыло́	- as black as a crow	
подре́зать кры́лья кому́	- clip s.o.'s wings	
опусти́ть кры́лья	- lose heart	
распра́вить кры́лья	- spread one's wings	
канцеля́рская кры́са у	p- office drudge ; pen-pusher	
бе́дный ,как церко́вная кры́са	- as poor as a church mouse	
крыть не́чем	p- there's nothing to be said / as an objection/	
тут ему́ и кры́шка !	p- his number is up! that's the end of him! his goose is cooked! he's done for ! he has had it!	
сде́лать крюк	- make a detour ; go a roundabout way	
приказно́й крючо́к	у- pen-pusher	
кста́ти и некста́ти	- in season and out of season	
кто кого́ ?	- who will win ?who beats who?	
кто ни есть	- anyone	

КТО		КУЛЁК
кто он такой ?	—	who is he?
кто как	—	in various ways
не кто иной , как...	—	no less a person than ...
кто где	—	some here, some there
кто бы ни	—	anyone ; everyone
кто бы то ни был	—	whoever it may be
катиться кубарём	p—	roll head over heels
повадился кувшин по воду ходить тут ему и голову сломить	пос—	the pitcher goes often to the well but is broken at last
куда лучше	p—	far better
куда бы то ни было	—	anywhere
куда угодно	—	a/ a
куда тебе !	p —	you'll never manage it !
кузнец своего счастия	—	architect of one's own fortune
показать кукиш	п—	show a contemptuous gesture with thumb between two fingers; show the fig/fico/
получить кукиш	п—	get nothing for one's pains
получить кукиш с маслом	п—	a/ a
показать кукиш в кармане кому	п—	threaten s.o. by stealth
смеяться в кулак	p—	laugh in one's sleeve ; laugh up one's sleeve
зажать в кулак кого	p—	get s.o. under one's thumb
дошло до кулаков	—	it has come to blows
держать кого в кулаке	p—	keep s.o. under one's thumb
грозить кулаком кому	—	shake one's fist at s.o.
/поправиться/ из кулька в рогожку	пос—	a change for worse; from the frying pan into the fire

КУЛИК		КУРЬЕРСКИЙ
всяк кулик в своём болоте велик	пос-	every dog is valiant at his own door; every cock crows on its own dunghill
куль соли съесть с кем	пог-	eat a peck of salt with s.o.
всякий купец свой товар хвалит	пос-	every cook praises his own broth
купить втридорога	p-	pay through the nose
за что купил, за то и продаю	-	I am passing it in the way I heard
попасть, как кур во щи	пог-	get into a fix/ mess, muddle/
быть в кураже	п-	be in one's cups; have pot-valour
курить воспрещается	-	no smoking
заядлый курильщик	-	chain smoker; heavy smoker
курам на смех	p-	chicken feed; it's enough to make a cat laugh
писать, как курица лапой	p-	write hand like a foot
носиться, как курица с яйцом	пог	fussy as a hen with her chick
слепая курица	p-	as blind as a bat/mole/
как мокрая курица	p-	like a dying duck in the thunderstorm
мокрая курица	p-	1/weakling; 2/ **bedraggled** creature
курица не птица, баба не человек предрев	пог-	lit.: " a hen isn't a bird, a woman isn't a human being"
быть в курсе дела	-	be well informed /briefed, posted/
держать кого в курсе дела	-	keep s.o. well informed
держать курс / на север /	-	head for / the North/
читать курс по ...	-	lecture on ...
курсы заочного обучения	-	correspondence courses /college/
строить куры кому	ш у-	court s.o. /cf French "faire la cour"/
как на курьерских	-	post-haste; at breakneck speed

КУСОК		КУШ
кусок хлеба	пер-	/generally/ means of sustenance; food
его рвут на куски	p-	he's very busy /in great demand/
стыдливый кусок	-	last morsel on a plate / everyone is ashamed to take it /
лакомый кусок	-	tit-bit; titbit
у меня кусок в горло не идёт	-	I have a lump in my throat
зарабатывать на кусок хлеба	-	earn one's livelihood; make one's bread
собирать куски	у p-	go begging; be a beggar
повенчаться вокруг ракитового куста	пог-	marry over the broomstick
спрятаться в кусты	пер -	1/ show the white feather; 2/ back out
уйти в кусты	пер -	a/ a
устроить кутёж	p-	go on a spree; have a drinking bout
куча денег	p-	pots of money
валить всё в одну кучу	p-	lump everything together; muddle things up
куча новостей	p-	heaps of news
сорвать куш	p-	snatch a large sum

ЛАВОЧКА ЛАТЫНЬ

закры́ть ла́вочку	пер-	stop an activity/occupation/; put the shutters up
стоя́ть ла́герем	-	camp ; be encamped
де́йствовать на два ла́геря	-	hunt with the hounds and run with the hare; sit on the fence
петь в лад	-	sing in tune
петь не в лад	-	sing out of tune
настро́иться на друго́й лад	-	play another tune / song/
жить в ладу́ с кем	-	get on well with s.o.
быть не в ладу́ /лада́х/ с кем	-	be at odds with s.o. ;be hammer and tongs; be at loggerheads
повторя́ть на все лады́/+одно́ и то́же /	-	harp on one string
склоня́ть на все лады́	-	a/ a
идти́ на лад	p-	be on the mend
дыша́ть на ла́дан	p-	have one foot in the grave
кури́ть ла́даном	-	burn incense
ла́дить одно́ и то́же	p-	harp on the same / one/ string
ви́дно как на ладо́ни	-	clearly visible
он весь как на ладо́ни	-	spread before the eyes; he is an open book
хло́пать/бить/ в ладо́ши	-	clap one's hands
попа́сть в ла́пы к кому́	p-	fall into s.o.'s clutches
стоя́ть /ходи́ть/ на за́дних ла́пах/ла́пках/пе́ред кем	-	dance attendance on /upon/ s.o.
гуси́ные ла́пки	пер-	crow's feet
"а ла́рчик про́сто открыва́лся"к с /Крыло́в/	-	the solution / explanation / was quite simple
пе́рвая ла́сточка	-	the first portent/ sign/
ку́хонная /вульга́рная /латы́нь	-	low /dog/ Latin

ЛАФА		ЛЕСТНИЦА

ему лафа́	п–	he is in luck
заве́домый / изве́стный/ лгун	–	notorious liar
мне от того́ не ле́гче	–	I am not any better for it
пло́хо лежа́ть пер	p–	lie in temptation's way
лезть к кому́ с чем	p–	bother s.o. with s.t.
чита́ть ле́кции	–	give / read/ lectures
все , кому́ не лень	p–	everybody who can / who feels like it/
не лень тебе́ э́то де́лать ?	p–	why on earth are you doing it?
лень на него́ напа́ла	–	he is in a lazy mood
де́тский ле́пет	–	baby-talk; babble ; prattle
младе́нческий ле́пет	–	a/ a
разби́ть кого́ в лепёшку	p–	knock s.o. flat as a pan-cake
разби́ться /расшиби́ться/ в лепёшку	p–	lay oneself out
быть как в лесу́	p–	be all at sea; be baffled
сло́вно в тёмном лесу́	p–	a/ a
лес на корню́	–	standing timber
чёрный лес	–	leaf-bearing forest
/+ где/ лес ру́бят ,/+там/ щёпки летя́т	пос –	you can't make an omelette without breaking eggs
кто в лес , кто по дрова́	пос –	haphazardly; all at sixes and sevens; one pulls one way , and the other pulls the other way
ле́сенкой стоя́ть/идти́/	–	in a single file
спусти́ть кого́ с ле́стницы	p–	kick so. downstairs
чёрная ле́стница	–	backstairs
обще́ственная ле́стница	–	social ladder

ЛЕТА		ЛИБО
кануть в Лету	поэ кн-	sink into oblivion
лета + лето		
в летах		-elderly; advanced in years
ему стукнуло 50 лет		p-he is past 50
войти в лета		у-come of age
много лет тому назад		-many years ago
сколько вам лет ?		-how old are you ?
ему пять лет		-he is five / + years old/
двадцать лет с хвостиком		-past 20
с малых лет		-from childhood; since early childhood
сколько лет, сколько зим !		-fancy meeting you after all these years! I have not seen you for ages !
он развит не по летам		-he is a little precocious; he is a child prodigy
многая лета !	кн	у-may you / he, she etc/ live long!
выглядеть моложе своих лет		-bear one's age well
выйти из лет		-reach the age limit
хорошо выглядеть для своих лет		-look young for one's age
бабье лето		-Indian summer ; St. Martin's summer
красное лето		-beautiful summer
хватать на лету		p- be quick in the uptake; be very quick at s.t.
иди к лешему !	бр	п-go to hell ! to hell with you!
легкость в мыслях		-thoughtlessness
лёд тронулся		пер-things are moving
лежать в лёжку		п-be bedridden
заведомый лжец		-notorious liar
либо... либо ...		- either ... or ...

ЛИК		ЛИХОРАДКА
причислить к лику святых	рел-	canonize s.o.
как выжатый лимон	-	as a squeezed orange
вести свою линию	-	have one's own way; pursue one's own policy
твёрдо проводить свою линию	-	stick to one's guns /colours/
идти по линии наименьшего сопротивления	-	follow the line of least resistance
женская линия	-	mother's side
отцовская линия	-	father's side
ободрать кого как липку	р-	fleece s.o. ; strip s.o. of one's belongings
пускаться в лирику	-	indulge in sentimentality
лисой прикидываться	р-	fawn upon s.o. ; flatter s.o.
лисой вертеться	р-	a/ a
Лиса Патрикеевна	фол -	Reynard
петь / играть/ с листа	-	sing / play / at sight
пристать к кому как банный лист / + к заднице /	п-	stick to s.o. like a burr/bur/
дрожать как осиновый лист	-	tremble like an aspen leaf
заборная литература	ир-	obscene writing on walls; graffiti in W.C. s
отплатить с лихвой	-	repay with interest
с лихвой рассчитаться с кем	-	pay scot and lot
не поминай меня лихом	р-	think kindly of me
золотая лихорадка	-	gold rush
его колотит лихорадка	р-	he's shaking with fever

ЛИЦО ЛИЦО

лицо́ —face

сущ.

лицо́м в грязь не уда́рить	пог-	come up to scratch; not to be found wanting; not to disgrace oneself; be equal to task; make the best of a bad bargain
смести́ с лица́ земли́	-	raze/ level/ to the ground
снести́/стере́ть / с лица́ земли́	-	a/ a
лицо́м к лицу́	-	face to face
столкну́ться лицо́м к лицу́	-	come to close quarters; run into each other

гл.

брани́ть в лицо́ кого́	-	scold s.o. to one's face
у него́ вы́тянулось лицо́	-	he pulled a long face; his face fell
он лицо́м не вы́шел	п-	he's ugly
де́лать ки́слое лицо́	-	make a wry face
знать в лицо́ кого́	-	know s.o. by sight
измени́ться в лице́	-	change countenance /colour/
поверну́ться лицо́м к чему́	-	face s.t.
показа́ть своё настоя́щее лицо́	-	show one's real worth
сказа́ть кому́ пря́мо в лицо́	-	say right to one's face
спасть с лица́	п-	lose weight
стать лицо́м	-	to face

при.

на нём /+ живо́го/ лица́ нет	p-	he looks very pale / frightened out of his wits/
по́стное лицо́	-	Good-Friday face; pious expression

раз.

они́ на одно́ лицо́	-	not a pin to choose between them; as like as two peas

ЛИЦО   ЛОБ

не к лицу́ кому́		– not becoming to s.o.
э́то ей к лицу́		– it suits / becomes/ her
лицо́		person
влия́тельное лицо́		– influential person
высокопоста́вленное лицо́		– important personage
должностно́е лицо́	у-	/+government/ official ; functionary
духо́вное лицо́	у-	priest ; cleric
отде́льные ли́ца		– individuals
перемещённые ли́ца		– displaced persons
подставно́е лицо́		– stooge; figurehead; man of straw
физи́ческое лицо́	юр-	natural person
ча́стное лицо́		– private person
быть тре́тьим лицо́м		– 1/ be a third person;2/play gooseberry
невзира́я на ли́ца		– without respects of persons; without paying attention to rank and social position/stan-
в лице́ кого́		– on behalf of s.o. /ding/
от лица́ кого́		– a/a
наде́ть личи́ну	кн-	disguise oneself ; pretend to be s.o. else
сбро́сить с себя́ личи́ну	кн-	throw off one´s disguise
тёмная ли́чность		– bad character
не каса́ться ли́чностей		– not to be personal
прошу́ без ли́чностей !		– don´t be personal !
переходи́ть на ли́чности		– become personal
забри́ть кому́ лоб в солда́ты	р у-	recruit s.o.
хму́рить лоб	р-	knit one´s brows ; frown

ЛОБ		ЛОШАДЬ
это у него на лбу написано	p-	it is written all over his face
что в лоб, то по лбу	пог-	it all comes to the same thing
медный лоб	p-	dunderhead; blockhead
толоконный лоб	p-	a/ a
атаковать в лоб	-	attack frontally
заруби это на лбу	p-	put it into your pipe and smoke it
на ловца и зверь бежит	пос-	the ball comes to the player; skill and luck go together
гонять лодыря	п-	idle ; loaf
у меня под ложечкой сосёт	-	I feel a vacuum in the lower regions; I have a sinking sensation/feeling/
ложка дёгтя в бочке мёда	-	a fly in the ointment
заведомая ложь	-	obvious lie
сплошная ложь	-	pack of lies
наглая ложь	-	bare-faced lie; blatant lie
невинная ложь	-	fib; petty /harmless/ lie
святая ложь	-	white lie
уличить во лжи кого	-	expose s.o. as a liar; call s.o.'s bluff
кусать себе локти	-	be vexed about s.t.; cry over spilt milk
близок локоть, да не укусишь	пос	so near and yet so far
отрезанный ломоть	пер -	lone wolf; person strayed from society /family etc/
положить на обе лопатки кого	p-	pin s.o. to the floor; beat s.o. in combat
бежать во все лопатки	p-	run as fast as one can
хоть лопни	п-	/abt. vain/futile, unavailing/ effort /
садиться на лошадь	-	mount a horse
верховая лошадь	-	saddle-horse

ЛОШАДЬ		ЛЮБОВЬ

ломова́я ло́шадь	пер-	willing horse
откла́дывать лошаде́й	-	unharness the horses
сесть в лу́жу	p-	get into mess/ fix/; put one's foot in it
что вы, с луны́ свали́лись ?	p-	you must have come from the moon !
ничто́ не но́во под луно́й	пог-	there's nothing new under the sun
седо́й ,как лунь	-	hoary with age ; white-haired
бе́лый ,как лунь	-	a/ a
лу́чший из остальны́х	-	the next best
навостри́ть лы́жи	p-	pack up one's traps; take to one's heels ; skip out
ходи́ть на лы́жах	-	to ski
одни́м лы́ком ши́ты	p-	tarred with the same brush; cast in the same mould
лы́ком шит	п-	simpleton; uncouth fellow
не лы́ком шит	п-	he's no fool ; he is nobody's fool
не вся́кое лы́ко в стро́ку	пог-	do not be too severe ; you have to make allowances for
бу́дьте любе́зны !	-	be so kind as to...; /mistakes please ,do; help yourself!
любо́вь без взаи́мности	-	unrequited love
из любви́ к иску́сству	ш-	for the love of the thing ; art for art's sake
горя́чая любо́вь	-	ardent/ passionate / love
ста́рая любо́вь не ржаве́ет	пос-	old love will not be forgotten
ребя́ческая любо́вь	-	calf-love
коры́стная любо́вь	-	mercenary love/ cupboard love col./
призна́ться в любви́	-	declare one's love
объясни́ться в любви́	-	a/ a
воспыла́ть любо́вью к кому́	-	lose one's heart to s.o.
крути́ть любо́вь с кем	п-	flirt with s.o.

ЛЮБОВЬ	ЛЯСЫ
любовь с пе́рвого взгля́да	– love at first sight
сгора́ть с любопы́тства	– be on tiptoe with curiosity
задева́ть чьё любопы́тство	– provoke s.o.'s curiosity

лю́ди

проби́ться / вы́биться, вы́йти/ в лю́ди	– get on; fight one's way to the top; make one's way in life
вы́вести кого́ в лю́ди	– set s.o. up in the world
ни себе́, ни лю́дям	– dog in the manger
ни лю́дям, ни соба́кам	– a/ a
поспеши́шь – люде́й насмеши́шь пос-	haste makes waste; more haste, less speed; slowly does it
жить/служи́ть/ в лю́дях предрев-	work for wages /hire/ ; be a servant
на лю́дях и смерть красна́ пос-	the more, the merrier; two in distress make sorrow less
бы́вшие лю́ди	– have-beens
зауря́дные лю́ди	– common run of people; men in the street
рядовы́е лю́ди	– rank and file
ма́ленькие лю́ди	– humble folk
свой лю́ди – сочтёмся	– we shall come to an agreement anyway
лю́ди одного́ скла́да	– people of the same kidney
тяну́ть ля́мку	p– toil; bear the burden
сде́лать ля́псус	– commit a blunder; drop a brick
точи́ть ля́сы	п– talk hot air/nonsense/; chatter; talk idly

МАВР   МАНЕРА

"мавр сделал своё дело, мавр может уйти"	к.с. - " the Moor has done his duty, let him go "
маг и волшебник	ш - magician ; sorcerer ; wizard
распить магарыч	p - wet the bargain
куда Макар телят не гонял	пог - at the back of beyond
на бедного Макара все шишки валятся	пог - an unlucky man would be drowned in a tea-cup
мал, да удал	p - young but clever/brave/
от мала до велика	p - young and old; big and small
мал мала меньше	p - one is smaller than the other / abt children in a large family/
мало того	- besides; moreover
мало того что ...	- and what's more; not only
мало ли что !	- what of it ? so what?
мало-мальски	p - a little bit
мало не	p - almost
мало-помалу	- little by little
без малого	- almost; nearly
самая малость	p - just a little
из-за всякой малости	p - for every trifle
продать за малость	p - sell for a song
вести себя как мальчик	- behave like a child
мальчик с пальчик	- Tom Thumb ; hop-o'-my-thumb
вести себя как мальчишка	- behave like a child
грубые манеры	- common/ bad/ manners
живым манером	p - in no time ; in a jiffy; in a trice
манера держать себя	- behaviour

МАНИЯ	МАСТЕР

ма́ния пресле́дования	– persecution mania
ма́ния вели́чия	– megalomania
пита́ться ма́нной небе́сной биб ш	– live on air; live frugally
ждать как ма́нны небе́сной	– look forward to
как по манове́нию волше́бного жезла́	– as if by magic
как по манове́нию волше́бной па́лочки	– a/ a
держа́ть ма́рку	– maintain one´s reputation
вы́сшей ма́рки	– of the first quality/water/; of the top quality
под ма́ркой чего́	– under the guise of s.t.
марш отсю́да !	– go away ! off with you !
сорва́ть ма́ску с кого́	– expose/unmask/ s.o.
наде́ть на себя́ ма́ску	– put on a mask
идёт как по ма́слу	– things are going swimmingly
писа́ть ма́слом	– paint in oils
ма́сло ма́слянное	ш – lit."buttery butter"/example of tautology/
коро́вье ма́сло	– butter
по́стное/ скоро́мное / ма́сло	– vegetable oil
подли́ть ма́сла в ого́нь	– add fuel to the fire
как ма́слом по се́рдцу	– doing great pleasure
в о́бщей ма́ссе	– as a whole
жили́щный масси́в	– housing area ; residential district
ма́стер на все ру́ки	p – Jack-of-all -trades ; head-cook and bottle-washer
ма́стер своего́ де́ла	– expert
он ма́стер на вы́думки	– he is very inventive

МАСТЕР		МАШИНА
заплечный мастер	ист-	hangman; executioner
ходить в масть	-	follow suit/ abt cards/
всех мастей	-	of every stripe /+ and colour/
в маленьком масштабе	-	in a small way
в большом масштабе	-	on a large scale
в широком масштабе	-	a/ a
кричать благим матом	п-	yell blue murder; shout at the top of one's voice
обругать по матушке	р-	swear using very vulgar and obscene language
матушки мои !	п-	good gracious !
матушки светы !	п-	a/ a
мать-героиня	-	Soviet distinction for a mother who brought up not less than ten children
мать сыра-земля	нар поэ-	mother earth
я тебе покажу кузькину мать!	п-	wait, I'll show you! I'll make it hot for you !
мать честная !	п-	/exclamation of surprise, fright, joy, anger /
покойная мать	-	late mother
крёстная мать	-	godmother
в чём мать родила	р-	stark-naked ; in one's birthday suit; naked as one was born
одним махом	р-	at a blow; at one stroke; in a trice; in a jiffy
с маху	р-	rashly ; off-hand
дать маху	р-	fail; make a blunder
адская машина	-	time-bomb
вести машину	-	drive a car
ехать на машине	-	a/ a
как заведённая машина	-	like clockwork

МАШИНКА		МЕНЬШИНСТВО
печа́тать на маши́нке	—	type
писа́ть на маши́нке	—	a/ a
в одно́ мгнове́ние	—	instantly ; in a jiffy
в мгнове́ние о́ка	—	in the twinkling of an eye
находи́ться / быть/ для ме́бели ир	—	be useless
смотре́ть медве́дем	—	look surly
ему́ медве́дь на́ ухо наступи́л ш—		he has no ear for music
бе́лый медве́дь	—	Polar bear
жёлтая медь	—	brass
кра́сная медь	—	red copper
ме́жду про́чим	—	by the way; incidentally
ме́жду на́ми	—	between you and me
чёрная меланхо́лия	—	deep melancholy
по мелоча́м	—	on trifles
разме́ниваться по мелоча́м	—	squander one's gifts on trifles; fritter away one's energy
разме́ниваться на ме́лочи	—	a/ a
сесть на мель	—	run aground
на мели́	пер —	on the rocks; in low water
сиде́ть на мели́	пер —	be short of money; be on one's bones; be in low waters
снять с ме́ли	—	set afloat
воева́ть с ветряны́ми ме́льницами—		fight windmills ; tilt at windmills
ме́ньше всего́	—	least of all
не ме́ньше чем	—	nothing short of
са́мое ме́ньшее	—	at least ; not less than
оказа́ться в меньшинстве́	—	be outvoted/outnumbered/

МЕ́РА

сущ.

ме́ра взыска́ния	– disciplinary measure/punishment/
по ме́ре возмо́жности	– as far as possible
вы́сшая ме́ра наказа́ния	– capital punishment; death penalty
по мере сил	– as far as possible
по ме́ре необходи́мости	– if the necessity arises; if the need be
по ме́ре спосо́бностей	– to the best of one's ability

гл.

ври, да знай ме́ру !	р –	draw it mild! tell me another one!
знать ме́ру	–	know where to stop; be moderate
не знать ме́ры в чём	–	be immoderate; go to extremes
прибе́гнуть к реши́тельным ме́рам	–	resort to strong measures
приня́ть все ме́ры	–	take all due steps/measures/
приня́ть реши́тельные ме́ры	–	take drastic steps; take a strong line
приня́ть круты́е ме́ры	–	a/ a
соблюда́ть ме́ру	–	be moderate; keep within limits

при.

в значи́тельной ме́ре	– to a large/considerable/ extent
в изве́стной ме́ре	– to a certain degree/ extent/
по кра́йней ме́ре	– at least
в по́лной ме́ре	– completely

раз.

всему́ есть ме́ра	– everything has a limit
ни в како́й ме́ре	– in no way
всё в ме́ру	– everything in moderation

МЕ́РИН

врать, как си́вый ме́рин	пог –	lie like a gas-meter/trooper/

МЕРИН

глуп, как сивый мерин	п-	very silly
снимать мерку с кого	-	take s.o.'s measurements
мерить кого своей меркой	-	judge s.o. by one's own yardstick/ standard/
тёплое местечко	p-	snug/ cushy / job
тёпленькое местечко	p-	a/ a

место

сущ.

место/постоянного/жительства	-	place of residence
место заключения	-	prison
с места в карьер	p-	straight away
место назначения	-	destination
место нахождения	-	whereabouts
застать кого на месте преступления	-	catch s.o. red-handed ; catch s.o. in the act
накрыть кого на месте преступления	-	a/ a

гл.

дать место кому	- make room for s.o.
не должно быть места	- it should not happen
задеть чьё больное место	- touch s.o. on the raw/ to the quick/
замирать на месте	- stop dead; stand rooted to the spot
затронуть чьё слабое место	- touch s.o. on the raw /to the quick/
знать своё место	- know /keep/ one's place
иметь место	- take place ; come to pass; happen
нагреть место	- to work or live too long in the same place

МЕСТО

находить слабое место	– find s.o.'s weak spot ; find the joint in the armour
не находить себе места	– fret ; be in the state of agitation/commotion/
начать на голом месте	– start from scratch
не оставить живого места на ком	– beat s.o. to a pulp; beat s.o. black and blue
мокрого места не останется по тебе	р– you'll get it hot
положить на месте кого	пер– kill s.o. on the spot
поставить кого на своё место	– take s.o. down a peg or two
поставить себя на чьё место	– be in s.o.'s else's place /shoes/
пристроить к месту кого	– find a job for s.o.
провалиться мне на этом месте, если ...	п– strike me dead, if ...; I'll be damned, if...; I'll be shot, if...
ему не сидится на месте	– he is fretting ; he can't keep still
стоять на месте	– stand still
топтаться на месте	– mark time
убить на месте	– kill on the spot
указать место кому	пер – bring s.o. to his proper place
устроить место кому	– find a seat for s.o.

при.

белые места	– 1/ unsolved problems; 2/ unexplored regions
больное место	– sore/ tender/ spot
гиблое место	р– wretched hole; God-forsaken place ; Podunk/Am./
доходное место	– well-paid job; rewarding employment
злачное место	ш у – disorderly house; brothel ; bawdy house
лобное место	ист– place of execution

МЕСТО		МЕТЛА
насиженное место	–	comfortable perch; long-occupied place/ home or employment/
общее место	–	commonplace; triviality
отхожее место	–	lavatory
присутственное место	у–	government office / department/
пустое место	пер–	nobody ; nonentity
тёплое место	–	cushy job
узкое место	–	1/ the weakest point in s.t.; 2/ bottleneck
упалое место	у–	vacant appointment
уязвимое место	–	weak / sore, tender/ spot
хлебное место	р у–	well-paid job; rewarding employment

раз.

в наших местах	–	in these parts
я на вашем месте	–	if I were you
ни с места !	–	do not move/ budge/!
не к месту	–	out of place
не у места	–	a / a
кровная месть	–	blood feud ; vendetta
медовый месяц	–	honeymoon
молодой месяц	–	new moon
презренный металл	ш–	filthy lucre ; money
под метёлку	р–	clean sweep
высоко метить	–	aim high ; aim at the moon
на что вы метите ?	–	what are you driving at ?
новая метла чисто метёт	пос–	a new broom sweeps clean; new lords , new laws

МЕТЛА		МИЛОСТЬ
подчистить под метлу	пер -	make a clean sweep
на рыбьем меху	ш -	ragged /shabby/ coat giving no protection from the cold
подвести механику	p -	play a trick
подстроить механику	p -	a/ a
поднять меч	-	take up one's sword; start a war
обнажить меч	-	a/ a
предать мечу	выс-	put to the sword
перековать мечи на орала	биб-	turn swords into plough-shares
предаваться мечтам	-	give oneself up to day-dreams
лелеять мечту	-	cherish a hope/ idea/
каменный мешок	p у-	very small prison-cell; jug/sl/
золотой мешок	p-	very rich man
сидеть мешком	p-	/ abt loose, baggy clothing/
не мёд / это не мёд/	p-	no fun ; no picnic; it's no joke; it's an unpleasant situation
в один миг	-	in a flash ; in a jiffy; in a trice
ни на миг	-	not for a moment
мизинца чьего не стоит	p-	not fit to hold a candle to s.o.
с мизинец / на мизинец/	p-	next to nothing ; very small
насильно мил не будешь	пог-	love cannot be compelled / forced /
как мило !	-	how sweet / kind/ of you !
вот это мило !	ир-	a pretty story ,indeed !
сделайте милость	-	do me a favour; be so kind; please do ; help yourself
милости просим	у -	you are welcome
снискать чью милость	-	ingratiate oneself with s.o.; worm oneself into s.o.'s favour

МИЛОСТЬ		МИР
втере́ться к кому́ в ми́лость	—	ingratiate oneself with s.o.; worm oneself into s.o.'s favour
вкра́сться кому́ в ми́лость	—	a/a
скажи́те на ми́лость!	у —	1/ be so kind as to tell me; 2/ well, I never !just fancy!
сда́ться на ми́лость победи́теля	—	surrender at the discretion of the enemy / unconditionally /
Бо́жьей ми́лостью	у —	by the grace of God
ми́лостью Бо́жьей	—	born talent/gift, abilities/
подвести́ ми́ну под кого́	пер —	undermine s.o.'s reputation
подложи́ть ми́ну под кого́	пер —	а/ а
де́лать хоро́шую ми́ну при плохо́й игре́	пог —	make the best of a bad bargain; put a good face on the matter
сде́лать ки́слую ми́ну	—	pull a wry face
прожи́точный ми́нимум	—	subsistance /living / wage
ему́ э́того не минова́ть	—	he cannot escape it / get away with it/
чему́ быть, того́ не минова́ть	пог —	what will be, will be
мину́та в мину́ту	—	on the dot; on the tick; to the minute
не ме́для ни мину́ты	—	without losing a moment
без пяти́ мину́т/до́ктор/	ш —	he will become / a doctor/ very soon
сию́ мину́ту	—	just now; this very minute
в одну́ мину́ту	—	in no time ; just a sec /col/
в да́нную мину́ту	—	for the moment
не дава́я ни мину́ты переды́шки	—	without giving a moment of respite
улучи́ть мину́тку	—	seize the opportunity; find /spare/ a minute

<u>МИР</u> <u>PEACE</u>

| заключи́ть мир с кем | — | make peace with s.o.; conclude a peace-treaty |

МИР		МЛАДЕНЕЦ
мир пра́ху его́!	рел -	peace to his ashes !
мир пра́ху твоему́!	рел -	may you rest in peace !
мир ему́ !	рел -	may he rest in peace !
отпусти́ть кого́ с ми́ром	у-	let s.o. go in peace

МИР — WORLD

ста́ро, как мир	-	as old as the hills
переверну́ть весь мир	-	move heaven and earth
мир грёз	-	dreamland
в це́лом ми́ре	-	on the face of the earth
не от ми́ра сего́	у-	unwordly ; other-wordly
вели́кие ми́ра сего́	кн-	the high and mighty
мир те́сен !	-	the world is but a little place !
уйти́ в лу́чший мир	-	die; join the majority
прересели́ться в лу́чший мир	-	a/ a

МИР — COMMUNITY

ходи́ть по́ ми́ру	у-	live by begging; go a-begging
пусти́ть кого́ по́ ми́ру	у-	ruin s.o. utterly
на миру́ и смерть красна́	пог-	company in distress make trouble less
с ми́ру по ни́тке, го́лому руба́ха	- пос	many a little makes a mickle
всем ми́ром	-	all together ; to a man

МИ́РО — CHRISM

одни́м ми́ром ма́заны	цер- р-	tarred with the same brush
грудно́й младе́нец	-	babe/infant/ in arms

МНЕ	МНЕНИЕ
мне не по себе	– I am not myself
мне́-то что	– for all I care
мне́ние-сущ.	
его́ мне́ние взя́ло верх	– his opinion prevailed
гл.	
вы́сказать своё мне́ние	– express one's opinion/ views/
обме́ниваться мне́ниями	– exchange news; compare notes
оста́ться при своём мне́нии	– remain of the same opinion; stick to one's views
оста́ться при осо́бом мне́нии	– reserve one's own opinion; hold a separate vote
приде́рживаться мне́ния	– be of the opinion; stick to the opinion
разделя́ть чьё мне́ние	– share s.o.'s opinion/ views/
расходи́ться во мне́ниях	– disagree
это роня́ет его́ в обще́ственном мне́нии	it injures him in the eyes – of the public
при.	
быть высо́кого мне́ния о ком	– think highly of s.o.
быть о себе́ сли́шком высо́кого мне́ния	be full of conceit; think too – much of oneself; think no small beer of oneself/col/
быть невысо́кого мне́ния о ком	– not to think much of s.o.
незави́симое мне́ние	– detached opinion
быть ни́зкого мне́ния о ком	– think little of s.o.
обще́ственное мне́ние	– public opinion
предвзя́тое мне́ние	– preconceived opinion/notion, idea, views/
раз.	
по моему́ мне́нию	– to my mind; in my opinion
вразре́з с ва́шим мне́нием	– contrary to your opinion

МНИТЬ	МОЙ

мно́го / высо́ко/ мнить о себе́	- think too much of oneself
мно́го-мно́го	- very much; very many
во мно́гом	- in many respects

<u>моги́ла</u>

он меня́ в моги́лу сведёт	- he will be the end/ death/ of me
найти́ себе́ моги́лу	- die; perish ;find one's grave
смотре́ть в моги́лу	- be about to die
сойти́ в моги́лу	- sink into the grave
унести́ с собо́й в моги́лу	- keep a secret till one's death
горба́того одна́ моги́ла испра́вит- пос	can a leopard change his spots?
бра́тская моги́ла	- common grave
нем, как моги́ла	- silent as the grave
оде́тый по после́дней мо́де	- dressed in the height of fashion
вы́шедший из мо́ды	- out of fashion ; old-fashioned
он с мозга́ми	p- he is a brainy man ; he is a clever fellow / chap/
шевели́ть мозга́ми	p- use one's brains
раски́дывать мозга́ми	p- a/ a
у него́ мозги́ не ва́рят	- he is not brainy / clever/
до мо́зга косте́й	- to the marrow of one's bones
у него́ мозги́ набекре́нь	п- he is a queer fellow
впра́вить мозги́ кому́	п- give s.o. a drop of sense
люби́мая мозо́ль	- one's pet corn
наступи́ть кому́ на люби́мую мо- зо́ль	пог- tread on s.o.'s pet corn; hit s.o. where it hurts
по-мо́ему	- to my mind; in my opinion

МОЁ	МОЛЧАНИЕ
моё друго́е	–my other self
идёт молва́	–there is a rumour in the wind
дурна́я молва́	–bad reputation
благода́рственный моле́бен	–thanksgiving service
отслужи́ть моле́бен	–hold a service
моли́ться на кого́	–worship s.o.; dote upon s.o.
вести́ себя́ молодцо́м	–behave magnificently/bravely/
держа́ться молодцо́м	–take heart; be brave; be of good heart
молоде́ц к молодцу́	–fine fellows to a man; all good to a man; robust to a lad
золота́я молодёжь	–gilded /callow/ youth
он из молоды́х да ра́нний	p–he is beginning early ; he is a young hopeful
мо́лодо-зе́лено	p–salad days; unripe; green
не пе́рвой мо́лодости	–past one's prime
по мо́лодости лет	– because of one's youth /young age/
втора́я мо́лодость	–rejuvenation
у него́ молоко́ на губа́х не обсо́хло	he is a milksop; he is wet пог–behind the ears
обжёгшись на молоке́, бу́дешь дуть и на́ воду	once bitten / bit/ twice shy; пос–scalded cat fears cold water
це́льное молоко́	–unskimmed milk
пти́чье молоко́	–pigeon's milk
всоса́ть с молоко́м ма́тери	–imbibe s.t. with one's mother's milk
ме́жду мо́лотом а накова́льней	–between the hammer and the anvil
продава́ть с молотка́	–bring to the hammer; sell by auction
пойти́ с молотка́	–come under the hammer ;be sold by auction
гробово́е молча́ние	–dead/ stony/ silence

МОЛЧАНИЕ		МОРОЗ
нарушить молчание	–	break the silence
молчание- знак согласия	–	silence gives consent
обойти что молчанием	–	pass s.t. over in silence
играть в молчанку	p–	play mum
чур молчать	p–	mum's the word
об этом молчок !	p–	keep it under your hat! not a word!
использовать благоприятный момент	–	avail of an opportunity ; take occasion by the forelock ; seize the opportunity
улучить момент	–	seize the opportunity
в чужой монастырь со своим уставом не ходят	пос–	when in Rome do as the Romans do
постричься в монахи	–	take the /+monastic/ vows
постричься в монахини	–	take the veil
отплатить той же самой монетой	–	pay s.o. with his own coin; pay in kind; requite like with /like
звонкая монета	–	hard cash ; coins
принимать что за чистую монету	–	accept s.t. at its face value
гони монету!	п–	pay up !
прописная мораль	–	copy-book morality / maxim/
читать мораль	–	moralize
открытое море	–	high seas
сидеть у моря и ждать погоды	пог	indulge in vain hopes; let the grass grow under one's feet
ему / + и/ море по колено	–	he is a dare-devil / absolutely reckless/
пьяному море по колено	пог –	pot valour; Dutch courage
от этого мороз по коже пробегает	–	it makes one's flesh creep

МОРОЗ МОЩИ

мороз пробрал его до костей	– he was chilled to the marrow
жестокий мороз	– hard/ sharp/ frost
трескучий мороз	– a/ a
крещенские морозы	– severe frosts in the second half of January
стоит мороз	– there's frost
Мороз Красный Нос	фол– Jack Frost
не сразу Москва строилась	пос– Rome was not built in a day
гранить мостовую	пер– loiter
скрытый / подлинный /мотив	– ulterior motive
делать моцион	– take exercise
гулять для моциона	– take one's constitutional
мохом обрасти	пер– go to seed
жевать мочалку	п– talk boringly
жевать мочало	п– a/a
мочи /+никакой/ нет !	p– it's unbearable ! one can't stand/ endure/ it !
что есть мочи	p– with all one's might; with might and main
изо всей мочи	p– a/ a
во всю мочь	p– a/ a
не могу больше!	p– carry me out !
чем могу быть полезен ?	– what can I do for you ?
чем могу служить ?	– a/ a
тряхнуть мошной	p– open one's purse ; scatter money
набить мошну	p– line one's pocket; feather one's nest
тугая /толстая/ мошна	p– fat/ heavy, long/ purse
живые мощи	p– living mummy; walking corpse

МРАК

это покрыто мраком неизвестности	– it is shrouded /wrapped/ in mystery
на всякого мудреца довольно простоты	пог – no man is wise at all time; every man has a fool in his sleeve; even a wise man stumbles
мудрость не по возрасту	– an old head on young shoulders
не мудрствуя лукаво	ш – without evasion
держать мужа под башмаком	– wear the breeches/trousers/
муж под башмаком	– henpecked husband
собирать всё своё мужество	– pluck up one's heart
терять мужество	– lose heart
мужичок с ноготок	фол – Tom Thumb
начинать ту же музыку	– begin the same story all over again
надоела мне вся эта музыка	р – I have had more than enough of it
испортить всю музыку	– play havoc; spoil everything
музыка не та	– it is quite a different matter;
это другая музыка	– a/ a horse of another colour
перемелется – мука будет	пос – it is a long lane that has no turning; things will come right in the end; every cloud has a silver lining
переносить все муки ада	– suffer hell
у него мурашки по телу бегают	– it gives him the shivers/creeps/

МУХА

быть под мухой	р – be in one's cups
какая муха его укусила ?	– what's eating him? what has got into him?
он и мухи не обидит	– he wouldn't hurt a fly; he would not say boo to a goose
мухи мрут / дохнут /	р – it is unbearable boredom
мрут, как мухи	– they die like flies
слышно было как муха пролетит	– you might have heard a pin fall /drop/

МУХА		МЫСЛЬ
считать мух	пер-	loaf; twiddle one's thumbs
делать из мухи слона	пог-	make mountains out of molehills
белые мухи	пер-	snowflakes
до белых мух	пер-	until winter time
как сонная муха	-	like a tired butterfly; slow-coach
с ней одно мучение	-	I have nothing but trouble with her
переносить адские мучения	-	suffer hell
взять кого на мушку	-	aim at s.o.
мы с тобой	-	you and me

МЫСЛЬ

сущ.

у него мысли зайчиком	p-	he is unable to concentrate

гл.

внушить мысль кому	-	put an idea into s.o.'s head
набрести на мысль	-	hit on an idea
навести кого на мысль	-	make s.o. think that...
носиться с мыслью	-	cherish/ nurse/ a thought
его осенила мысль	-	it dawned upon him
подхватить мысль	-	pick up a thought/idea/
я не могу примириться с мыслью	-	I can't endure /bear/ the thought
собраться с мыслями	-	collect one's thoughts
терять мысль	-	lose the thread /chain/ of one's thought
читать чужие мысли	-	read s.o.'s mind

при.

благая мысль	-	happy thought

МЫСЛЬ		МЯСО

блестящая мысль	— brilliant idea ; brainwave	
дикая мысль	— wild-goose chase	
задняя мысль	— ulterior motive ; secret purpose	
предвзятая мысль	— preconceived idea/notion/	
чёрные мысли	— gloomy thoughts	
чудесная мысль	— big idea /often ironically/	

раз.

у него этого и в мыслях не было	it never crossed his mind; — it never occurred to him
не мытьём, так катанием	p — by hook or by crook
надулся, как мышь на крупу	пог — he looks hurt/sullen, morose /
мыши танцуют, когда кота не чуят	пос — when the cat's away, the mice will play
провести на мякине кого	p — catch s.o. with chaff
пушечное мясо	— cannon-fodder
чёрное мясо	— red meat / e.g. beef, lamb etc/
дикое мясо	— proud flesh
вырвать с мясом /пуговицу/	ш — tear off /a button/ with a piece of material /cloth/

НА   НАДО

на тебе́ !	p- here you are ! all of a sudden
бить в наба́т	- sound the alarm
сторо́нний наблюда́тель	- detached onlooker
поголо́вный набо́р	ист- levy in mass
набо́р слов	- mere verbiage; string of words
не могу́ нагляде́ться на неё	- I can't take my eyes off her
получи́ть /+здоро́вый/ нагоня́й	p- get a good scolding/ticking-off/
дать нагоня́й	p- give a scolding
мне за э́то нагоре́ло	p- I got a scolding for it
во всей свое́й наготе́	- in its true colours ; unvarnished
ни мале́йшей наде́жды	- not an earthly chance
льстить себя́ наде́ждой	- nurse /cherish, entertain/ a hope
пита́ть наде́жду	- a/ a
возлага́ть наде́жды на кого́	- place hope in s.o.; pin one's hope on s.o.
вселя́ть наде́жду	- infuse with hope
обольща́ться наде́ждами	- flatter oneself with hopes
подава́ть наде́жды	- show promise
разби́ть чьи наде́жды	- shatter s.o.'s hopes
распрости́ться со все́ми наде́ждами	- say good-bye to all hopes
пусты́е наде́жды	- vain hopes
ласка́ть наде́ждой	- flatter s.o. with hope
оправда́ть наде́жды	- justify hopes
что вам на́до ?	- what do you want ?
на́до быть	п- perhaps; may be ; possibly
мне э́того и да́ром не на́до	p- I wouldn't have it if you paid me ; I wouldn't have it even as a gift

НАДО   НАМЁК

о́чень мне на́до	ир-	what do I care? why should I ?
так ему́ и на́до	-	it serves him right
он мно́го не нады́шит	п-	he will not live long
он не мо́жет надыша́ться на неё	-	he dotes upon /on/ her
нае́сться вво́лю/до́сыта/	-	eat one's full
лёгкая нажи́ва	p-	easy money / profit/
стреми́ться к нажи́ве	p-	be on the make
как нажи́то, так прожи́то	пог-	easy come , easy go
по назначе́нию врача́	-	on doctor's orders
соотве́тствовать своему́ назначе́нию	-	answer the purpose
называ́ть на "ты"	-	be on Christian name terms with s.o. ; thee-and-thou s.o.
су́щее наказа́ние !	p-	what a nuisance !
наказа́ние мне с тобо́й!	p-	you are driving me mad !
отбыва́ть наказа́ние	-	serve time / sentence/
на него́ накати́ло	p-	he is out of his senses/mind/
быть накоротке́ с кем	-	be on close terms with s.o.
с налёта	-	off-hand
соотве́тствовать чьим наме́рениям	-	suit s.o. 's purposes
благо́е наме́рение	-	good intention
име́ть серьёзные наме́рения	-	do s.t. in earnest ; mean business
поня́ть намёк с полусло́ва	-	seize s.o.'s meaning at once
ко́свенный намёк	-	innuendo
де́лать намёк по а́дресу кого́	-	give s.o. a dig
то́нкий намёк	-	delicate hint
прозра́чный намёк	-	obvious hint

НАПАСТЬ		НАСТРОЕНИЕ
не на того напа́л	п-	you underestimate me ; I'll show you
что за напа́сть!	p-	this is really too bad
любо́вный напи́ток		-love potion
напи́ться вво́лю		-drink one's fill
мне наплева́ть !	п-	I don't care a hoot; I don't give a damn
возводи́ть на кого́ напра́слину	p-	make up a lot of tales /stories, gossip/ about s.o.
наро́ду бы́ло ви́димо-неви́димо	у-	there was a huge crowd
он вы́шел из наро́да		-he is of humble origin
на весь наро́д	п-	for all to hear ;publicly
как наро́чно/в воскресе́ние/		- / on Sunday/ of all days
наруше́ние профессиона́льной э́тики		infamous /unprofessional/ - conduct
наруше́ние обще́ственного поря́д- ка		breach of the peace / King's, - Queen's peace /
наско́лько мне изве́стно		- as far as I know
смотре́ть с наслажде́нием на кого́		- feast one's eyes on s.o.
зако́нный насле́дник		- heir apparent
вероя́тный насле́дник		- heir presumptive
лиша́ть насле́дства		- disinherit
знать кого́ по наслы́шке		- know s.o. by name
дать наставле́ние кому́		- admonish s.o. ; give s.o. a talking to
насто́лько-наско́лько		- as much as
настоя́ть на своём		- have it one's own way
срыва́ть своё дурно́е настрое́ние на ком		work off one's bad temper - on s.o.
настрое́ние умо́в		- state of public opinion
настрое́ние ду́ха		- mood; temporary state of feeling

НАСТРОЕНИЕ		НАШ

он в чемоданном настроении	ш−	he is sitting on his trunks / ready for a journey/
настроиться на что	−	set one's heart on s.t.
служить натурой для статуи	−	sit for a statue
стоять на натуре	−	sit for a picture/portrait/
платить натурой	−	pay in kind
цельная натура	−	well-adjusted person
у него широкая натура	−	he likes to do things in a big way
в натуре	−	naked; in one's birthday suit
гуманитарные науки	−	humanities; liberal arts
это тебе наука	−	let it be a lesson to you
у него хватило нахальства !	−	what cheek ! what nerve !
он всегда найдётся	−	he is never at a loss
под началом у кого	−	under s.o.'s authority
положить начало чему	−	start/ begin/ s.t.
хорошее начало пол дела откачало	пос −	well begun is half done
начало века	−	turn /beginning / of the century
начало столетия	−	a/ a
вести начало от кого	−	derive/ descend/ from s.o.
на равных началах с кем	−	on par with s.o.
доносить по начальству	−	refer to a higher authority
начать всё сначала	−	begin all over again; begin from the beginning
мамаево нашествие	ист −	invasion of Tartars
мамаево нашествие	ш−	a crowd of unwanted /unpleasant/ guests /gate-crashers/
/+ служить /и нашим и вашим	−	run with the hare and hunt with the hounds

НЕБО

он точно с неба упал	— he's not all there; he looks as if he has dropped from the clouds
небо коптить	p— waste one's life away
витать между небом а землёй	— be in the clouds
низвести с неба на землю	— disillusion
быть на седьмом небе	— be on the top of the world; be in the seventh heaven
как небо и земля	— nothing in common
мне небо с овчинку показалось	p— I was frightened out of my wits
нести /рассказывать/ небылицы	p— tell tall stories; spin a yarn; tell cock-and-bull stories
пребывать в блаженном неведении	— live in a fool's paradise; /ignorance is bliss/
расписаться в собственном невежестве	— testify to one's own ignorance
глубокое невежество	— dense ignorance
полное невежество	— utter ignorance
Христова невеста	y— nun
сделать что невестке в отметку	p— pay in kind
невесть что	p— goodness knows what
что за невидаль	p— what a wonder
какая невидаль	p— here is a wonder indeed
оскорблённая невинность	— outraged innocence
невинность соблюсти и капитал приобрести	пог— have one's cake and eat it; eat one's cake and have it

НЕДЕЛЯ

на будущей неделе	— next week
через неделю	— a week today
неделю тому назад	— a week ago
масленая неделя	— carnival; Shrovetide
спустя неделю	— after a week

НЕДЕЛЯ	НЕПРИЯТНОСТЬ
на э́той неде́ле	– this week
недосо́л на столе́, а пересо́л на спине́	пог– better underdone, than overdone
э́того ещё недостава́ло !	– that would be the limit /the last straw/ !
уда́рить по недоста́ткам	– strike at the weak points
оправда́ть кого́ за недоста́точностью ули́к	– give s.o. the benefit of the doubt
за недосу́гом	– for lack of time
быть в недоуме́нии	– be at a loss
в не́драх души́	– in one's heart of hearts
нежда́нно-нега́данно	– all of a sudden ; unexpectedly
теля́чие не́жности	– sloppy sentimentality
за неиме́нием лу́чшего	– for want of s.t. better
прийти́ в неи́стовство	– fly into a rage
у них нелады́	п– they are at variance
нелёгкая его́ сюда́ несёт!	п– what the devil is he doing here ?
как нельзя́ лу́чше	– couldn't be better
как нельзя́ кста́ти	– very much to the point
чёрная не́мочь	у– epilepsy
жесто́кая необходи́мость	– dire necessity
вы́сказать неодобре́ние	– give s.o. a piece of one's mind
растеря́ться от неожи́данности	– be taken aback
непревзойдённый нике́м	– second to none
схвати́ться с неприя́телем	– come to grips with the enemy
напра́шиваться на неприя́тности	– ask for trouble
навле́чь на себя́ неприя́тности	– get into trouble

	НИ
НЕПРИЯТНОСТЬ	
нарваться на неприятности	p- get into trouble
я непрочь	p- I don't mind
действовать кому на нервы	- get on s.o.'s nerves
играть на нервах	- a/ a
нервы разгулялись	p- one's nerves are on edge
железные нервы	- nerves of steel
воловые нервы	- a/ a
портить себе нервы	- take s.t. to heart
изматывать нервы	- overstrain one's nerves
трепать кому нервы	p- fray s.o.'s nerves
несмотря на ...	- in spite of...
несмотря ни на что	- in spite of everything
это непроста !	p- there is more in it than meets the eye
от него несёт /табаком, водкой/	p- he reeks of /tobacco, vodka/
хоть святых вон неси у	p- it is such a terrible noise /smell / that you have to carry the icons out
накликать несчастье	p- court disaster
нет как нет /нет да нет/	p- not a sign of...;nowhere to be found/ seen/
нет,нет , да и...	p- every once and a while; once in a while
потерпеть неудачу	- suffer a setback/reverse/;fail
здесь это неуместно	- it is out of place here
этого ещё нехватало !	- that's the limit!
жилищная нехватка	- housing shortage
нечто вроде	- a kind of ; a sort of
ни то , ни сё	p- betwixt and between; neither head nor tail

НИ		НИЩЕТА
ни с того ,ни с сего	p-	all of a sudden ; apropos of nothing;without rhyme or reason
ни гугу́	p-	not a word; mum´s the word
ни за что,ни про что	p-	for no reason at all
никак нельзя́	п-	absolutely impossible
никак нет	п-	not at all
никакой он не /журналист/	p-	but he is not / a journalist/ at all
никаких "но"	-	but me no "buts "
никто иной ,как сам ...	-	no less a person than ...
это ему́ нипочём	p-	it´s child´s play to him
ему́ всё нипочём	p-	he´s not afraid of anything
это шито белыми нитками	-	it´s too thin
потеря́ть всё до нитки	-	lose all
на нём сухой нитки не было	-	he had not a dry stitch left on him
промо́кший до нитки	-	dripping wet ; wet to the skin
обобра́ть кого до нитки	p-	strip/rob/ s.o. of everything
на живу́ю нитку	p-	hastily ; anyhow
висе́ть на ниточке	p-	hang by a thread / by the eyelids , by teeth/
ходить по ниточке	-	be reduced to servile obedience
проходить красной нитью	-	run all through s.t. ; be the key-note of s.t.
ничего́ себе́	p-	so-so; not so bad; well enough
ничего́ осо́бенного	-	nothing in particular
ничего́ подо́бного	-	nothing of the kind/ sort/
ничу́ть не быва́ло	p-	not at all; nothing of the sort
в кра́йней нищете́	-	in abject poverty

НОВОСЕЛЬЕ

справлять новоселье	- give/hold/ a house-warming party
это что ещё за новость /новости/ ?	- that's something new ! what's it all about ?
вот ещё новость !	- a/ a
делиться новостями	- exchange news ; compare notes

НОГА

сущ.

не идущий в ногу с веком	- behind the times
идти в ногу с временем	- keep abreast of the times
с ног до головы	- from head to toe
поставить с ног на голову	p- put the cart before the horse
стоять одной ногой в гробу	- have one foot in the grave
упереться ногами в землю	пер- take a firm stand
нога за ногу	- slowly / go , ride , walk/
закидывать ногу за ногу	- cross one's legs
переминаться с ноги на ногу	p- shift from one foot to the other
не чувствовать под собой ног от радости	- be transported with joy; be beside oneself with joy
взять ноги в руки	p- take to one's heels; run for dear life

гл.

бежать со всех ног	- run as fast as one can
валиться с ног	- be dead tired
валяться в ногах у кого	p- lie at s.o.'s feet
вертеться под ногами	- stand /be/ in s.o.'s way
еле ноги волочить	p- be hardly able to drag one's legs along
встать на ноги	- find one's feet
встать с левой ноги	p- get out of bed on the wrong side

НОГА НОГА

вытянуть ноги	п-	turn up one's heels; kick the bucket
держаться на ногах	пер-	stand on one's own two feet
еле /едва/ держаться на ногах	-	be on one's last legs; be scarcely able to stand
жить на широкую ногу	-	live in / + grand/ style
идти в ногу	-	keep in step ; keep pace with s.o.
идти не в ногу	-	fall out of step
мешаться под ногами	-	be in s.o.'s way
нестись со всех ног	-	run for dear life
куда ноги несут	p-	follow one's nose
обломать ноги кому	п-	beat s.o. hollow
у него нога отнялась	p-	his leg is paralysed
у него ноги подкосились	-	his legs gave way under him
поднять всех на ноги	-	wake everybody up; raise the alarm
протянуть ноги	п-	turn up one's heels /toes/; kick the bucket
разминать ноги	p-	stretch one's legs
сбить с ног кого	-	run s.o. off his legs
сбиться с ног	-	run off one's legs
сидеть поджав ноги	-	sit cross-legged
смотреть под ноги	-	watch one's step
спать без задних ног	п-	sleep like a top/ log/
сшибить с ног	п-	knock s.o. down
унести ноги	-	get away
еле ноги уволочь/унести/	p-	have a narrow escape
ног под собой не чуять	-	1/ tread on air; 2/ be dead-beat

НОГА
при.

на босу ногу	– barefooted
со всех ног	– as fast as one's legs can carry one
быть на короткой ноге с кем	– be on friendly terms/footing/ with s.o.
я без задних ног	п– I am dead tired/ dead-beat/
лёгкий на ногу	p– good walker
быть на равной ноге с кем	– be on even terms with s.o. ; be on level with s.o.

раз.

нога моя здесь не будет	– I won't set my foot in here again
я прямо без ног	p– my feet are killing me
на одной ноге	п– quickly ; in a jiffy; in two twos
одна нога здесь, другая там	p– very quickly ; in two shakes; in a jiffy
вверх ногами	– upside down; head over heels
с ноготок	ш p– tiny; teeny-weeny
как ножом отрезать	– refuse point blank
пристать к кому с ножом к горлу	– worry / bother / the life out of s.o.; pester s.o.
быть на ножах с кем	– be at sword's point / at daggers drawn / with s.o.
всадить нож в спину	– stab in the back
как ножом по сердцу	– like a stab in the heart
подставить ножку кому	p– trip s.o. up; queer the pitch for s.o.
ноль без палочки	p– small fry ; nobody
он – ноль внимания	p– he doesn't care a hoot

НОМЕР

набирать номер	– to dial / telephone /
старый номер	– back number / newspaper etc/
выкинуть номер	p– play a trick / prank/

НОМЕР		НОС
этот номер не пройдёт	p-	you can't get away with it; that cock won't fight; that cat won't jump; nothing doing; it won't work / wash/

нос

сущ.

держать нос по ветру	p-	know which way the wind is blowing
совать свой нос в чужие дела	p-	poke one's nose into s.o.'s affairs; be a Nosey Parker
нос картошкой	p-	bulbous nose /Paul Pry/
повесить нос на квинту	p-	look dejected

гл.

бормотать под нос	p-	mutter; mutter under one's breath
бурчать себе под нос	p-	a/ a
не вешать носа	p-	be of good cheer; keep one's pecker up / sl/
водить кого за нос	p-	make a fool of s.o.; lead s.o. a pretty dance
ворчать себе под нос	p-	mutter under one's breath; grumble
говорить в нос	-	speak with a twang
задирать нос	p-	cock up one's nose; put on airs
не задирай носа!	p-	come off it! come off your high horse!
заруби это себе на носу	-	put it under your hat; put it in your pipe and smoke it
клевать носом	p-	be sleepy; doze
крутить носом	p-	be fussy/ choosy /
наставить нос кому	p-	fool s.o.
натянуть нос кому	p-	outdo / excel/ s.o.
облегчить себе нос	-	blow one's nose
оставить кого с носом	p-	get the better of s.o.
остаться с носом	p-	get nothing for one's pains; be left in the cold/lurch/
повесить нос	p-	lose heart; be despondent

НОС		НОЧЬ
поднять нос	p-	put on airs
показать длинный нос кому	p-	cut a snook ; thumb one's nose to s.o.
носа не показывать	p-	not to show up
разбить нос кому	-	get s.o.'s nose smashed
расквасить нос кому	п-	a/ a
сморкать нос	p-	blow one's nose
совать под нос кому	p-	give s.t. to s.o. in a slipshod / casual/ way
утереть нос кому	пер -	put s.o.'s nose out of joint
хлюпать носом	p-	sniff
щёлкнуть кого по носу	-	give s.o. a flick on the nose

при.

короче воробьиного носа	п-	very short
орлиный нос	-	Roman nose

раз.

у него под носом	-	before his very eyes
на носу	пер-	round the corner ; close at hand
носиться с кем	-	make a fuss of s.o.
куда его носит ?	p-	where the deuce does he go?
как по нотам	p-	swimmingly ; without a hitch
прочесть кому нотацию	-	read s.o. a lecture; give s.o. a lesson

НОЧЬ

спокойной /покойной/ночи !	-	good night !
поздно ночью	-	late at night
глухая ночь	-	still night
всю ночь напролёт	-	the whole night long ; all night long

НОЧЬ НЯНЬКА

до поздней ночи	– late into the night
не к ночи будь сказано	p– one should not mention it before going to bed
на ночь	– before going to bed
по ночам	– at night
Варфоломеевская ночь	ист– night of terror /blood bath/
быть/прийтись / по нраву	p– be to one's liking
это ему не по нраву	p– it is not to his liking
а ну его !	p– to hell with him !
ну да!	p– yes! indeed! go on! tell me another!
ну конечно !	p– why, certainly !
ну так что ж ?	p– so what ? what of it ?
да ну тебя !	p– stop that !
нужды нет	у– never mind
ему нужды мало	p– he doesn't care
мне нужно	– I have to; I should; I need to
как раз то, что нужно	– the very thing
он нуль внимания	p– he couldn't care less
сводить к нулю	– bring to nought
нуль без палочки	ш– small fry; nobody
быть нулём	– be a nobody
быть не по нутру	п– against the grain; not to one's liking
не ныньче-завтра	p– any day now; before long
распустить нюни	p– turn on the waterworks/joc/; snivel; whimper
ни за нюх табаку	p– for nothing
собачий нюх	p– extraordinary nose for s.t.
у семи нянек дитя без глазу	пог – too many cooks spoil the broth

ОБВИНЕНИЕ		ОБЛАСТЬ
огу́льное обвине́ние		– unfounded /sweeping / accusation
сфабрико́ванные обвине́ния		– trumped-up charges ; frame-up
зва́ный обе́д		– dinner-party
по́сле обе́да		– in the afternoon
испо́ртить всю обе́дню кому́	п–	spoil s.o.'s game
социа́льное обеспе́чение		– national insurance; social security
испо́лнить обеща́ние		– keep one's promise/ word/
корми́ть обеща́ниями		– feed with promises
броса́ться обеща́ниями		– be profuse in one's promises
броса́ть обеща́ния на ве́тер		– make promises lightly
бе́глый обзо́р		– superficial/cursory/ review
го́рькая оби́да		– deep grievance
кро́вная оби́да		– deep mortification
проглоти́ть оби́ду		– swallow/ pocket/ an insult
не в оби́ду будь ска́зано		– no offence meant; God bless the mark
не дава́ться в оби́ду		– be quite able to stand up for oneself
не дать в оби́ду себя́		– a/a
затаи́ть оби́ду на кого́		– nurse/ harbour/ a grudge against s.o.
скажи́те без обиняко́в		– don't mince matters; don't beat about the bush
уноси́ться в облака́		– day-dream; live in a cloud-cuckoo land
пари́ть в облака́х		– a/a
вита́ть в облака́х		– a/ a
спусти́ться с облако́в		– come down to earth
э́то не моя́ о́бласть		– that's not within my province
отойти́ в о́бласть преда́ния		– be consigned to legend

ОБЛАСТЬ	
во всех областях жизни	- in all walks of life
широкое/смелое/ обобщение	- sweeping / bold/ generalisation
тянуться/ плестись/ в обозе	- fall behind
оборвать кого резко	- cut s.o. short
смотри на обороте	- please turn over / P.T.O./
принять дурной оборот	- be in a bad way; take a bad turn
взять кого в оборот	p- take s.o. to task/ in hand/
брать в обработку кого	p- a/ a

ОБРАЗ

сущ.

образ действий	- line of action/ policy etc/
образ жизни	- way of life
простой образ жизни	- plain living
умеренный образ жизни	- moderate living
вести бурный образ жизни	- live a wild life; sow one's wild oats
вести разгульный образ жизни	- lead a fast life; sow one's wild oats
вести рассеянный образ жизни	- lead a dissipated life
вести широкий образ жизни	- live in style
образ мыслей	- outlook; way of thinking; views
по образу своему и подобию биб-	after one's likeness
образ правления	- form of government

гл.

оценить должным образом кого /что/	do justice to s.o./s.t./; appreciate s.o. / s.t./
поступать соответствующим образом	- act accordingly

при.

| главным образом | - for the most part; mainly; chiefly |

ОБРАЗ		ОБСТОЯТЕЛЬСТВО
коренны́м о́бразом	—	radically ; root and branch
ра́вным о́бразом	—	equally
ча́стным о́бразом	—	in private ; unofficially
не́которым о́бразом	—	in some way; in a way; to certain degree
никаки́м /нико́им/ о́бразом	—	by no means ; under no circumstances
каки́м о́бразом ?	—	how? in what way ?
таки́м о́бразом	—	thus ; that way
каки́м бы то ни́ было о́бразом	—	by all means ; by hook or by crook/ col/
сре́днее образова́ние	—	secondary education
гуманита́рное образова́ние	—	liberal education
обраща́ться с кем свысока́	—	condescend to s.o.; look down on s.o.
дурно́е обраще́ние	—	maltreatment
пуска́ть в обраще́ние	—	put into circulation
име́ть в обре́з /вре́мени, де́нег/	p—	be very short of; have just enough/nothing to spare/
не обсе́вок в по́ле	p—	not worse than others
осва́иваться с обстано́вкой	—	fit oneself into a situation ; get used to one's surroundings
в семе́йной обстано́вке	—	in domestic surroundings
всё обстои́т благополу́чно	—	all's well; I'm all right, Jack! /col/
быть в стеснённых де́нежных обстоя́тельствах	—	be in narrow/reduced/ circumstances
все обстоя́тельства де́ла	—	all the facts of the case
по семе́йным обстоя́тельствам	—	for personal/family, domestic/ reasons
смотря́ по обстоя́тельствам	—	according to circumstances
при сложи́вшихся обстоя́тельствах	—	as things go ; as the case stands
при вся́ких обстоя́тельствах	—	on every account; in all circumstances

ОБСТОЯТЕЛЬСТВО		ОБЯЗАННОСТЬ
при любы́х обстоя́тельствах	–	on every account; at any rate
ни при каки́х обстоя́тельствах	–	under no circumstances
смягча́ющие обстоя́тельства	–	extenuating circumstances
брать под обстре́л кого́	p–	subject s.o. to censure /criticism/
споко́йная о́бувь	–	comfortable shoes
его́ как о́бухом по голове́	p–	he was thunderstruck
во ско́лько э́то обхо́дится ?	–	how much it will come to? how much does it cost?
обойдётся как-нибу́дь	–	things will settle one way or another
раз, два и обчёлся	p–	no more than one or two ; very few
вы́сшее о́бщество	–	high life; rank and fashion
в о́бщем и це́лом	–	on the whole ; by and large
его́ на криво́й не объе́дешь	p–	you can't trick/fool/him
объясне́ние в любви́	–	declaration of love
заключи́ть кого́ в объя́тия	–	embrace s.o. ; take s.o. in one's arms
с распостёртыми объя́тиями	–	with open arms
броса́ться кому́ в объя́тия	–	fall into s.o.'s arms
откры́ть объя́тия кому́	–	stretch out one's arms to s.o.
души́ть кого́ в объя́тиях	–	strain s.o. to one's heart
произвести́ о́быск	–	make a search
стари́нный обы́чай	–	time-honoured custom
вмени́ть в обя́занность кому́ что	–	impose upon s.o. the duty of doing s.t.
полага́ть свое́й обя́занностью	–	consider s.t. to be one's duty
счита́ть свое́й обя́занностью	–	a/ a
всео́бщая во́инская обя́занность	–	compulsory military service
исполня́ть обя́занности кого́	–	do the work of s.o.; act for s.o.; deputize for s.o.

ОБЯЗАННОСТЬ		ОГОНЬ
исполняющий обязанности	—	acting ; deputy ; locum
исполнять обязанности хозяина	—	do the honours of the house
сложить с себя обязанности	—	give up one's duties
выполнять свои обязательства	—	meet one's engagements / commitments /
взять на себя обязательства	—	commit oneself to s.t.
выполнить взятые на себя обязательства	—	fulfil /meet/ one's commitments
всякому овощу своё время	пос-	there is a time for everything
паршивая овца	—	black sheep
заблудшая овца	—	lost/ strayed/ sheep
овчинка выделки не стоит	пос-	the game is not worth the candle
получить огласку	—	receive publicity
предать что огласке	—	make s.t. public
не подлежащий оглашению	—	off the record; confidential
бежать без оглядки	p-	run hell for leather; show a clean pair of heels
и оглянуться не успел	p-	in no time ; in a jiffy
делать оговорку	—	make a proviso
зайти /забежать/ на огонёк	—	drop in /pop in / to see s.o.
антонов огонь	у-	gangrene
предать огню и мечу	кн-	put to the sword
огнём и мечом	кн-	with fire and sword
днём с огнём не найдёшь	p-	there's no trace of s.o./s.t./ anywhere
пройти сквозь огонь ,воду и медные трубы	пог-	go through fire and water ; go through all the troubles under the sun /through thick and thin/
за него я готов в огонь и в воду	—	I would go through hell with him

ОГОНЬ		ОДОБРЕНИЕ
попасть из огня да в полымя	пог	- from smoke into smother ; from the frying pan into the fire
играть с огнём		- play with fire/ edged tools/
шутить с огнём		- a/ a
между двух огней		- between the devil and the deep sea; on the horns of a dilemma
бояться кого как огня		- be scared to death of s.o.
раскладывать огонь		- make fire
развести огонь		- a/ a
говорить с огнём		- speak with animation/fervour/
работать с огоньком		- put vim into one's work
огород городить	p-	make a fuss ; waste efforts
к моему великому огорчению		- much to my regret
одежда красит человека	пос-	fine feathers make fine birds; the tailor makes the man
по одёжке протягивай ножки	пог-	cut the coat according to the cloth
щегольски одетый		- dapper; dressed to kill; dressed up to the nines
один-единственный		- the only one
один-одинёшенек	p-	all alone; lonely
один к одному		- choice ; all / persons, goods, things/ equally good
один на один		- face to face ; in single combat
один всед за другим		- in a file
как один		- to a man
одно из двух		- one thing or the other ; you can't have it both ways
одно и тоже		- the same thing
тут есть одно "но"		- there's a "but" in it
заслужить чьё одобрение		- meet with s.o.'s approval

ОДОЛЖЕНИЕ		ОПИСЬ
сделайте одолжение		- would you mind; do me a favour
сделайте одолжение !		- please, do! help yourself! you're welcome!
на смертном одре	у-	on one's death bed
обмануть ожидания		- not to live up to expectation
обмануть чьи ожидания		- disappoint s.o.
сверх всяких ожиданий		- beyond all expectations
превзойти все ожидания		- beat all; surpass expectations
оправдать ожидания		- live up to expectations
какая оказия !	р-	how unexpected !
вот так оказия !	р-	a/ a
духовое око	поз-	mind's eye
хоть видит око, да зуб неймёт	- пог	the grapes are green ; there's many a slip 'twixt cup and lip
придавать совсем другую окраску чему	-	put a very different complexion on a.t.
защитная окраска		- protective coloration; mimicry
покровительственная окраска	-	a/a
нести околёсицу	р-	talk nonsense / at random, a lot of rubbish/
окупиться сторицей	р-	be repaid a hundredfold
олух царя небесного	п-	brazen fool; blockhead
в тихом омуте черти водятся	пос-	still waters run deep
это из совсем другой оперы	ш-	that's quite a different matter; that's a horse of another colour
из другой оперы ,не из той оперы	ш-	a/ a
не поддаваться описанию		- defy / baffle, beggar/ description
опись имущества		- seizure of property

ОПОЛЧЕНИЕ		ОСКОМИНА

наро́дное ополче́ние	ист-	levy in mass
поголо́вное ополче́ние	ист-	a/ a
и опо́мниться не успе́л	р-	before one can say knife/Jack Robinson/; before you know where you are
нести́сь/мча́ться/ во весь опо́р	-	ride whip and spur; go like the wind ; run for dear life; ride hell for leather
о́птом и в ро́зницу	-	wholesale and retail
го́рьким о́пытом прийти́ к чему́	-	get s.t. the hard way
орёл или ре́шка ?	-	heads or tails ?
окружи́ть кого́ орео́лом	выс-	glorify s.o.
разде́лать кого́ под оре́х	п-	make s.o. smart; make a fine sight of s.o. ; bawl s.o. good and proper
оре́х не по зуба́м	-	hard nut to crack
ему́ доста́лось на оре́хи	р-	he has got in hot
кре́пкий оре́шек	р-	hard nut
духово́й орке́стр	-	brass-band
послу́шное ору́жие	-	cat's paw ; s.o. 's willing tool
подня́ть ору́жие	пер-	start a war
броса́ть ору́жие	-	lay down arms
бряца́ть ору́жием	кн-	rattle the sabre
э́то обоюдоо́строе ору́жие	-	this weapon cuts both ways
холо́дное ору́жие	-	side-arms
глубо́кая о́сень	-	late autumn
упря́м , как осёл	-	as stubborn as a mule
наби́ть себе́ оско́мину	р-	make one's mouth sore; become sick and tired of s.t.
наби́ть кому́ оско́мину	р-	set s.o.'s teeth on edge; bore s.o. to death

ОСМОТР	ОТБОЙ
осмо́тр достопримеча́тельностей	- sightseeing ; seeing lions /Am/
лишённый вся́ких основа́ний	- entirely unfounded
разру́шить до основа́ния	- level/ raze/ to the ground
с по́лным основа́нием	- with good reason
свое́й /+ со́бственной/ осо́бой	- in person
ничего́ осо́бенного	- nothing in particular; nothing to write home about
бре́нные оста́нки у кн-	mortal remains
оста́ться в живы́х	- survive; be left alive; escape with one's life
оста́ться ни при чём	- get nothing for one's pains
сча́стливо остава́ться !	- good-bye! so long! lots of luck !
за ним оста́лось / 5 рубле́й/	- he owes / 5 roubles/
э́то оставля́ет жела́ть мно́гого лу́чшего	it leaves much to be - desired
останови́ться как вко́панный	- stop dead
ни пе́ред чем не остана́вливаться	- stop at nothing ; go to all lengths
на чём мы останови́лись ?	- where are we ? where did we stop?
подро́бно остана́вливаться на чём	dwell on / upon/ s.t. ; go - into details
забы́ть о вся́кой осторо́жности	- throw caution to the winds ; be careless
отпуска́ть остро́ты	- crack jokes
сы́пать остро́тами	- a/ a
пре́сные остро́ты	- feeble jokes
изощря́ться в остроу́мии	- shower witticisms; try to be witty
хоть отбавля́й	p- enough and to spare; cut-and-come-again; more than enough
бить отбо́й	- back out; beat a retreat
отбо́ю / отбо́я / нет от кого́ /чего́/	there is no getting rid - of s.o.

ОТБРОСЫ

отбросы общества	– dregs of society ; scum
насытиться до отвала	p–eat one's fill; stuff oneself
наесться до отвала	p– a/ a
накормить кого до отвала	p– stuff s.o. to bursting point
не отведав горького, не узнаешь и сладкого	пос– misfortune tells us what fortune is
держать ответ	y–answer
держать ответ за что	y–answer for s.t.
прямолинейный ответ	–straightforward answer
уклоняться от прямого ответа	–evade a question
ни ответа ни привета от него	p–not a word from him
возлагать ответственность на кого за что	make s.o. responsible – for s.t.
привлечь к судебной ответственности	bring to trial – / justice/
привлекать к ответственности	–call to account
взять на себя ответственность	–assume the responsibility
нести ответственность за что	– bear the responsibility
слагать/снимать/ з себя всякую ответственность	– decline all responsibility
снимать с кого ответственность	–relieve s.o. of responsibility
нести ответственность за последствия	take the consequence – of s.t.
для отвода глаз	p– to distract attention; as a blind
питать отвращение к кому	– feel an aversion for s.o.; hold s.o. in abomination
внушать отвращение	– fill with disgust/ aversion/
отвяжись от меня !	p– leave me alone !

ОТВЯЗАТЬСЯ

ОТВЯЗАТЬСЯ	ОТКАЗ
от него не отвяжешься	p- one can't get rid of him
удачная отгадка	- correct guess ; good shot /col/
отделаться отговорками	- evade a question; evade giving a direct answer
неудачная отговорка	- lame excuse
отдать должное кому	- do justice to s.o.; render s.o. one's due
отдать замуж	- give into marriage
отдача внаём	- letting / room , house/
без отдачи	p- for good; for keeps
дёшево /легко/ отделаться	- get off lightly; get off lucky; come off cheap
счастливо отделаться	- have a narrow escape
охранное отделение/охрана/ист	- secret police / esp. investigating political suspects/
третье отделение ист	- a/ a
каждый в отдельности	- each taken separately
все вместе и каждый в отдельности	- one and all
отдуваться за другого	p- do another person's work
без отдыха и покоя	- without rest /respite/
не давать кому ни отдыху , ни сроку	- never give s.o. a moment of peace ; bother the life out of s.o.
не давать себе ни отдыху, ни сроку	- keep one's nose to the grindstone ; work without respite
весь в отца	- the very image of his father; spitting image of his father; speaking likeness of his father
он вылитый отец	- a/ a
он пошёл в отца	- he takes after his father ; he is the chip off the old block
крёстный отец	- godfather
категорический отказ	- flat refusal

ОТКАЗ	ОТНОШЕНИЕ
де́йствовать без отка́за	– work without a stoppage/break, stoping/
рабо́тать без отка́за	– a/ a
до отка́за	– to capacity; to satiety; as far as it can go
отказа́ть наотре́з	p- refuse point-blank
ему́ нельзя́ отказа́ть, что он...	– there is no denying that...
отколоти́ть, как сле́дует	– give s.o. a good hiding
пуска́ть под отко́с /по́езд/	– derail/a train/
вы́звать на открове́нность	– ask for a frank confession
кру́глый отли́чник	– pupil who has the best marks in all subjects/ is top of class/
быть вре́менно отменённым	– be in abeyance / law/
отнести́сь положи́тельно	– take a favourable view
отнести́сь благоскло́нно	– take in good part
относи́ться наплева́тельски	п- not to give a damn
относи́ться равноду́шно к чему́	– be indifferent to s.t. ; be unaffected by s.t.
наплева́тельское отноше́ние	п- I-couldn't-care-less attitude
во всех отноше́ниях	– on all counts; in every way /respect/
ни в како́м отноше́нии	– in no respect
он никому́ не усту́пит в э́том отноше́нии	he is second to none in – this respect
хала́тное отноше́ние	– negligence; I-can't-care-less attitude
рвать отноше́ния с кем	– sever relations with s.o.
быть в дурны́х отноше́ниях с кем	– be at loggerheads with s.o.
быть в бли́зких отноше́ниях с кем	– be friendly /intimate/ with s.o.
не име́ть никако́го отноше́ния	– bear no relation to ; have nothing to do with
в не́котором отноше́нии	– in a way

ОТНОШЕНИЕ		ОТЧЁТ
в этом отношении	–	for that matter
отнюдь нет	–	far from it
он скоро отойдёт	p–	he will pass away /die/ soon
отпечаток пальца	–	fingerprint
дать отпор	–	drive back; repulse
отправиться восвояси	p–	go back where one came from ; take the homeward road
отправиться на боковую	p–	go to bed
идти на боковую	p–	a/a
отрезать кому	пер–	cut s.o. short
отречение от престола	–	abdication
дать отставку	–	retire s.o.
подать в отставку	–	send in one's resignation
выйти в отставку	–	retire
дать кому почётную отставку	–	kick s.o. upstairs /col/; retire and give a sinecure
получить отставку от кого	–	get the sack from s.o.
дать отставку	ш–	give the mittens/col/ ;jilt
блистать своим отсутствием	–	be conspicuous by one's absence
из-за отсутствия	–	for lack of
отсутствие всякого присутствия	ш–	utter absence of common sense /presence of mind/
оттиск пальца	–	fingerprint
отходить больного	–	nurse a patient back to health
приводить кого в отчаяние	–	drive s.o. to despair
доводить кого до отчаяния	–	a/ a
отчего да почему	p–	whys and wherefors
требовать отчёта	–	bring s.o. to account/ book/

ОТЧЁТ		ОШИБКА
отдавать себе отчёт в чём	-	be aware of s.t. ; realize s.t.
схватить в охапку что	p-	gather up ; take s.t. into one's arms
взять в охапку что	p-	a/ a
отбить у кого охоту к чему	-	discourage s.o. from s.t.
его берёт охота ...	p-	he feels like...; he is looking forward to s.t.
охота тебе делать это?	p-	why /+ on earth/ should you do it?
охота пуще неволи	пос-	desire is stronger than compulsion
на охоту ехать , собак кормить	-пос	don't have thy clock to make, when it begins to rain
он большой охотник до чего	p-	he is very keen on/fond of/s.t.
он охулки на руку не положит	p-	he is no fool; he knows on which side his bread is buttered
домашний очаг	кн -	hearth; home, sweet home !
в первую очередь	-	in the first place
в свою очередь	-	in one's turn; in due time
очередь за вами /тобой/	-	it is your turn
не соблюдая очереди	-	out of turn; jumping the queue
стоять на очереди	-	be on the waiting list
стоять в очереди	-	queue ; stand in a queue
для очистки совести	-	to set one's mind at ease; to clear one's conscience
втирать очки кому	p-	throw dust in s.o.'s eyes; pull the wool over s.o.'s eyes
дать несколько очков вперёд кому	-	give points/odds/ to s.o.
дать десять очков вперёд	-	considerably excel/outdo/ s.o.
смотреть сквозь розовые очки	-	look through rose-coloured spectacles
грубая ошибка	-	blunder; flagrant error; gross blunder

ОШИБКА   ОЩУПЬ

допустить ошибку	– make a mistake
судебная ошибка	– miscarriage of justice
впадать в ошибку	– be mistaken
пробираться ощупью	– feel one's way
на ощупь	– by sense of touch

ПА́ВА

ни па́ва ни воро́на	p- neither fish, flesh nor good red herring
па́дать ниц	y- fall on one's face
быть па́дким до сла́дкого	- have a sweet tooth
за па́зухой	- in one's bosom
разби́ть пала́тки	- pitch tents

ПА́ЛЕЦ

па́лец
сущ

попа́сть па́льцем в не́бо	p- find a mare's nest; be wide of the mark; make a blunder; make a bad shot; miss the point by a mile; take the wrong sow by the ear
па́лец /па́льцем/ о па́лец не уда́рить	p- not to lift /stir/ a finger
ему́ па́льца в рот не клади́	p- he's not to be trifled with; don't make him angry; be careful with him
дай, ему́ па́лец, он и всю ру́ку отку́сит	пог- give him an inch and he'll take a mile /an ell/

гл.

бараба́нить па́льцами	- drum with fingers; beat the devil's tattoo
вы́сосать что из па́льца	- make s.t. up; invent; concoct; fabricate
грози́ть па́льцем кому́	- shake one's finger at s.o.
знать что как свои́ пять па́льцев	- know like the palm of one's hand; have s.t. at one's finger-tips
мо́жно по па́льцам пересчита́ть	- it can be counted on the fingers of one hand
обвести́ кого́ вокру́г па́льца	p- twist s.o. round one's little finger; bend s.o. to one's will
обвести́ что вокру́г /круго́м/ па́льца	_ handle one's task/work/quickly
объясни́ть как по па́льцам	- explain thoroughly
па́льцем не пошевельну́ть	- not to lift /stir/ a finger
смотре́ть сквозь па́льцы	p- turn a blind eye to s.t.; shut one's eyes to s.t.
па́льцем не тро́нуть кого́	- not to touch s.o.; not to hurt a fly
ты́кать па́льцем	- dab with one's finger

при.

безымя́нный па́лец	- ring-finger; fourth finger

ПАЛЕЦ	ПАМЯТЬ
большо́й па́лец	– thumb; toe
у него́ па́льцы до́лги	p– he's given to stealing
указа́тельный па́лец	– forefinger ; index
чо́ртов па́лец	p– thunderstone; thunderbolt; elf-stone
вставля́ть па́лки в колёса	– put a spoke in the wheel;put a spanner in the works
перегиба́ть па́лку	p– go too far; overshoot the mark
па́лка о двух конца́х	– double-edged weapon; it cuts both ways
де́лать что из-под па́лки	p– do s.t. under the lash
по нём па́лка пла́чет	p– he should be punished
получа́ть па́льму пе́рвенства	– bear the palm
уступа́ть па́льму пе́рвенства	– yield the palm
па́льчики обли́жешь	p– it makes one's mouth water; it is finger licking good
открыва́ть па́мятник	– unveil a monument

па́мять
гл.

воскреса́ть в па́мяти	– be recalled to one's memory
восстанови́ть в па́мяти	– refresh one's memory
вре́заться в па́мять	– be engraved in one's memory
вы́лететь из па́мяти	– slip one's memory
выве́триваться из па́мяти	– be effaced from one's memory
вы́жить из па́мяти	– lose one's memory in old age
вы́пустить из па́мяти	– forget
вы́черкнуть из па́мяти	– efface from one's memory
говори́ть на па́мять	– say by heart
говори́ть из па́мяти	– a/ a
запечатле́ться в чьей па́мяти	– be stamped in /on/ one's memory
заруби́ть в па́мяти	– impress on one's memory

ПАМЯТЬ		ПАНСИОН
у меня захлестнуло па́мять	п-	I clean forgot it
изгла́диться из па́мяти	-	fade from memory
па́мять ему́ изменя́ет	-	his memory fails/is at fault/
е́сли па́мять мне не изменя́ет	-	if my memory serves me well
люби́ть кого́ без па́мяти	-	love s.o. dearly/to distraction/
у него́ отши́бло па́мять	p-	his memory is a blank; he can't remember a thing
подари́ть что на па́мять	-	give s.t. as a keepsake/souvenir/
поры́ться в па́мяти	-	refresh one's memory
привести́ кого́ в па́мять	-	bring s.o. round /after fainting/
прийти́ на па́мять	-	come back to one's mind
ускользну́ть из па́мяти	-	escape one's memory
при.		
ве́чная па́мять ему́ !	-	may his memory last for ever'
деви́чая па́мять	р ш-	bad memory ; poor memory
дыря́вая па́мять	p-	head like a sieve
на па́мяти живу́щих	-	within living memory
све́тлая па́мять ему́ !	-	may his memory last for ever!
по ста́рой па́мяти	-	for old times' sake
хоро́шая па́мять	-	retentive memory
раз.		
на мое́й па́мяти	-	within my recollection
не на мое́й па́мяти	-	outside my recollection
на па́мять	-	1/ by heart; 2/ as a souvenir; as a keepsake
быть без па́мяти	-	be unconscious
быть без па́мяти от кого́	-	be passionately fond of s.o.
у меня́ из па́мяти вон	p-	I clean forgot it
ли́бо пан, ли́бо пропа́л	пог-	neck or nothing
пансио́н благоро́дных деви́ц	у-	private school for daughters of gentry

ПАНТАЛЫК	ПАЧЕ
сбить с панталыку	р- put s.o. off his stroke
он тебе не па́ра	- he's no match for you
па́ра пустяко́в	р- child's play
сказа́ть па́ру тёплых слов	ир- give s.o. a good rating
подходя́щее под па́ру	- matching
на всех пара́х	- full steam ; full speed
с лёгким па́ром !	- / greetings after a bath esp. steam bath /
лежа́ть под па́ром	- lie fallow
в по́лном пара́де	- in full dress
во всём пара́де	- a/ a
он па́рень не про́мах	п- he's a regular guy; he's nobody's fool ; he's clever
боево́й па́рень	р- go-ahead fellow/ chap/
сла́вный па́рень	р- good sport
свой па́рень	р- one of the lads
держа́ть пари́	- lay a bet
заключа́ть пари́	- take a bet
она́ хоро́шая па́ртия	- she is a good match
на всех паруса́х	- with all sails set; under full sail
я пас!	- count me out !
получи́ть во́лчий па́спорт	предр- be blacklisted; be politically persecuted
како́й пасса́ж !	ш- what a show ! what a spectacle!
ура́-патрио́т	ир- jingo ; chauvinist
квасно́й патриоти́зм	- chauvinisme; jingoism
паути́на лжи	- web of lies
" и мы паха́ли "	к с- I also contributed to it
тем па́че	у- all the more
па́че того́	у- moreover

ПЕДАЛЬ		ПЕРЕПИСЫВАТЬ
нажать на все педали	п-	do one's utmost
словно пелена с глаз упала	-	scales fell from one's eyes
я знаю его от пелёнок	-	I have known him since he was in petticoats/ was a tot/
выйти из пелёнок	пер-	grow up; become independent
доказывать с пеной у рта	-	speak / argue/ furiously/ passionately/
снимать пенки	-	skim off the cream
стоять как пень	p-	stand like a stone image/ a stuffed dummy/
через пень колоду валить	п-	do s.t. in a slipshod manner /half-heartedly/
обратить в пепел	-	reduce to ashes
вернуться на старое пепелище	-	return to one's old home
ему это не в первинку	п-	it's not new to him
перво-наперво	p-	first of all; first and foremost
первый встречный	-	first comer
ему перевалило за шестьдесят	p-	he's over sixty
подстрочный перевод	-	translation between the lines
дословный перевод	-	word for word translation
только перевод денег	p-	a mere waste of money
допускать перегиб в чём	p-	carry s.t. to extremes ; go too far
передвигать вручную		p-make a quick job of s.t.
попасть в переделку	p-	get into a fine mess
перекати-поле	пер-	rolling stone
дворцовый переворот	-	palace revolution
кричать на всех перекрёстках	-	cry from the roof-tops
переливать из пустого в порожнее	пог -	mill the wind; waste words
переписывать набело	-	make a fair/ clean/ copy
переписывать начисто	-	a/ a

ПЕРЕКЛИЧКА		ПЕСОК
делать перекличку		– call the roll
перемена судьбы		– turn of the tide
попасть в переплёт	p–	get into trouble; get into a tight corner
задать перцу кому	p–	make it hot for s.o.
период ясного сознания		– lucid interval
этого пером не описать		– it baffles/ beggars/ all description
владеть пером		– wield a skilful pen
взяться за перо		– put pen to paper
у него бойкое перо		– he has an easy style/ a lively pen/
рядиться в чужие перья		– strut in borrowed plumes
собственной персоной	ш	ир–in person ; as large as life
один как перст	у	кн–all alone / +in the world/
в бархатных перчатках		– with kid-gloves
его песенка спета	p–	it's all over with him; his number is up ; he's done for; his goose is cooked
тянуть всё ту же песню		– harp on the same string
затягивать песню		– strike up the song
подхватить песню		– join in; take up the song
колыбельная песня		– lullaby; cradle-song
застольная песня		– drinking song
петь другую песню	p–	sing another tune; change one's tune
это старая песня	p–	it's the same old story
это долгая песня	p–	that's a long story
играть песни	п–	sing songs
его песня спета		– it's all over with him ; his number is up; he's done for; his goose is cooked
у него /из него/ песок сыплется	ш–	he's going to pieces; he's very old

ПЕСОК		ПИЛЮЛЯ
как песок морской/песку морского/	–	countless; innumerable
вынуть кого из петли	–	save s.o. from suicide
хоть в петлю лезь	p–	I'm at my wit's end; it is enough to drive one mad
надеть/накинуть/петлю на шею	–	tie/ hang/ a millstone about one's neck
индейский петух	–	turkey cock
до петухов	p–	till daybreak/ dawn/
вставать с петухами	–	rise at cock-crow; rise with the lark
до третьих петухов	–	before dawn; before daybreak
красный петух	p–	fire; arson
пустить кому красного петуха	p–	set fire to s.o.'s house
просидеть до вторых петухов	–	sit till after midnight
проговорить до вторых петухов	–	talk till after midnight
не твоя печаль	p–	it's not your concern/ business, funeral/
наложить печать молчания на чьи уста	кн–	seal s.o.'s lips
попасть в печать	–	be mentioned in newspapers
сидеть в печёнках у кого	п–	pester / bother/ s.o.
я всеми печёнками хочу этого	п–	I'm dying for it
цепной пёс	–	watchdog; guard-dog
пёс его знает	п–	deuce knows; the devil knows
псу под хвост	гр–	money down the drain
танцевать от печки	p–	begin at the beginning
лежать на печи	п–	idle away one's time; loaf
с ним пива не сваришь	p–	it's difficult to deal with him
сделать что в пику кому	p–	do s.t. to spite s.o.
и пикнуть не успел	p–	before he could say knife /Jack Robinson/
съесть пилюлю	–	swallow a pill

подсластить /+горькую/ пилюлю	p-	sweeten/ sugar/ the pill
задавать пир	у-	make a feast
пир на весь мир	нар поэ-	sumptuous feast
пир горою/горой/	p-	quite a feast;cut and come again
на чужом пиру похмелье	p-	carrying s.o.'s trouble on one's back
пировать пир	нар поэ-	to feast
один пирог два раза не съешь	пос-	you can't eat your cake and have it /or vice versa/
ешь пирог с грибами , а язык держи за зубами	пос-	keep your breath to cool your porrige
это не про него писано	p-	it's above him
писать убористо	-	write in a small hand
пиши пропало	p-	you have had it;you can whistle for it
переадресовывать письмо	-	forward a letter
слёзное письмо	-	humble/begging/ letter
сопроводительное письмо	-	covering letter
пить вприглядку	p-	drink unsweetened tea/coffee/
пить вприкуску	p-	drink tea /etc/ sucking a lump of sugar
как пить дать	п-	as sure as you're born; as sure as eggs is/are/ eggs
пить мёртвую	п-	drink hard
пить горькую	п-	be an inveterate drunkard
пить запоем	p-	a/ a
быть на пище Святого Антония	ш-	go hungry; dine with Duke Humphrey
пристать к кому как пиявка	-	stick to s.o. like a leech
мелко плавать	пер-	lack depth; be a small fry
хоть плачь	p-	it's enough to make you cry
на первом плане	-	in the foreground;first and foremost

ПЛАН		ПЛОТЬ
на за́днем пла́не		– in the background
сорва́ть чьи пла́ны		– upset/spoil/ s.o.'s plans/game/
лежа́ть пласто́м		– be on one's back
найти́ о́бщую платфо́рму		– find common ground
стоя́ть на платфо́рме чего́		– be a supporter of s.t.
пара́дное /выходно́е/пла́тье		– best clothes ; Sunday best
я плева́ть на ...	п–	I couldn't care less; I don't care a damn
ему́ плева́ть на всё	п–	he doesn't care a hoot
плевка́ не сто́ит	гр–	not worth a farthing
плете́ние слове́с	у–	mere verbosity
пле́тью о́буха не перешибёшь	пог–	you can't chop wood with a penknife
пожима́ть плеча́ми		– shrug one's shoulders
распрями́ть пле́чи		– square one's shoulders
быть/стоя́ть/ за плеча́ми		– belong to the past
э́то ему́ по плечу́		– he is equal to this occasion / task/
быть не по плечу́		– be beyond one's powers/ability/
брать на пле́чи что		– shoulder s.t.
с чужо́го плеча́	р–	/ abt. used clothing /
с плеча́		– straight from the shoulder
с плеч доло́й!		– good riddance !
с плеч сбро́сить/стряхну́ть/		– get rid of s.t.
плечо́м к плечу́		– shoulder to shoulder
похло́пать по плечу́ кого́		– tap s.o. on the shoulder
плод воображе́ния		– mere imagination
пожина́ть плоды́ чужо́го труда́		– reap where one hasn't sown
запре́тный плод		– forbidden fruit
плоть и кровь	кн–	flesh and blood

ПЛОТЬ	ПОВЫШЕНИЕ
это ему вошло в плоть и кровь	кн-it runs in his blood
плоть от плоти	кн-flesh of one's flesh
плоть от плоти, кость от кости	кн-one's flesh and blood
раз плюнуть	п-as easy as A.B.C.; child's play
плюнуть некуда /негде/	п-not enough room to swing a cat
плюнуть да растереть	гр-worth spitting and spreading
по-/моему/	-to my mind ; in my opinion
пусть будет по-вашему	-have it your own way
победа осталась за нами	-victory was ours
одержать победу	-win/ gain/ victory; win/carry/ the day
быть на побегушках	p-run errands ; be at s.o.'s beck and call
мамаево побоище	ш-1/ row, quarrel; 2/ mess
с кем поведёшься, от того и наберёшься	пос-he that lies down with dogs, must rise up with fleas
на поверку	p-when it came to the test/crunch/
круто повернуться и уйти	-turn on one's heel and leave
повестка дня	-agenda; the business of the day ; order of the day
моровое поветрие	у-plague
воинская повинность	-compulsory military service
выйти из повиновения	-be out of hand
искать повод до ссоры с кем	-pick a quarrel with s.o.
идти по поводу у кого	-toe the line
быть на поводу у кого	-be under s.o.'s thumb
легче на поворотах !	p-mind how you go! watch your step! hold your horses !
повышение в чине	-promotion
повышение по службе	— a/a

ПОГАШЕНИЕ		ПОДОЙТИ
в погашение долга		–in full settlement of a debt
согнуть в три погибели кого		–get s.o. under one's thumb
согнуться в три погибели		–be doubled up
крупно поговорить с кем		–have high words with s.o.
поговорить начистоту	p-	speak one's mind
войти в поговорку		–become proverbial
при благоприятной погоде		–weather permitting
гнилая погода		–rotten weather
какая бы ни была погода		–rain or shine
погоня за химерами		–wild-goose chase
подушная подать	ист-	poll-tax
податься некуда		– one can't move/give way/
просить подаяния		–ask for alms ; go begging
как на подбор		–choice
все ,как на подбор		–all alike and of good quality
без подготовки		–off hand; out of hand
ничего не поделаешь	p-	such is life ; you can't help it
поделом ему !	p-	it serves him right!
дать подзатыльник кому	p-	box s.o.'s ears
подите вон !	p-	be off ! go away ' off with you!
с подлинным верно	кан-	certified true copy
он ей в подмётки не годится	p-	he's not able / fit/ to hold a candle to her
голосовать поднятием рук		–vote by show of hands
ничего подобного		–nothing of the kind/sort/
и тому подобное		–and so on ; etc
подозрение падает на вас		–you are under suspicion
подойти к чему предубеждённо		–take a jaundiced view of s.t.

подойти к чему пристрастно	– take a jaundiced view of s.t.
подо́нки о́бщества	– dregs of society; tagrag and bobtail
за собственнору́чной по́дписью	– under one's hand
вдава́ться в подро́бности	– go into details
пуска́ться в подро́бности	– a/ a
подру́га жи́зни	кн– companion of life ; spouse
к нему́ по́дступа нет	– he's so difficult to approach; one can't get near him
к э́тому не подступа́ться	– it's quite beyond one's means
по приблизи́тельному подсчёту	– approximately ; roughly speaking
поду́мать то́лько !	– my word ! just fancy !
поду́мать про себя́	– think to oneself
име́ть подхо́д к кому́	– have a way with s.o.
с больши́м подъёмом	– with great enthusiasm
быть тяжёлым на подъём	p– be sluggish / a slowcoach , a slow-starter ,hard to move/
лёгок на подъём	p– light on one's feet; quick off the mark
поспе́ть к по́езду	– catch the train
провожа́ть кого́ на по́езд	– see s.o. off on the train
пусти́ть по́езд под`отко́с	– derail a train
пое́здка туда́ и обра́тно	– round trip
пое́сть вдо́воль	– eat one's fill
добро́ пожа́ловать !	p– you're welcome !
не на пожа́р, поспе́ете	ш– don't hurry; there's no hurry
бежа́ть , как на пожа́р	– run like mad; in a flying hurry
по́сле пожа́ра за водо́й не бегу́т	пос– lock the stable door when the steed is stolen/after the horse has gone/
как пожива́ете ?	p – how do you do? how are you? how are you getting on?

ПОЖИТЬ	ПОКЛЁП
поживём – увидим	– time will show/ tell/; we shall see what we shall see
со всеми пожитками	p – with one's bag and baggage
собрать свои пожитки	p – pack up one's belongings
с позволения сказать	y – if I may say so
позволить себе сделать	– take the liberty of doing s.t.
позволить себе слишком много	– take too much for granted; take a good many liberties
позволять себе лишнее	– make bold
с вашего позволения	– by your permission/ leave/
позвольте познакомить вас с В	– may I introduce to you Mr.V ? meet Mr. V !
отстоять свою позицию	– carry one's point
сохранять свои позиции	– hold one's ground ; hold one's own
занимать выжидательную позицию	– bide one's time; wait and see
поимка на месте преступления	– catching in the act/red-handed/
поймать с поличным	– catch red-handed
так не пойдёт !	p – that won't work/ do/ !
пойдём погуляем	– let's go for a walk
пойти на попятный	p – back out; go back on one's word
коли на то пошло	p – if that's the case ; for that matter
пойти на мировую	p – come to an agreement ; settle out of court
пойти навстречу	– meet s.o. half-way
он далеко пойдёт	пер – he's a young hopeful
давать показание под присягой	– give evidence under oath
снимать с кого показания	– take s.o.'s evidence
я тебе покажу !	p – I'll teach you !
возводить поклёп на кого	p – slander s.o.

ПОКЛОН	ПОЛЕ

поясной поклон	y-bow from the waist
земной поклон	y-low bow
бить поклоны	y-bow /when saying prayers/
отвешивать поклоны	y-make low bows
идти на поклон	y-1/ go and pay one's respect; 2/ go hat in hand to s.o.
оставить в покое кого	-leave s.o. alone /in peace/
уйти на покой	p-retire /to rest/
покойник-муж	p-late husband
покойница-жена	p-late wife
покончить с собой	-commit suicide
покоритель сердец	-lady-killer
покорительница сердец	-charmer of men
под покровом тайны	-under the veil of secrecy
все на один покрой	-all of the same pattern /stamp; kidney/
все одного покроя	- a/ a
покупать что заглазно	-buy sights unseen; buy a pig in a poke
покушение с негодными средствами	-futile attempts
сильный пол	-stronger sex
нежный/слабый, прекрасный/пол	ш-weaker /fair/ sex
из-под полы	p-on the sly; on the quiet
продавать из-под полы	p-sell under the counter; sell on the black market
из полы в полу отдать	п-pass from hand to hand
этого не полагается делать	-it's not done; it's not the thing
один в поле не воин	пос-one man is no man
в поле зрения	-in sight
чистое поле	-open country

ПОЛЕ	**ПОЛОЖЕНИЕ**
па́вший на по́ле би́твы	– killed in action
па́вший на по́ле бра́ни	у кн- а/ a
одного́ по́ля я́года	пог- they're both of the same kidney; nothing to choose between them; much of a muchness; cast in the same mould; tarred with the same brush
чем могу́ вам бы́ть поле́зным?	– what can I do for you?
полете́ть кувырко́м	p- fall head over heels
на́шего полку́ прибыло́	– our numbers have increased; we are on a winning streak
в на́шем полку́ прибыло́	– a/ a
по́лным-полно́	p- full to overflowing/ to capacity/
дража́йшая полови́на	ш- one's better half; spouse; wife

положе́ние
сущ.
положе́ние веще́й	– state of affairs
при да́нном положе́нии дел	– as the case stands
завоева́ть положе́ние в о́бществе	– make one's way in life/society/
напи́ться до положе́ния риз	у- be dead drunk

гл.
входи́ть в чьё положе́ние	– sympathize with s.o.; understand s.o.'s position/situation/
войди́ в моё положе́ние	– put yourself in my place
выходи́ть из положе́ния	– find a way out
занима́ть положе́ние	– occupy a post
занима́ть веду́щее положе́ние	– be at the top; occupy a high post
крити́чески оце́нивать своё положе́ние	– take stock of the situation
ста́вить кого́ в безвы́ходное положе́ние	drive s.o. into a corner /desperate situation/
укрепи́ть своё положе́ние	– consolidate one's position

при.
бамбу́ковое положе́ние	п- a jolly / fine/ mess
безвы́ходное положе́ние	– hopeless situation
вое́нное положе́ние	–1/ state of war; 2/ martial law

ПОЛОЖЕНИЕ   ПОЛУСМЕРТЬ

быть в выигрышном положении	– have all the trumps/aces/ in one's hand
положение хуже губернаторского	ш– it's a tight corner
затруднительное положение	– difficult situation
она в /+интересном/ положении	– she's in the family way; in an interesting condition
исходное положение	– point of departure
ложное положение	– awkward position/situation/
неловкое положение	– a/ a
общественное положение	– social standing; walk of life
острое положение	– critical situation
пиковое положение	p– a jolly mess; a tight corner
быть в стеснённом положении	– be in reduced circumstances
фальшивое положение	– delicate position
чрезвычайное положение	– state of emergency
щекотливое положение	– embarrassing situation
можете на него положиться	– you can rely on him
положим, что ...	– let us suppose/assume/ that...
пройти по одной половице	p– walk on a chalk line / to prove that one is sober/
полоса хорошей погоды	– spell of fine weather
несчастливая полоса	– run/ spell/ of bad luck
бледный, как полотно	– as white as a sheet
полслова от него не услышишь	– he's a man of few words
вы мне нужны на полслова	– may I have a word with you?
можно вас на полслова ?	– a/ a
понять с полуслова	– be quick in the uptake; understand before one has half finished
оборвать кого на полуслове	– cut s.o. short
остановиться на полуслове	– stop in the middle of a sentence
испугаться до полусмерти	– be frightened to death

ПОЛУСМЕРТЬ	ПОНЮШКА
избить кого до полусмерти	– beat s.o. within an inch of one's life
расписаться в получении пощёчины	– admit to have been insulted
идти на пользу	– be useful
что пользы ?	– what's the use ?
обратить что в свою пользу	– turn to good account/ use/
он расположен в мою пользу	– he's well disposed towards me
горький как полынь	– as bitter as gall/wormwood/
полюби нас чёрненьким, а беленьким нас всякий полюбит	– take me as I am ; love me, love my dog
помешаться на чём /ком/	– be mad about s.t.; be dead nuts on s.t. / s.o./
лёгок на помине	– talk of a devil and he's sure to appear
и в помине нет	– there's no trace of it; nobody remembers it
и помина /помину/ нет	– a/a
поминай, как звали	– you have had it ; and that was the last that was seen of ...
не помнить себя от...	– be beside oneself with...
насколько я помню	– to the best of my recollection
водить кого на помочах	– keep s.o. in leading-strings
скорая помощь	– first aid ; ambulance
без посторонней помощи	– all alone; unaided; without s.o.'s help
облить помоями кого	– fling mud at s.o.
ни бе ни ме не понимать	– not to know a thing
понимать, что к чему	– know what's what
понимать, чем пахнет	– realize what that implies
в моём понимании	– as I see it; to my mind
это выше моего понимания	– it's beyond my grasp/ understanding/
пропасть/погибнуть/ ни за понюшку табаку	– simply throw one's life away

ПОНЯТИЕ   ПОРА

растяжимое понятие		– loose concept
несовместимые понятия		– contradiction in terms
не иметь ни малейшего понятия о чём		– not to have the slightest/remotest, faintest, foggiest/idea of s.t.
какой поп, такой и приход	пог–	like master like man
попался, который кусался	пог–	you have got a dose of your own medicine
как попало	p–	helter-skelter; hit or miss
что попало	p–	any odd thing
ему попадёт	p–	he'll get it hot; he'll get what for
первый попавшийся		– first best ; first comer
попасться впросак	p–	get into a scrape ; put one's foot in it
попасться с поличным	p–	be caught red-handed/in the act /
ничего не попишешь	p–	it can't be helped
он у меня попляшет	p–	he'll get it hot; he'll pay for it
я тебе это попомню	p–	I'll get even with you
попытка не пытка	пог–	nothing venture, nothing gain
мне пора		– I've got to go
глухая пора		– dead / slack/ season
давно пора		– it's high time
в самую пору		– just in time
пора и честь знать		– it's time to go home; I have overstayed your hospitality
пора за ум взяться		– it's time to come to one's senses
на ту пору	p–	in that time
до сих пор		– till now
на первых порах	p–	at first ; in the beginning
с тех пор		– since then
с тех пор не мало воды утекло		– since then a lot of water has flowed under the bridge

ПОРА		ПОРУКА
пора́ на боковую	ш р-	time to go to bed; time for bed
до поры́ до вре́мени	-	for the time being; up to the certain time
наноси́ть пораже́ние	-	defeat s.o.
на поро́ге сме́рти	-	at death's door
обива́ть поро́ги у кого́	р-	pester s.o.; camp at s.o.'s door
на поро́г не пуска́ть кого́	р-	refuse s.o. entry into the house
не переступи́ть бо́льше чьего́ поро́га	-	not to darken one's door again
чи́стой поро́ды	-	thoroughbred
жеребя́чая поро́да	у п-	clergy
поро́к се́рдца	-	heart failure
держа́ть по́рох сухи́м	-	keep one's powder dry
он ещё по́роха не ню́хал	-	he's wet behind the ears; he has not been on active service
у него́ по́роха не хвата́ет	-	it's beyond him; he lacks strength
он по́роха не вы́думает	пог-	he will never set the Thames on fire
по́рох да́ром тра́тить	-	waste one's powder and shot; spend one's wits to no purpose
па́хнет по́рохом	-	war is imminent
есть ещё по́рох в порохо́вницах	-	there's life in the old dog yet
стере́ть в порошо́к	-	grind to dust; reduce to powder
живо́й портре́т	-	speaking likeness; living /spitting/ image
вы́литый портре́т	-	a/ a
писа́ть портре́т с кого́	-	paint s.o.'s portrait
пози́ровать до портре́та	-	sit for a portrait
брать на пору́ки кого́	-	go bail for s.o.
вы́пустить на пору́ки	-	accept/take/ bail for s.o.
кругова́я пору́ка	ист-	collective responsibility; mutual guarantee

ПОРЯДОК		ПОСМОТРЕТЬ
в порядке вещей		- a matter of course; quite natural
порядок дня		- agenda; order of business; order of the day
стоять в порядке дня		- be on the agenda
идти своим порядком		- take its normal course
навести порядок у себя в доме		- put one's house in order
наводить порядок		- put in order; straighten things out
привести кого к порядку		- make s.o. behave oneself
приводить себя в порядок		- tidy oneself up
смотреть за порядком		- keep order
соблюдать порядок		- a/ a
должным порядком		- in due course/ time/
в обязательным порядке		- without fail
в пожарном порядке	ш-	in great haste
в спешном порядке		- quickly
в установленном порядке		- in due course/ time/
в частном порядке	р-	on the quiet/ sly/
этапным порядком	у-	deportation of a prisoner by stages
к порядку!		- order! order!
всё в порядке		- everything is all right / in order/
что посеешь, то и пожнёшь	пос-	you must reap what you have sown
войти в пословицу		- become a proverb/proverbial/
выставлять кого на посмешище		- hold s.o. in derision; hold s.o. up to ridicule
выставлять себя на посмешище		- make a spectacle of oneself
быть всеобщим посмешищем		- be a laughing stock
отдать на посмеяние		- make a laughing stock of s.o.
посмотрим, сказал слепой	ш-	lit. "we shall see" -said a blind man

ПОСМОТРЕТЬ   ПОТЕРЯ

посмо́трим ещё, чья возмёт	p-	two can play at that game
э́то мы ещё посмо́трим	-	never is a long day/time/
нагля́дные посо́бия	-	visual aids
вели́кий пост	-	Lent
умере́ть на своём посту́	кн-	die in harness
стоя́ть на своём посту́	-	perform one's duties
поста́вить на своём	-	have it one's own way
прико́ванный к посте́ли	-	bed-ridden
посто́льку поско́льку	-	as far as
наш постре́л везде́ поспе́л	пог-	the scamp has a finger in every pie
построе́ние в заты́лок	-	one behind the other; in single /Indian/ file
поступа́ть по-сво́ему	-	have it one's own way
поступа́ть по-сви́нски	-	play the hog
поступа́ть ши́ворот-навы́ворот	p-	put the cart before the horse
целесообра́зный посту́пок	-	expedient action
би́тая посу́да два ве́ка живёт	пос-	a creaking door hangs long on its hinges
не скупи́ться на посу́лы	p-	be lavish with promises
быть на посы́лках у кого́	-	run errands for s.o.
вогна́ть в пот кого́	-	make s.o. sweat
заста́вить кого́ рабо́тать до седьмо́го /девя́того/ по́та	p-	give s.o. a wet shirt
с него́ пот льётся гра́дом	-	sweat is pouring down his face
добыва́ть по́том и кро́вью	-	achieve s.t. by one's own sweat and blood
до крова́вого по́та	-	utterly exhausted
цыга́нский пот	p-	chill
поте́ри в лю́дях	-	loss of life
нести́ поте́ри	-	suffer losses/casualties/

ПОТЁМКИ		ПОЧЕРК
бродить в потёмках	пер-	be at sea / at a loss/
плевать в потолок	п-	twiddle one's thumbs; loaf
взять что с потолка	р-	spin s.t. out of thin air; concoct; fabricate s.t.
сказать что с потолка	р-	a/ a
всемирный потоп		- the Deluge
до потопа	ш-	1/ old-fashioned ;2/in the year one/ dot/
со всеми потрохами	ш-	bag and baggage ; hide and hair; lock, stock and barrel
выпустить потроха кому	п-	slay / kill/ s.o.
душевное потрясение		- brain-storm
напрашиваться на похвалы		- fish for compliments
рассыпаться в похвалах		- shower praises; praise to the mood/ skies/
продаться за чечевичную похлёбку	биб-	sell one's birthright for a mess of pottage
он не похож на самого себя		- he's not himself
похоже на то ,что...		- it looks like...
послать воздушный поцелуй кому		- blow a kiss; kiss one's hand to s.o.
душить в поцелуях		- kiss passionately
запечатлеть поцелуй на ...	кн-	kiss s.o.
почва ушла из-под ног		- the bottom has dropped out of .s.t.
стоять на почве чего		- stick to a point of view
почувствовать почву под ногами		- feel one's feet/ way/
зондировать почву		- find out how things stand; see how the land lies
выбить почву из-под ног кого		- cut the ground from under s.o.'s feet
не терять почвы под ногами		- stand upon sure ground
переводить на практическую почву		- put theory into practice
нащупывать почву		- feel one's way; find safe ground for s.t.; fly a kite
нечёткий почерк		- blind hand

ПОЧЕРК		ПРАВДА
иметь хороший почерк	—	write a good hand
посмертные почести	—	the last honours
почёт и уважение !	—	my compliments !
по собственному почину	—	on one's own initiative
обратной почтой	—	by return of post
моё почтение !	—	how do you do ?my compliments!
с совершенным почтением	кор-	yours very truly/respectfully/
засвидетельствовать почтение кому	у-	pay one's respects to s.o.; pay one's devoirs to s.o.
почти ничего	—	next to nothing
почти никогда	—	hardly ever
почти такой же	—	much the same
почти одно и тоже	—	much about the same
они оба одного пошиба	р-	they are both of the same kidney / ilk/
просить пощады	—	cry for mercy; cry quarters
дать кому пощёчину	—	slap s.o. in the face;box s.o.'s ears
заткнуть за пояс кого	р-	outdo/ outshine/s.o.; be one too many for s.o.
кланяться в пояс	—	bow to s.o. from the waist; make a low bow to s.o.
смотреть правде в глаза	—	face up to the truth
сказать кому правду в глаза	—	speak one's mind; tell s.o. one's own
резать правду в глаза	р-	speak the truth boldly; call a spade a spade
рубить правду	р-	a/ a
правда глаза колет !	пос-	home truth is hard to swallow! truth hurts !
ваша правда !	р-	you win! how right you are' how dead right you are !
сущая правда	—	the very truth ; the real truth; truth itself
неужели это правда ?	—	can it really be true?
/+всеми/ правдами и неправдами	—	by hook or by crock
чистая правда	—	naked/unvarnished/truth

ПРАВДА		ПРАВО
по правде сказать	— to tell the truth	
правду сказать	— a/a	
правда-матка	у— the real truth	
что правда, то правда	— how very true	
придавать некоторое правдоподобие чему	give some colour of truth — to s.t.	
принимать за правило	— make it a rule	
ставить за правило	— a/a	
отступлять от своих правил	— break one's rule	
поставить себе за правило	— make a point of s.t.	
по всем правилам	— properly; according to all rules	
по всем правилам исскуства	ш— according to all the rules of art	
предъявить права на что	— put in a claim for s.t.	
нарушать право убежища	— break sanctuary	
по праву можно сказать	р— to tell the truth	
кулачное право	— club law	
крепостное право	ист— serfdom	
закрепить своё право	— assert one's rights	
иметь право голоса в чём	— have a voice /say/ in s.t.	
активное избирательное право	— suffrage ; vote	
пассивное избирательное право	— right to be elected	
авторское право	— copyright	
обычное право	— common law	
да право же !	р— really and truly!	
отстаивать свои права	— assert one's rights	
оставить за собой право	— reserve the right	
жить на птичьих правах	ш— live a precarious existence	

ПРАОТЕЦ	ПРЕДЛОГ
отпра́виться к пра́отцам	у- be gathered to one's fathers; join the majority
уйти́ к пра́отцам	у- a/a
с пра́здником !	-with best wishes ; with the compliments of the season
пове́ргнуть /разби́ть/ в прах	-destroy ; raze to the ground
преврати́ть в прах	- a/ a
отряхну́ть прах от свои́х ног кн-	shake the dust off one's feet
пойти́ пра́хом	р- go to rack and ruin; go to the dogs
превзойти́ самого́ себя́	- surpass oneself
э́то превосхо́дит всё	- that beats all
преврати́ться в ничто́	- disappear ; go to ruin
превра́тности судьбы́	- vicissitudes of life; tricks of fortune ; ups and downs of fortune ; the rough and the smooth
живо́е преда́ние	- tradition passed from mouth to mouth
беззаве́тно пре́данный	- devoted heart and soul
и́скренно вам пре́данный кор-	yours sincerely / truly/
в преде́лах досяга́емости	- within s.o.'s reach
всё в преде́лах мои́х сил	- all in my power
в преде́лах челове́ческой жи́зни	- within the compass of a lifetime
положи́ть преде́л чему́	- draw the line ; put stop to s.t.
преде́л терпе́ния	- the last straw; the end of one's tether
дойти́ до преде́ла сил	- reach the end of one's tether
напря́чь до преде́ла	- strain to the breaking point
в преде́лах ви́димости	- within sight
без предисло́вий !	р- don't beat about the bush'
под предло́гом чего́	- on the plea of...; under the pretext of s.t.
иска́ть предло́га	- look for an excuse /pretext/
благови́дный предло́г	- plausible excuse

ПРЕДЛОЖЕНИЕ	ПРЕСТИЖ
отвергать предложение	-reject an offer
внести предложение	-put forward a motion
высказаться за данное предложение	-speak for a motion; second a motion
делать предложение	- ask for one's hand in marriage
на этот предмет	-in this case
предмет роскоши	-luxury
на какой предмет ?	-what for ? why?
предмет постоянных насмешек	-laughing stock; standing joke
предметы широкого потребления	-consumer goods
предоставить кого самому себе	-leave s.o. to one's own devices / resources/
для вящей предосторожности	- to make assurance doubly sure
нелепое предположение	-wild-goose chase
что он из себя представляет?	-what's he like ?
ничего из себя не представлять	-not to amount to much
можете себе представить ?	-just fancy that!
не иметь ни малейшего представления	not to have the slightest /faintest, foggiest/ idea
давать представление о чём	-give an idea of s.t.
иметь ясное представление о чём	- have a clear idea of s.t.
прежде всего	-to begin with; first of all
это просто прелесть !	-it's simply lovely ! the beauty of it !
невелика премудрость	p-it doesn't require much wisdom
для препровождения времени	-to pass the time
чинить препятствия кому	-put obstacles in s.o.'s way / path/
бульварная пресса	-gutter press / yellow press-Am/
спасти престиж	-save face

ПРЕСТИЖ		ПРИГОВОР
потерять престиж	—lose face	
отрекаться от престола	—abdicate	
возводить на престол	—enthrone	
свести с престола	—dethrone	
уголовное преступление	—capital crime	
быть замешанным в преступление	—be implicated in a crime; be a party to a crime	
быть в претензии на кого	—bear s.o. a grudge; have a grievance against s.o.	
предъявлять претензии	—raise a claim	
судебный прецедент	юр-case-law	
прибавление семейства	—addition to one's family	
последнее прибежище	—the last resort	
верное прибежище	—one's sheet anchor	
пойти на прибыль	—start to increase ; grow longer / abt. time/	
приведение к одному знаменателю	reduction to a common denominator	
привести кого в себя	—bring s.o. round ; revive s.o.	
передайте ему привет от меня	—remember me to him; give him my compliments/ regards/	
меня это очень привлекает	—I'm looking forward to it	
расстаться с привычкой	—break a habit; give up a habit	
приобрести привычку	—fall into a habit	
усвоить привычку	— a/ a	
привязаться к кому	—become attached to s.o.	
что ты к нему привязался?	p-why are you bothering /pestering/ him?	
как /будто, словно/ с привязи сорвался	he lost self-control; he is p-acting rashly/thoughtlessly/	
приводить приговор в исполнение	—carry out a sentence/verdict/	
вынести приговор кому	— pass a judgement /sentence/ upon s.o.	

ПРИГОВОР		ПРИКОЛ
условный приговор		—sentence with suspended execution
смертный приговор		—capital sentence; death sentence
в придачу		—as an addition; into the bargain
в придачу к этому		—to make it worse
мне это приелось	p	—I'm tired of it ; I'm fed up with it
сквозь призму чего		—in the light of s.t.
подавать признаки жизни		—give sign of life
признание в любви		—declaration of love
признаться сказать	p	—to tell the truth; I must say
всё приедается		—a wonder lasts but nine days
с приездом !		—welcome ! glad to see you !
ловкий приём	p	—clever trick
в один приём	p	—at one go ; at one sitting
холодный приём		—a lukewarm reception
сухой приём		— a/ a
оказывать кому холодный приём		— receive s.o. cooly; give s.o. the cold shoulder
гоняться за призраками		—chase/pursue/ shadows; go on a wild-goose chase
прийти в себя		—come to; come round; regain consciousness
прийти некстати		—come at the wrong time /moment/
ей солоно пришлось	p	—she got it hot; she got what for
он приказал долго жить	у	—he departed from this life
посольский приказ	ист	—Foreign Office /16th century/
что прикажите ?	у	—what can I do for you? can I help you ?
как прикажите это понимать?	ир	—and what do you mean by this?
приказы общественного призрения	ист	equiv. Poor Law / 18th and 19th centuries/
стоять на приколе	пер	— be laid off/without an employment /

ПРИКРАСА		ПРИСЕСТ
показывать что без прикрас	—show s.t. in its true colours; take the gilt off the gingerbread	
почувствовать прилив сил	—get a new lease of life	
соблюдать приличия	—conform to the rules of propriety	
наглядный пример	—object lesson	
брать пример с кого	—follow s.o.'s example	
показать пример кому	—set an example	
подать пример кому	— a/ a	
ставить кого в пример	—hold s.o. up as an example	
следовать примеру чьему	—follow s.o.'s suit	
не в пример	p—unlike	
не в пример другим	p—not like others	
к примеру сказать	p—for instance	
не в пример лучше	p—better by far	
за примером ходить недалеко	—an example is ready at hand	
иметь кого на примете	—have s.o. in view	
совпадать с приметами	—answer the description	
подстрочное примечание	—footnote	
приниматься за старое	—fall back into one's old ways	
приниматься за что вплотную	p—begin to do s.t. in real earnest	
это не принято	—it isn't done	
принять кого за другого	—mistake s.o. for s.o. else	
принять кого сухо	—give s.o. the cold shoulder	
за кого вы меня принимаете?	—what do you take me for?	
поможет,как мёртвому припарка	flowers are no good to the dead	
/слепой/ от природы пог-	—/blind/ from birth; born/blind/	
за /в/ один присест	p—at a sitting; at a stretch; at one go	

ПРИСКОРБИЕ	ПРОБКА
с глубо́ким приско́рбием	-with heartfelt sympathy; with profound regret
относи́ться с пристра́стием к кому́	treat s.o. with partiality /bias/
в моём прису́тствии	-in my presence/ hearing/
к нему́ присту́пу нет	p-he's unapproachable
прису́тствие ду́ха	-presence of mind
потеря́ть прису́тствие ду́ха	-lose one's presence of mind
сохрани́ть прису́тствие ду́ха	-keep presence of mind/a cool head/
изба́вте меня́ от ва́шего прису́тствия !	kindly take yourself off !
ло́жная прися́га	юр-perjury
приводи́ть к прися́ге кого́	-swear s.o. in; administer the oath
притворя́ться мёртвым	-play dead / possum/
прито́к но́вых сил	-new lease of life
что за при́тча !	p-what a strange thing !
при́тча во язы́цех	у кн-talk of the town
брать на прице́л кого́	пер-concentrate one's attention on s.o.
уважи́тельная причи́на	-good/ plausible / excuse;good reason
до второ́го прише́ствия	-till Doomsday
как пришло́,так ушло́	пос-ill-gotten, ill-spent
больши́е прия́тели	-good friends
про́ба пера́	-literary debut; test of the pen; first steps in literature
про́ба пера́ из гуси́ного крыла́	ш- a/ a
вы́сшей /высо́кой/ про́бы	-of high quality; of the first water
пробе́л в образова́нии	-gap in s.o. 's education
восполни́ть/заполни́ть/ пробе́л	-stop/fill in/the gap; make up for a deficiency
глуп ,как про́бка	-blockhead;downright fool

ПРОБОЙ		ПРОМЫСЕЛ

поцеловать пробой	ш-come late and find the door locked
провал памяти	-lapse of memory
провалиться по/ физике/	п-fail / in physics/
провалиться мне, если...	п-strike me blind ,if...
проверка нуждаемости	-means test
проводить домой кого	-see s.o. home
прогулка для моциона	-constitutional / walk/
продаётся нарасхват	-selling like hot cakes
продолжение следует	-to be continued
прожигатель жизни	-man of pleasure;fop; fast man; man about town
проза жизни	-humdrum life
проезд туда и обратно	-round trip
поступать в производство	-go into production
бросить кого на произвол судь-бы	leave s.o. to one's own re--sources/ fate, devices/
оставлять что на произвол судь-бы	а/ а
как пройти ...?	-can you tell me the way to...?
пройти мимо	- overlook
это не пройдёт !	-nothing doing!this cock won't fight !
это ему даром не пройдёт	- he will pay for it
прокатить на вороных кого	у- blacklist s.o.
дать промах	р- come to grief ; fail
сделать промах	р- make a blunder ; fail
он малый не промах	р- he's a bright chap /fellow/
отхожий промысел	у- temporary seasonal jobs of peasants outside their own villages

ПРОНЮХАТЬ		ПРОТЯНУТЬ
пронюхать что то подозрительное		discover s.t. suspicious; smell the rat / col/
пропади он пропадом!		п- the devil take him !
где вы пропадали ?		p- where on earth have you been?
где наше не пропадало!		п- sink or swim !
тьфу, пропасть !		п- damn it !
на пропой души	ш	p- drinking bout; binge
просим любить да жаловать		у- we rely on your good offices
простираться ниц		у- kiss the ground
просто-напросто		- simply
душевная простота		- simple heart
обращаться с просьбой		- make a request
удовлетворить чью просьбу		- comply with s.o.'s request
исполнить чью просьбу		- a / a
уважить просьбу		п- a/ a
осаждать кого просьбами		- besiege s.o. with requests
слёзная просьба		p- humble request
спать без просыпа/просыпу/		p- sleep soundly /without waking up/
быть диаметрально противоположным		- be poles apart
встретить достойного противника		-meet one's match
прямая противоположность		- exact opposite; quite contrary
впасть в противоречие		- contradict oneself
вести протокол		- take / keep/ the minutes
занести в протокол		- put on record
составить протокол		- make a police report
он долго не протянет		p- he won't last long

ПРОФОРМА		ПТИЦА
для проформы	–	for appearances' sake
от него нет прохода	p–	I can't get rid of him; he gives me no peace
ни прохода, ни проезда	–	no chance of getting through
прохода / проходу/ не давать	p–	pester s.o.; pursue s.o.
это не пройдёт	–	that won't do; nothing doing; this cock won't fight
это ему даром не пройдёт	–	he will pay for it
проходить/ грамматику /	–	study / learn/ / grammar /
прочесть наизусть	–	speak a piece by heart
я не прочь	–	I feel like; I do not mind; I have half a mind to ...
между прочим	–	incidentally; by the way
целовать на прощание	–	kiss s.o. good-bye
прошу прощения	–	I beg you pardon; excuse me
проще простого	–	as easy as A.B.C./pie/
хоть пруд пруди	p–	loads of it; enough and to spare; galore
нажимать на все пружины	пер–	pull wires/ strings/
быть как на пружинах	–	have springs in one's heels
играть в прятки	–	play / + at/ hide-and-seek
во всю прыть	p–	like smoke; as fast as one's legs can carry one
перелётная птица	пер–	bird of passage; here today and gone tomorrow; rolling stone
охотиться за синей птицей	–	chase a wild goose
он вольная птица	p–	he's his own master
видна птица по полёту	пог–	a bird may be known by its song
стрелянная птица	p–	old hand; old stager; old bird
обстрелянная птица	p–	a/ a
жить как птица небесная	–	live an untroubled life
птица высокого/высшего/полёта	–	big-wig; big-noise/ Am/

ПТИЧКА		ПУТЬ
пометить что птичкой	—	tick off s.t.
широкая публика	—	general public
держать кого за пуговицу	p—	buttonhole s.o.
вырвать пуговицу с мясом	ш—	tear off a button with a bit of stuff
пуд соли съесть с кем	—	eat a peck of salt with s.o.
пускать пузыри	—	blow soap-bubbles
пустить себе пулю в лоб	p—	put a bullet through one´s head; blow out one´s brains
шальная пуля	—	stray / random/ bullet
отливать пули	п—	exaggerate; tell fibs/tall stories /
вылететь пулей	p—	run out headlong
перечислять по пунктам	—	itemize
пункт за пунктом	—	in detail ; thoroughly
пуп земли	пер—	hub of the universe
пуститься наутёк	p—	pick up one´s heels ; turn tail
пуститься во все тяжкие	п—	cast prudence/ caution/ to the winds
чтоб тебе пусто было !	p—	oh, damn you !
пусть его	p—	let him do as he likes
пускай его	p—	a/ a
сущий пустяк	p—	mere nothing ; trifling matter
надоедать с пустяками	—	make a fuss; pester s.o. with trifles
путёвка в жизнь	—	a start in life
обманным путём	—	by false pretences
обходным путём	—	in a roundabout way
окольным путём	—	a/a
последний путь	—	funeral
счастливый путь!	—	farewell!bon voyage!God speed!

ПУТЬ   ПЯДЬ

счастли́вого пути́ !	– farewell! bon voyage! God speed!
не по пути́	– out of the way
нам с тобо́й не по пути́	– our roads part / diverge /
ни пу́ха , ни пера́ !	p– good luck !
в пух и прах	p– absolutely ; totally; utterly /generally intensive/
разоде́ться в пух и прах	p– be dressed up to the nines; be dressed to kill
разряди́ться в пух и прах	p– a / a
разби́ть / разнести́/ в пух и прах	p– rout; defeat utterly; tear to pieces
стреля́ть /бить/ из пу́шек по воробья́м	пог – use a sledge-hammer to crack nuts; break a butterfly upon a wheel
взять на пу́шку	p– deceive/cheat/ s.o.
как из пу́шки	p– on the dot
пу́шкой не прошибёшь	p– 1/ a stubborn person; 2/ a thick crowd
с пы́лу , с жа́ру	p– piping hot / abt. food/
охлажда́ть чей пыл	– dampen one's ardour; throw a wet blanket over s.o.
в пылу́ спо́ра	– in the heat of the argument / debate /
в пылу́ гне́ва	– in a fit of anger
в пылу́ сраже́ния	– in the thick of a battle/fight/
пуска́ть пыль в глаза́	– throw dust in s.o.'s eyes ; pull the wool over s.o.'s eyes; cast mist before s.o.'s eyes
вдре́безги пья́ный	p– dead/ blind/ drunk
мертве́цки пья́ный	p– a / a
го́рький пья́ница	p– confirmed drunkard
преда́ться пья́нству	– take to drink; take to the bottle
пристра́ститься к пья́нству	– a / a
ни пя́ди	– not a single inch
семи́ пя́дей во лбу	p– very clever ; as wise as Salomon

ПЯТА		ПЯТНО
ходить по пятам за кем	–	dog s.o.'s steps; follow hard after s.o.; tread on s.o.'s heels
следовать по пятам за кем	–	a/ a
учиться на круглые пятёрки	–	get top marks / at school/
показать пятки	p–	show a clean pair of heels
удирать так, что пятки сверкают	p–	a/ a
лизать пятки кому	p–	lick s.o.'s boots
наступить на пятки кому	–	tread on s.o.'s corns/ toes/
Страстная Пятница	–	Good Friday
Великая Пятница	–	a / a
у него семь пятниц на/+одной/ неделе	пог–	he doesn't know his own mind; he's in two/ twenty/ minds
пятое через десятое	p–	1/ in snatches ; 2/ at random
тёмное пятно	пер–	stain
родимое пятно	–	birth mark
белые пятна	–	1/ unsolved problems; 2/ unexplored regions
пятно на чьей репутации	–	stain on s.o.'s character

РАБОТА

работа
сущ.

иметь работы по горло	– have one's hands full
работа горит в его руках	– he works like lightning ; he has clever hands

_гл._

брать кого в работу	p– take s.o. in hand / to task/
впрягаться в работу	– get down to work
искать работы	– look for work
работа кипит	– work is in full swing
работа не клеится	– work is not getting on at all
поступать на работу	– go to work
садиться за работу	– start working
снимать кого с работы	– dismiss / sack/ s.o.
стать на работу	– start working
устраиваться на работу	– get a job / work /
устроить кого на работу	– get work for s.o.

при.

ажурная работа	– 1/very fine work ;2/ open-work: tracery; filigree/ filagree/
аккордная работа	– piece-work
каторжная работа	– 1/ penal servitude ;2/ back-breaking work
научно-исследовательная работа	– research work
подготовительная работа	– spade work
посильна ли ему эта работа?	– is he up to his work ? is he equal to his task/ work/ ?
принудительные работы	– forced labour

РАБОТА		РАДОСТЬ
сверхуро́чная рабо́та	–	overtime
сде́льная рабо́та	–	piece-work
случа́йная рабо́та	–	odd jobs; casual work
совме́стная рабо́та	–	collaboration
чёрная рабо́та	–	unskilled /common/ labour; spade work
рабо́тать сверхуро́чно	–	work overtime
рабо́тать запо́ем	p–	work by fits
рабо́тать над собо́й	–	strive to impove one's abilities /character/
рабо́тать за/четверы́х/	–	do the work /of four/
отве́тственный рабо́тник	–	executive
рабо́тник у́мственного труда́	–	1/ an intellectual; 2/ white-collar worker
рабо́тник физи́ческого труда́	–	manual worker
он еди́нственный рабо́тник в семье́	–	he is the only breadwinner in the family
дома́шняя рабо́тница	–	domestic servant/ help/; maid
выводи́ть из равнове́сия	–	disconcert /discompose, upset/ s.o.
относи́ться с равноду́шием к кому́	–	treat s.o. with indifference
ему́ нет ра́вного	–	he has not got his match /equal/
рад /+ и́ли/ не рад	–	willy-nilly
рад-раде́шенек	p–	pleased as Punch; delighted
рад-радёхонек	p–	a/ a
передава́ть по ра́дио	–	broadcast
вне себя́ от ра́дости	–	beside oneself with joy
не чу́вствовать себя́ от ра́дости	–	be beside oneself with joy; be transported with joy
не по́мнить себя́ от ра́дости	–	a/ a

РАДОСТЬ

радость и горе	- ups and downs /of life/
на радость и горе	- for better for worse
моя радость !	- my darling/ sweetheart, honey/!

раз

лишний раз		- once more
иной раз		- at times
другой раз		- a/ a
не раз		- more than once
на этот раз		- for this once
раз-два и готово		- in no time; in a trice; in a jiffy
раз в год по обещанию	p-	once in a blue moon
один раз ,куда не шло	пог-	once is no custom
один раз не в счёт	пог-	a/ a
раз,два и обчёлся		- very few
семь раз примерь/ отмерь/, один отрежь	пос-	measure twice and cut once; look before you leap
раз и навсегда		- once and for all
раз за разом		- again and again
как раз		- exactly
как раз то,что надо		- that's the thing ! that's it!
как раз наоборот		- just the other way about
как раз то / это /		- the very thing
раз-другой		- several times
раз на раз не приходится	пог-	things are not always the same
раз так		- if that is so

| РАЗ | | РАЗДЕЛАТЬСЯ |

вот тебе́ раз /и раз/!	p-	that's a fine how-do-you-do! here's a nice kettle of fish!
в сам раз	p-	exactly ; fits like a glove; on the dot ;in time
разби́ть вдре́безги что	p-	make mincemeat of s.t. ; smash to smithereens ;knock to pieces
разби́ть наголову кого́	p-	rout s.o.; defeat s.o. utterly
разбо́йник с большо́й доро́ги	-	highwayman
прийти́ к ша́почному разбо́ру	p-	come after the feast/party/
все без разбо́ра	-	each and all; all and sundry
в по́лном разга́ре	-	in full swing;in full blast; in the height of...
ввяза́ться в чужо́й разгово́р	-	butt in ; edge oneself into conversation
с ва́ми разгово́р коро́ткий	-	I am not going to open discussion with you
задуше́вный разгово́р	-	heart-to-heart talk
разгово́р по душа́м	-	a/ a
име́ть кру́пный разгово́р с кем	-	have high words with s.o.; have show-down with s.o.
без ли́шних разгово́ров	-	without wasting words /much ado/
без разгово́ров !	-	and no arguments !
и разгово́ра не́ было	-	there was no question
завяза́ть разгово́р	-	start a conversation
замя́ть разгово́р	-	change the subject
перемени́ть разгово́р	-	a/ a
разгово́р о пустяка́х	-	small talk
разгово́р не кле́ился	-	conversation flagged
разгово́р в откры́тую	-	plain speaking
изы́сканный в разгово́ре	-	well-spoken
быть в разго́не	p-	be running about; be very busy
разде́латься с чем	p-	make short work of s.t.

РАЗДРАЖЕНИЕ	**РАЗУМЕНИЕ**
срывать своё раздражение на ком	- vent one's spleen upon s.o.
разжаловать в рядовые	- reduce to the ranks
погружённый в размышлениях	- lost in thoughts
по зрелом размышлении	- on reflection ; on second thoughts
это наводит на размышления	- it makes one think / wonder /
это не составляет разницы	- it makes no difference
разногласие во взглядах	- difference of opinion
разные разности	- all sort of things
ничего не могу разобрать	- I can't make head or tail of it
разом густо, разом пусто	- kings one day, paupers the next
разок-другой	p- once or twice
хоть разорвись	p- one can't do all things at once
полное разорение	- rack and ruin
вконец разорённый	- clean/stone, stony/ broke
глубокое разчарование	- rude awakening
в этом разрезе	- from this angle ; in this connection; from this point of view
разрез глаз	- shape of one's eyes
с вашего разрешения	- by your permission/ leave/
набраться разума	- grow wise
навести на разум	- bring s.o. to his senses; give s.o. a drop of sense
терять разум	- lose one's head
жить своим разумом	- stick to one's views/convictions/
само собою разумеется	- it goes without saying ; it stands to reason
сам собою разумеюшийся	- matter-of-course ; obvious
по моему разумению	- to my mind ;in my opinion

РАЗУМЕТЬ		РАСПОРЯЖЕНИЕ

сытый голодного не разумеет	пос	- the rich don't know how the other half lives
когда рак свистнет	ш-	when pigs fly ; when hell freezes ; when two Sundays come together
красный, как рак		- red as a lobster
сидеть , как рак на мели	р-	be in low waters ; be in a very difficult situation
я ему покажу , где раки зимуют	пог	- I will teach him; I'll show him what for
держать себя в рамках приличия		- observe the rules of propriety
бередить старые раны	р-	re-open old sores
рано или поздно		- sooner or later
раным-рано	р-	very early in the morning
раскалённый добела		- white-hot
раскаты смеха		- roars of laughter
он совсем расклеился	р-	he has gone to pieces
это раскупается нарасхват		- it sells/goes/ like hot cakes
распивочно и навынос	р-	for consumption on the premises and off licence
они расписались	р-	they married at the registrar's office
расположение духа		- mood; frame of mind
быть в хорошем расположении духа		- be in high spirits
пользоваться чьим расположением		- enjoy s.o.'s favour ; be in s.o.'s good books
приобрести чьё расположение		- gain s.o.'s favour : worm oneself into s.o.'s favour
снискать чьё расположение		- a/ a
не иметь расположения к чему		- have no heart to do s.t.
искать чьего расположения		- curry favour with s.o.
быть в чьём распоряжении		- be at s.o.'s disposal

РАСПОРЯЖЕНИЕ	РАСХОД
до осо́бого распоряже́ния	– till further notice
у меня́ с ним коротка́ распра́ва	– I will make short work of him
учини́ть распра́ву над кем	– commit violence
кру́то распра́виться с кем	– show s.o. no mercy
стоя́ть /быть/ на распу́тье	– be at the cross-roads / at the parting of the ways/
вести́ расска́з у-	– tell a story
расска́зывать из пя́того в деся́тое р-	– tell in snatches ; give a disjointed account of s.t.
расска́зывай кому́-нибу́дь друго́му р-	– tell that to the /+horse-/ marines
ты мне не расска́зывай , я сам зна́ю !	– you are telling me !
э́то и мёртвого мо́жет рассмеши́ть р	– enough to make a cat laugh
при ближа́йшем рассмотре́нии	– on second thoughts
тща́тельно рассмотре́ть что	– give one's careful consideration to s.t.
купи́ть в рассро́чку	– buy on hire-purchase
говори́ть с расстано́вкой	– speak in measured tones
держа́ть кого́ на почти́тельном расстоя́нии	– keep s.o. at arm's length
быть в по́лном рассу́дке	– be of sound mind
лиши́ться рассу́дка	– go out of one's mind
в рассужде́нии чего́ ... кан у-	– in consideration of...
не са́харный, не раста́ю пог-	– lit." I am not made of sugar , I won't melt/in rain/"
тепли́чное расте́ние пер-	– tender person
расха́живать взад и вперёд	– walk up and down
карма́нные расхо́ды	– out of pocket expenses
нести́ расхо́ды	– cover/ bear/ expenses

РАСХОД	РЕКА
участвовать в расхо́дах	-share expenses ; go Dutch/col/
вводи́ть кого́ в расхо́ды	-put s.o. to expense
выводи́ть в расхо́д кого́	пер-execute s.o.
списа́ть в расхо́д кого́	пер- a / a
расхо́ды оправда́лись	-it was worth the expense
брать на себя́ расхо́ды	-bear the expenses
в расцве́те сил /лет/	-in the pink ; in the prime of life
расчёт вре́мени	- timing
быть в расчёте с кем	-be quits / even/ with s.o.
дава́ть расчёт кому́	p-discharge /dismiss/ s.o.; give s.o. the sack/col/
принима́ть в расчёт	-take s.t. into account / consideration/
э́то не вхо́дит в расчёт	-that should not be taken into account
за нали́чный расчёт	-cash down ; on the nail
рвать и мета́ть	p-be in a towering rage ; fret and fume ; breathe fire and fury
где то́нко, там и рвётся	пос-the chain is no stronger than its weakest link
внебра́чный ребёнок	-natural child ; born out of wedlock; illegitimate child
грудно́й ребёнок	-infant in arms ; babe in arms
пересчита́ть рёбра кому́	p-beat s.o. black and blue
ревмя́ реве́ть	п-howl ; yell dismally
ре́дко, да ме́тко	пог-do s.t. seldom, but to the point
музе́йная ре́дкость	-museum piece
он мне надое́л ху́же го́рькой ре́дьки	I am fed up with him ; I can't p -stand the sight of him
доби́ться хоро́ших результа́тов	-get good results
река́ стои́т	-the river is ice-bound

РЕКА   РЕЧЬ

молочные реки, кисельные берега	фол	land flowing with milk and honey
молочные реки с кисельными берегами	фол-	a/a
переправляться через реку		- cross the river
река забвения	поэ-	Lethe
разливаться рекой	пер ш	- turn on the waterworks; cry bitterly
побить рекорд		- break the record
поставить что на рельсы	пер-	set s.t. in motion; get s.t. started
косметический ремонт		- essential redecoration/whitewashing and wallpapering/
дешевле пареной репы	p-	dirt-cheap; for a song
проще пареной репы	p-	as easy as A.B.C.; child's play
генеральная репетиция		- dress rehearsal
дурная репутация		- bad name / reputation/
чернить чью репутацию		- blacken s.o.'s character
спасти свою репутацию		- save one's face
иметь незапятнанную репутацию		- have a clean/unblemished/ record
говорить речитативом		- chant; speak in a sing-song voice
читать речитативом		- a/ a
об этом не может быть и речи		- that is out of question
держать речь		- deliver/ make/ a speech
произносить речь		- a/ a
выступать с речью		- a/ a
застольная речь		- after-dinner speech
косвенная речь		- reported speech
медовые речи		- honeyed words
о чём речь ?		- what are you talking about?

РЕЧЬ		РОГ

речь идёт о том, чтобы ...		- it's a question of ...
суконная речь		- poor/cliche/ style ;dull /clumsy/ speech
о котором идёт речь		- in question
он ведёт речь к...		- he is driving at...; he has in mind ...
посадить кого за решётку	p-	put s.o. behind bars
решетом воду носить	пог-	beat the air; flog a dead horse; draw water in a sieve
решетом воду мерить	пог -	a/ a
принимать решение		- make up one's mind; make a decision
приходить к решению		a/ a
решено и подписанно		- it has been settled and decided irrevocably
ехать в Ригу	ш p-	feed fishes; vomit
раздирать на себе ризы	кн-	be in despair ; sink into despair
на свой риск и страх		- at one's own risk
риск- благородное дело	пог-	nothing venture ,nothing gain
он мой ровесник		- he is my age
он ей не ровня/ ровня/	p-	he is not good enough for her
согнуть в бараний рог кого	p-	make s.o.'s knuckle down
наставить рога кому	p-	make a cuckold of s.o.; be unfaithful to one's husband
сбить рога кому	p-	clip s.o.'s wings
рог изобилия		- cornucopia
продолжать в том же роде		- continue in the same vein
откуда вы родом ?		- where were you born ?
без роду ,без племени	у кн-	lonely; lone; without kith or kin
ни роду ,ни племени	у кн-	a/ a
из рода в род		- from one generation to another

РОД		РОЛЬ

род челове́ческий		– mankind; humanity
в не́котором ро́де		– a sort of; a kind of
еди́нственный в своём ро́де		– unique; remarkable
вести́ свой род от кого́		– trace one's ancestry/lineage/ back to s.o.
на роду́ бы́ло напи́сано		– it was in the stars/cards/
ко́рчить ро́жи	п–	make/ pull/ faces
стро́ить ро́жи	п–	a/ a
како́го тебе́ рожна́ на́до ?	п–	what on earth do you want?
како́го тебе́ рожна́ не хвата́ет?	п–	a/a
лезть на рожо́н	п–	kick against the pricks; ask for trouble; ask for it
како́го рожна́ ?	п–	what on earth? what the deuce ?
про́тив рожна́ не попрёшь	п–	one should not kick against the pricks
ро́дственники до пя́того коле́на		– cousins five times removed
ближа́йшие ро́дственники		– next of kin
стесня́ющее родство́		– country-cousinship
нет ро́зы без шипо́в	пос–	no joy without alloy
нака́зывать ро́згами		– birch s.o.
уголо́вный ро́зыск		– criminal investigation department; C.I.D.
загла́вная роль		– title part
выходна́я роль		– small part in a theatre /play/
отводи́ть роль		– assign a part
э́то не игра́ет никако́й ро́ли		– it does not matter in the least
исполня́ть /игра́ть/ роль		– play a part
вы́держать роль		– stick to one's guns; not to change one's line of conduct

РОЛЬ РОТ

войти в роль	—	get into the swing of things; get used to one's work
крутить роман с кем	п—	be in love with s.o.
у него маковой росинки во рту не было	р—	he has not had a morsel of food
во весь рост	—	full-length
шить на рост	—	allow for growth when making clothes
встать во весь рост	—	draw oneself up to one's full height
выпрямиться во весь рост	—	a/a
он ростом не вышел	р—	he is anything but tall
растянуться во весь рост	—	fall flat; measure one's length
отдавать в рост	у—	lend money on interest
пускать в рост	у—	a/a
утопать в роскоши	—	roll in money; roll in luxury; live in clover
жить в роскоши	—	a/a
сделать что одним росчерком пера	—	do s.t. with a stroke of a pen
мимо рта прошло	р—	you have had it
ему всё разжевать и в рот положить	—	spell s.t. out for him; he is unable to think for himself
класть в рот кому	пер—	explain s.t. to s.o. in details
разинув рот	р—	open-mouthed: agape
заткать рот кому	р—	silence s.o.; shut s.o. up /sl/
зажать рот кому	—	a/a
не брать в рот чего	—	never touch s.t.
не лезет в рот что	р—	one does not want to eat it
зевать во весь рот	—	yawn one's head off
улыбаться во весь рот	—	grin like a Cheshire cat

РОТ   РУКА

если бы ,да кабы во рту росли грибы /бобы/,то был бы не рот , а целый огород	пог	if my aunt have been a man, she would have been my uncle; if ifs and ans were pot and pans ,there would be no trade for tinkers'hands
смотреть в рот кому	пер	-1/ be hungry; 2/ingratiate oneself with s.o.;fawn upon s.o.
арестантская рота	дорев	-convict labour gang
рубаха-парень	п-	plain fellow; regular guy/Am/
смирительная рубашка	-	straight-jacket
своя рубашка ближе телу	пос-	near is my shirt ,but nearer is my skin; charity begins at home
родиться в рубашке	-	be born with a silver spoon in one's mouth
оставить кого в одной рубашке	-	bring s.o. to poverty/ruin/
гнаться за длинным рублём	п-	be out only for money
длинный рубль	п-	easy and good earnings
бить рублём	p-	fine s.o. for neglecting work
отборная ругань	-	vile abuse; Billingsgate
заборная ругань	-	obscene abuse ; swearing/ as used in graffiti/

<u>рука</u>

<u>сущ.</u>

рукам воли не давай !	p-	keep your hands to yourself!
скрестить руки на груди	-	fold one's arms
чужими руками жар загребать	-	make others do the dirty work for one
приложить руку к козырьку	-	salute
обагрить руки кровью	-	bathe/steep/ one's hands in blood
обагрить руки в крови	-	a/ a
у него руки ,как крюки	p-	his fingers are all thumbs
на все руки мастер	-	Jack of all trades/+master of none -joc/
руками и ногами	-	wholly ;entirely;with pleasure

РУКА

с руками и ногами	- wholly; entirely; with pleasure
спутать кого по рукам и ногам	- bind s.o. hand and foot
руками и ногами отбиваться от чего	- resist s.t. with determination
давать руку на отсечение	- stake one's hand
подавать руку помощи кому	- lend a helping hand to s.o.
перейти из рук в руки	- change hands; pass through many hands
рука об руку	- hand in hand
рука в руку	- a/ a
рука руку моет	пос- scratch my back and I'll scratch yours; roll my log and I'll roll yours; claw me and I'll claw thee
предлагать руку и сердце	у- pop the question; ask in marriage
положа руку на сердце	- in all sincerity
вырвать кого из рук смерти	- rescue s.o. from death
руки на стол !	- cards on the table ! do it above board !
стоять руки по швам	- stand to attention

гл.

бить по рукам	пер - strike a bargain
брать кого под руку	- take s.o.'s arm
брать себя в руки	- pull onself together; control oneself
у него всё из рук валится	p- 1/ his fingers are all thumbs; 2/ he has no strength
возми себя в руки!	- be yourself ! control yourself!
всплеснуть руками	- fling up one's hands
гадать по руке	- read s.o.'s hand
гулять по рукам	p- pass from one person to another

РУКА

даваться в руки кому́	- yield to s.o.
дать по рука́м кому́	- rap s.o.'s knuckles; rap s.o. over the knuckles
де́лать что, спустя́ ру́ки	- do s.t. in a slipshod manner
де́лать что чужи́ми рука́ми	- get s.o. to do s.t. for you
держа́ть чью ру́ку	- side with s.o.
держа́ть себя́ в рука́х	- have self-control
держа́ть кого́ в рука́х	- gain the upper hand over s.o.
его́ руко́й не доста́нешь	- he is a big-wig/big-shot/; he is unapproachable
у него́ ру́ки не дохо́дят до э́того	p- he has no time to do it
у него́ рука́ не дро́гнет сде́лать э́то	he will not hesitate to do it; - he will do it without a qualm
здоро́ваться за́ ру́ку	- shake hands
знать что из ве́рных рук	- know s.t. on good authority
игра́ть на́ руку кому́	- play into s.o.'s hands; play s.o.'s game
игра́ть в ру́ку кому́	- a/ a
игра́ть в четы́ре руки́	- play duets
име́ть до́лгие ру́ки	- be light-handed/light-fingered/ be given to stealing
он име́ет ру́ку пер	- he is patronized by an influential person; he has a friend
иска́ть чьей руки́	- ask s.o. in marriage /at court
махну́ть руко́й на что/кого́/	p- give up s.t./s.o./ /+ as a bad job/
наби́ть ру́ку на чём	- become a skilled hand/ an expert in s.t./
нагре́ть ру́ки	p- line one's coat; line one's pocket; feather one's nest
наложи́ть на себя́ ру́ки	- lay violent hands on oneself; commit suicide
намета́ть ру́ку на что	- acquire skill in s.t.
носи́ть кого́ на рука́х	- make a great fuss about s.o.; make much of s.o.

РУКА

у него руки опустились		— he lost his heart
отбиться от рук		— get out of hand
это отрывают с руками		— they are selling like hot cakes
отсохни у меня рука !	п—	let my hand be paralysed!/ oath/
передать в собственные руки		— deliver into s.o.'s own hands
переписывать от руки		— copy by hand
рукой подать	р пер—	ready at hand; at a stone's throw; round the corner
подвернуться под руку		— turn up; come to hand by chance
у него рука не поднимается сделать это		he can't bring himself to — do it
я готов обеима руками подписаться под этим		— I fully endorse that
поесть на скорую руку		— snatch a meal/ snack, bite/
пусть он только попадётся мне в руки		God help him if I ever lay — my hands on him
что под руку попадётся		— anything one can put one's hand on
попасть под горячую руку		— cross s.o.'s path when one is angry
попасть под пьяную руку	р—	cross s.o.'s path when one is drunk
прибрать к рукам кого		— gain the upper hand over s.o.
прибрать к рукам что		— lay hands on s.t.
приложить руку к чему		— have a part in s.t. ; have a finger in a pie / col/
приложить руку	у кан—	sign
просить руки		— ask in marriage
работать не покладая рук		— work one's fingers to the bone
развести руками		— make a helpless gesture; wave one's arms
развязать руки кому	пер—	give s.o. a free hand
сбывать с рук		— get off one's hands

РУКА

сидеть сложа руки	– sit twiddling one's thumbs; not to do a hand's turn
сложить руки	– stop working
сложить руки крест-накрест	– cross one's arms
как рукой сняло	p– it vanished as if by magic/abt. pain, illness etc/
это сошло ему с рук	– he got away with it
трудиться, не покладая рук	– work indefatigably
трясти чью руку	p– pump s.o.'s hand
тянуть чью руку	p– side with s.o.; take s.o.'s side
ударить по рукам	– shake hands on it
управлять железной рукой	– rule with a rod of iron
упустить из рук что	– let s.t. slip through one's fingers
у него руки чешутся	– his fingers are itching/ to do s.t., to get at s.o./

<u>при.</u>

верная рука	– steady hand
голыми руками	– without firing a shot; easily
живой рукой	p– quickly; in a hurry
на живую руку	p– anyhow; in a haste
золотые руки	– clever fingers
руки коротки!	p– try and get it!
на левую руку от чего	– to the left of s.t.
с лёгкой руки	p– in a favourable moment
у него лёгкая рука	– he has a lucky touch
в надёжных руках	– in safe hands
он на руку нечист	p– he is light-fingered; he has sticky fingers
первой руки /товар/	– of first quality

РУКА РУКА

из пе́рвых рук	- at first hand
пра́вая рука́	пер-right-hand man
на пра́вую ру́ку от чего́/кого́/	-to the right of s.t./s.o./
с пусты́ми рука́ми	-empty-handed
под пья́ную ру́ку	p-when drunk; under the influence of drink
на ско́рую ру́ку	-in haste; higgledy-piggledy; off-hand ; in a hurry
ско́рый на́ руку	p-quick at work; spoiling for a fight
в со́бственные ру́ки	кор -private ; personal /letter/
сре́дней руки́	p-middling; so-so
он тяжёлый на́ руку	- he strikes hard
широ́кой руко́й	-with a bountiful hand
ще́дрой руко́й	- a/a

раз.

на́ руку кому́	-handy; convenient for s.o.
из рук вон / +пло́хо/	-it could not be worse; thoroughly bad ; simply terrible
под руко́й	-ready at hand; handy
по рука́м !	p-that is a bargain ! it's a go ! / Am/
ру́ки прочь !	-hands off!
я без тебя́ ,как без рук	-I am lost /helpless/ without you
ру́ки вверх !	-hands up!
э́то ему́ на́ руку	-it is convenient to him; that suits him down to the ground
с рук доло́й !	-good riddance !
э́то не его́ рука́	-that is not his handwriting
быть в чьих рука́х	-be at s.o.'s mercy
с руки́ кому́	-convenient to s.o.

РУКАВ	РЫЛЬЦЕ
работать, спустя рукава	p- skimp one's work ; work in a slipshod manner
относиться к чему, спустя рукава	let things slide; do s.t. half-heartedly
держать кого в ежовых рукавицах	rule s.o. with a rod of iron; -keep a firm hand on s.o.
дойти до рукопашной	- come to blows
вступать в рукопашную	- a/ a
обменяться рукопожатием	- shake hands
" без руля и без ветрил" к с	- without aim or direction; rudderless
с румянцем во всю щёку	- as red as a rose
войти в русло	- get into a groove / rut/
что русскому здорово, то немцу смерть пос	- one's man meat is another man's poison
плакать в три ручья ш-	shed floods of tears; open the waterworks
посеребрить ручку p-	cross s.o.'s palm with silver
подойти к ручке у-	kiss hand
пожалуйте ручку у-	allow me to kiss your hand
чувствовать себя, как рыба в воде	feel quite at home; take to - s.t. like a duck to water
нем, как рыба	- mute as a fish
ловить рыбу в мутной воде	- fish in troubled waters
красная рыба	- /fish of sturgeon's family ; beluga, stellate, sturgeon etc/
ни рыба, ни мясо	- neither fish nor fowl; neither fish, flesh nor good red herring
биться, как рыба об лёд	- struggle desperately
рыбак рыбака видит издалека пос	birds of a feather flock together
разразиться рыданиями	- burst /+ out/ into sobbing
иметь рыльце в пушку p-	have a finger in a pie

РЫЦАРЬ   РЯД

" рыцарь печального образа"	к с —	"the knight of the rueful countenance "
чёрный рынок		- black market
любить пропустить рюмочку	р-	be partial to a drink ; like one´s cup
придерживаться рюмочки	р-	like a drink
ряд неудач		- a run of bad luck
ряд событий		- train of events
целый ряд		- a lot; a great many
сомкнуть ряды		- close the ranks
расстраивать ряды		- break the ranks
из ряда вон выходящий		- out of the ordinary ; outstanding
красный ряд	у -	row of shops with textile goods

САД		
детский сад	-	nursery school; kindergarten
разбить сад	-	lay out a garden
чёрный, как сажа	-	jet-black; as black as pitch
косая сажень в плечах	p-	broad as a barrel; broad-shouldered
в косую сажень ростом	p-	tall; stalwart
сам-друг	-	both/two/ together; with one another
он сам не свой	-	he is not himself; he is out of sorts; he is beside himself
со своим самоваром в Тулу не ездят	пос -	carry coals to Newcastle / in negative sense /
задеть / +за/ чьё самолюбие	-	wound/ hurt / s.o.'s pride
он с большим самомнением	-	he thinks a lot of himself; he is a very conceited person
потерять самообладание	-	lose one's temper; lose control of oneself
устроить самосуд	-	lynch; take the law into one's own hands
покончить самоубийством	-	commit suicide
как ваше самочувствие ?	-	how do you feel ?
из саней да в дровни	p-	descend from peer to peasant
не в свои сани сесть	p-	be out of place
любишь кататься, люби и саночки возить	пос-	he that would have eggs, must endure the cackling of hens

САПОГ		
тихой сапой	p-	on the sly
сапоги-скороходы	фол-	seven-leagued boots
его сапоги каши просят	p-	his boots are gaping /yawning at the toes/
быть под сапогом у кого	p-	be under s.o.'s heel
два сапога пара	пог -	they make a pair; not a pin to choose between them
сапоги всмятку	п ш-	sheer nonsense; rubbish
в сапогах ходить	п у-	be well-off; be wealthy

САПОЖНИК

делать что, как сапожник	p —	do s.t. unskillfully/in a slovenly manner /
сапожник без сапог	пог —	the shoemaker's /cobbler's/ wife is the worst shod
он сатане в дядьки годится	p —	he could teach the devil himself
не сахар мне	п —	my life is not all milk and honey
сахар-медович	p —	all sugar and honey; a honey-tongued person
крепко/плотно/ сбит	p —	well-built person
до свадьбы заживёт	ш —	"it will heal before your wedding" /comforting s.o. who hurt himself/
золотая свадьба	—	golden jubilee
серебрянная свадьба	—	silver jubilee
играть свадьбу	у —	celebrate a wedding
справлять свадьбу	—	a/ a
наварить/наготовить/, как на Маланьину свадьбу	пог —	cook and bake too much/ a lot/
общая свалка	—	free-for-all
он ни сват ни брат ему	p —	he is no relation of his
доводить что до сведения кому	—	bring s.t. to s.o.'s notice
к вашему сведению	—	for your information
по достоверным сведениям	—	on good authority
принимать что к сведению	—	take s.t. into consideration; take note of s.t.
не первой свежести	—	1/ not quite fresh; 2/ not very clean
сверх того	—	moreover; furthermore
сверху донизу	—	from top to bottom
всяк сверчок знай свой шесток	пог	the cobbler must stick to his last
свести на нет	—	bring to nothing; set at naught
<u>свет</u> <u>сущ.</u>		<u>world</u>
на нём свет не клином сошёлся	пог	he is not the only pebble on the beach; the world is large enough

СВЕТ

СВЕТ			СВЕТ
свѐта преставлѐние / •светопреставлѐние / гл.	рел-		Doomsday; the end of the world
выпустить в свет		-	publish
гнать когó со свѐта /свѐту/		-	worry s.o. to death; be the death of s.o.
изъѐздить весь свет		-	travel all over the world
кричáть на чём свет стоѝт	р -		yell; shout at the top of one's voice; cry blue murder
отпрáвить когó на тот свет		-	be the death of s.o.
отпрáвиться на тот свет		-	die; join the/+great/ majority
переверну́ть весь свет		-	move heaven and earth; leave no stone unturned
появѝться на свет		-	be born
произвестѝ на свет		-	give birth to ...; bring into the world
ругáться на чём свет стоѝт	р-		give s.o. hell; curse up hill and down dale ;swear like a trooper
сживáть когó со свѐта /свѐту/		-	be the death of s.o. ; worry s.o. to death
убирáться на тот свет		-	die ; join the majority
увѝдеть свет		кн -	be born
скитáться по бѐлу свѐту	р-		knock about the world
при.			
бѐлый свет		у-	world
на бѐлом свѐте		у-	in the wide world
раз.			
тот свет		у-	next/ better,the other/ world
на э́том свѐте		-	in the land of living/arch/
по всему́ свѐту		-	everywhere; high and low
бóльше всегó на свѐте		-	above all
никтó на свѐте		-	no man alive
егó уж нет на свѐте		-	he died ; he passed away

| СВЕТ | | СВЕТИЛО |

уж таков свет !	—	this is the way of the world!
ни за что на свете	—	not for the world; not for the life of s.o.; not on your/my etc/ life

свет

любить свет	—	<u>society</u> be sociable; enjoy society; be a good mixer
высший свет	—	high life; great world; high society; upper ten/+thousand/

свет

		<u>light</u>
чуть/чем/ свет	—	at daybreak; at dawn; at the crack of dawn
вставать чуть свет	—	rise with the lark
ни свет ни заря	—	at an unearthly hour
представить что в радужном / розовом/ свете	—	put a lively colour on s.t.; put s.t. in a favourable light
представить что в выгодном свете	—	show s.t. to the best advantage
изображать кого в дурном свете	—	paint s.o. black; blacken s.o.'s character
видеть всё в дурном свете	—	see everything in the worst possible light
видеть в розовом свете	—	see through rose-coloured spectacles
он не взвидел света	—	he saw stars; everything went dark before him
представлять что в ложном свете	—	put a false colour on s.t.
представлять что в истинном свете	—	put s.t. in its true colour
проливать свет на что	—	throw light upon/on/ s.t.
свет очей	поэ —	beloved
свет жизни	поэ —	beloved
светило дня/дневное светило/кн	—	sun
светило ночи/ночное светило/кн	—	moon
светила ночи /ночные светила/кн—		stars

СВИДАНИЕ		СВЯЗЬ
назна́чить свида́ние	—	make a date
до свида́ния !	—	good-bye !
до ско́рого свида́ния !	—	see you soon !
подставно́й свиде́тель	—	false witness
гла́вный свиде́тель	—	star witness
брать/ призыва́ть/ кого́ в свиде́тели	—	call s.o. as a witness
благоро́дный свиде́тель	—	a witness who does not wish to be involved
метри́ческое свиде́тельство	—	birth certificate
морска́я сви́нка	—	guinea pig
понима́ть, как свинья́ на апельси́нах	пог —	honey is not for the ass's mouth
подложи́ть свинью́ кому́	р-	queer the pitch for s.o.; play a mean /dirty/ trick on s.o.
подложи́ть свинью́ самому́ себе́	р-	throw a stone in one's own garden
посади́ свинью́ за сто́л, она́ и но́ги на сто́л	пос-	play with a fool at home and he will play the fool with you in the market
предоста́вить свобо́ду де́йствий кому́	—	give s.o. a free hand/ rein/
свобо́да со́вести	—	freedom of religion
свобо́да во́ли	—	free will
свобо́да печа́ти	—	freedom of the press
свобо́да сло́ва	—	freedom of speech
свобо́да ста́чек	—	freedom to strike
свобо́да собра́ний	—	freedom of assembly
поду́май на свобо́де	—	think in your spare time
своди́ть что на не́т	—	bring s.t. to naught
по-сво́йски	—	free and easy ; without circumstance
на свои́х /+на/ двои́х	ш-	on foot ; on Shank's mare /pony/ ; by the Marrowbone
подде́рживать свя́зь с кем	—	keep in touch with s.o.

СВЯЗЬ   СЕКРЕТ

потерять связь с кем	– lose touch with s.o. ; be out of touch with s.o.
внебрачная связь	– liaison; adultery
ради всего святого !	– for God's sake !
чтобы не сглазить !	– touch wood!
давать сдачи	– give change
давать сдачи	p– hit back; answer in kind
сделать всё возможное	– do one's best ; do all in one's power
сделать всё возможное и невозможное	leave no stone unturned; – move heaven and earth
ни за что этого не сделаю	– catch me doing that !
хорошо сделано !	– well done ! good show!
совершать сделку	– strike a bargain
вспрыснуть сделку	p– wet a bargain / sl/
сделка с совестью	– compromise with one's conscience
честная сделка	– square deal.
по себе	– according to one's taste; to one's liking
не по себе	– ill at ease
вне себя	– out of one's wits; beside oneself with...
у себя	– at home
сегодня вечером	– tonight
не сегодня – завтра	– any day now; one of these days
мёртвый сезон	– slow/dull/ season
выведать секрет у кого	– worm a secret out of s.o.
выбалтывать секрет	p– blab out a secret; let the cat out of the bag
секрет полишинеля	– open secret
под строгим секретом	– in strict confidence

СЕКУНДА		СЕРДЦЕ
одну́ / сию́/ секу́нду !	—	just a moment/ second/ !
секу́нда в секу́нду	—	on the dot; right on time; at the same instant
ни к селу́ , ни к го́роду	пог-	neither rhyme nor reason; for no reason at all
как се́льди в бо́чке	р-	packed like sardines
крапи́вное се́мя	у-	officials ; bribers
в семье́ не без уро́да	пог-	it's a small flock that has not a black sheep ;accidents will happen in the best regulated families
смотре́ть сентябрём	—	look black / morose /

се́рдце
сущ.

у меня́ се́рдце не ка́мень	—	my heart is in the right place; I have got a heart
у него́ на се́рдце ко́шки скребу́т	пог-	he has the blues
у него́ се́рдце кро́вью облива́ется		his heart is bleeding
у меня́ се́рдце не на ме́сте	—	I'm sick at heart
у него́ се́рдце за́мерло от ра́дости	—	his heart melted with joy

гл.

у меня́ боле́ет се́рдце	—	I'm sick at heart
брать кого́ за се́рдце	—	touch/ move/ s.o. deeply
у него́ се́рдце за́мерло	—	his heart sank
у него́ се́рдце защеми́ло	—	his heart gave a twinge
у него́ се́рдце не лежи́т к кому́ / чему́/	—	he has no liking for s.o./s.t./
от се́рдца отлегло́	—	a load off one's mind
моё се́рдце па́дает	—	my heart is sinking
покори́ть чьё се́рдце	—	win s.o.'s heart; enamour s.o.
прижима́ть кого́ к се́рдцу	—	clutch s.o. to one's heart
прийти́сь по се́рдцу	р-	be to s.o.'s liking
принима́ть что бли́зко к се́рдцу	—	take s.t. to heart

СЕРДЦЕ		СЕСТРА
не принима́ть бли́зко к се́рдцу	–	take it easy
у него́ се́рдце разрыва́ется	–	his heart is breaking
сказа́ть что с се́рдцем	p–	say s.t. in anger
скрепя́ се́рдце	–	reluctantly
сорва́ть се́рдце на ком	–	work off / vent/ one's bad temper on s.o.
у меня́ се́рдце упа́ло	–	my heart sank
хвата́ть за се́рдце	–	tug at s.o.'s heart-strings

при.

золото́е се́рдце	–	heart of gold
иду́щий от се́рдца	–	heartfelt
надрыва́ющий се́рдце	–	heart-breaking
чёрствое се́рдце	–	heartless person
от чи́стого се́рдца	–	in all sincerity ; with all one's heart; with the best intentions

раз.

э́то ему́ не по се́рдцу	p–	it is not to his liking
у него́ тяжело́ на се́рдце	–	he is sick at heart
от всего́ се́рдца	–	with all one's heart; from the bottom of one's heart
в сердца́х	p–	in anger; in a fit of temper
име́ть на кого́ се́рдце	p–	be angry with s.o.
золота́я середи́на	–	golden means; happy medium
найти́ золоту́ю середи́ну	–	strike a happy medium
серёдка /середи́нка/ на поло́винку	p–	from fair to middling; betwixt and between
моло́чная сестра́	–	foster-sister
моло́чная сестра́	y–	daughter of a wet nurse
родна́я сестра́	–	full sister
сво́дная сестра́	–	half-sister; stepsister
медици́нская сестра́	–	hospital nurse

СЕСТРА		СИЛА
двоюродная сестра	–	first cousin
троюродная сестра	–	second cousin
ваша сестра	п–	you-the women ; your lot
поймать в свои сети кого	пер–	enamour s.o.
попасть в чьи сети	пер–	1/ fall in love; 2/be involved in shady affairs
ни сё , ни то	р–	nothing in particular; neither fish, flesh nor fowl
сжигать дотла	–	burn to ashes
это сидит хорошо	–	it fits well /dress/
сиднем сидеть	п–	not to move from a place
сидеть дома	–	stay at home
сидеть по-турецки	–	squat

сила
сущ.

в силу вещей	у–	in these circumstances
сила воли	–	will-power
разрушительная сила времени	–	wear and tear of time
обратная сила закона	юр–	retrospective action of law
сила солому ломит	пос–	there's strength in numbers

гл.

бежать изо всех сил	–	run for dear life;run as quickly as one can
вступить/войти/ в законную силу	юр–	become effective
выбиться из сил	–	be dead-beat;be at the end of one's tether;be done for
выжать силы из кого	–	wear out s.o.
силы ему изменяют	–	his strength gives way
кричать изо всех сил	–	cry / shout/ at the top of one's voice
напрягать все силы	–	strain every faculty; make every effort

СИЛА		СИНЯК
оказаться не по силам кому	—	be too much for s.o.
оставаться в силе	—	hold good; be effective
приложить все силы	—	do everything in one's power
он не расчитал своих сил	—	he overestimated his strength
собраться с силами	—	brace oneself; summon up one's strength
стараться изо всех сил	—	do one's utmost
терять силу	юр-	lapse; cease to be effective
ходить через силу	—	be hardly able to walk
не щадя сил	—	with might and main

при.

он в большой силе	—	he is a very influential person
с нами крестная сила !	у-	God be with us !
нечистая сила	фол-	devil; deuce; the evil one; the evil spirit
иметь обратную силу	юр-	be retroactive / abt. law/
потерявший законную силу	юр-	null and void

раз.

через силу	—	1/with great effort; 2/immoderately
изо всех сил	—	with all one's might; with might and main
что есть силы	—	a/a
это свыше моих сил	—	it is beyond my strength
в силу этого	—	on those grounds
быть не под силу кому	—	be too much for s.o.
сил нет	р-	one can't stand it
выше/ свыше/ чьих сил	—	beyond one's strength/power/
чувствовать симпатию к кому	—	feel drawn to s.o.
изукрашивать синяками	р-	beat s.o. black and blue
избивать до синяков	—	a/a

СИНЯК		СКАЗКА
подставить синяк под глазом	–	give s.o. a black eye
круглый сирота	–	/lit." an orphan all round"/ – a child who has neither mother nor father
казанская сирота	p–	person who pretends to be unlucky to earn compassion
вот тебе и весь сказ	p–	that's the long and the short of it

сказать

как вам сказать ?	–	how shall I put it ?
как сказать	–	you can never tell
так сказать	–	so to say ; in a manner of speaking
нечего сказать !	–	well, to be sure ! well, I declare!
легче сказать , чем сделать	–	easier said than done
где это сказано ?	–	who said so ?
сказано-сделано	p–	no sooner said than done
сильно сказано	–	that's going too far
кстати сказать	p–	by the way
сказать наугад	–	make / hazard/ a guess
легко сказать	–	it's easy for you to say
что вы этим хотите сказать ?	–	what do you mean by that ?
скажите как	–	you don't say
чтобы не сказать больше	–	to say the least
сказать что наобум	p–	make a random guess
скажите пожалуйста !	–	well, I declare! Good Lord!
бабьи сказки	–	old wives' tales
сделаться сказкой	–	become the talk of the town
это сказки !	–	don't tell tales !
рассказывай сказки !	–	tell me another one !

СКАЗКА   СКУКА

завести сказку про белого бычка		sing the same old song; harp on one string
ни в сказке сказать , ни пером описать	пог- нар-поз-	it baffles / defies / description
скамья подсудимых	-	dock / in the court/
со школьной скамьи	-	from one´s school-days
прямо со школьной скамьи	-	fresh from school
поднимать скандал	-	kick up / make / a row
устроить скандал	-	a/ a
скандал в благородном семействе	ш-	accidents will happen in the best regulated families
со всем скарбом	р-	with bag and baggage ; with goods and chattels
скатертью дорога !	-	good riddance !
скачки с препятствиями	-	steeplechase
он настоящий скелет	-	he´s a shadow of his former self
склад жизни	-	way of life
склад ума	-	mentality
с ним складу нет	р-	he is out of hand
ни складу , ни ладу	п-	without rhyme or reason
делать в складчину	-	club together ; go Dutch
участвовать в складчине	-	a/a
на склоне лет /дней, жизни/	кн-	in the autumn of one´s days; in the evening of one´s life
сколько угодно	р-	to one´s heart´s content
до скончания века /мира/	у-	to the end of the world
скорее всего	-	most likely
замыкаться /прятаться, уходить/ в свою скорлупу	-	retire into one´s shell
зелёная скука	-	unbearable boredom
нагонять скуку на кого	-	bore s.o. stiff; bore to death

СКУКА

наводить скуку на кого	– bore s.o. stiff; bore to death
умирать от скуки	– be bored to death
питать слабость к кому	– be partial to s.o.; have a soft spot in one's heart for s.o.
слава Богу !	– thank God! thank goodness!
слава Тебе , Господи/Боже/!	– a / a
увеньчать славой	– cover with glory
приобретать славу	– win fame
на славу	p– excellent ; first-rate
угостить на славу	p– give s.o. a sumptuous feast
получить дурную славу	– fall into disrepute
славный малый	p– nice chap ; good sport; regular guy / fellow/
с ним никакого сладу нет	p– he's quite unmanageable
по горячим следам	– hot on the heels; hot on the scent
его и след простыл	– he has vanished without a trace; gone with the wind ; the bird has flown ; he disappeared into thin air
замести следы	– cover up one's traces
потерять след	– lose track of s.o. / s.t./
сбиться со следа	– a/ a + be at fault
попасть на след	– be on s.o.'s track
сбить кого со следа	– throw s.o. off the trail
ни следа	– not a shred/ trace/ of; not a vestige
ходить следом за кем	– dog s.o.'s steps
следить за собой	– look after oneself; look after one's appearance

СЛЕЗА
слеза
сущ

слёзы навернулись на его глаза	– tears welled up in his eyes
слезами горю не поможешь	пос– it's no use crying over spilt milk

СЛЕЗА

лить слёзы ручьём	- shed floods of tears; turn on the waterworks /joc/
лить слёзы в три ручья	- a/a

гл.

глотать слёзы	- choke by sobs
доводить кого до слёз	- make s.o. cry; drive s.o. to tears; reduce s.o. to tears
заливаться слезами	- dissolve in tears; burst into tears
исходить слезами	- melt into tears; sob one's heart out
лить крокодиловы слёзы	- shed crocodile tears
обливаться слезами	- dissolve in tears
осушить слёзы кому	- comfort s.o.
плакать горькими слезами	- cry bitterly; weep bitter tears
не проронить ни слезы	- not to shed a tear
разразиться слезами	- burst into tears
ронять слёзы	- shed tears
смеяться до слёз	- laugh till one cries
смеяться сквозь слёзы	- laugh and cry at the same time

при.

притворные слёзы	- feigned tears

раз.

до слёз больно	- enough to make one cry
куриная слепота	- night-blindness
снимать сливки	- skim; take off the cream
справляться в словаре	- consult a dictionary

СЛОВЕЧКО

замолвить за кого словечко	- drop a kind word for s.o.; put in a word for s.o.
закинуть за кого словечко	- a/a
вставлять словечко	- get a word in edgeways

СЛОВЕЧКО

закинуть словечко о чём — hint at s.t.

слово
сущ.

бросать слова на ветер	— use words lightly; waste words; speak/talk/ at random
слово не воробей, вылетит не поймаешь пос-	a spoken word takes its flight
перейти от слов к делу	— stop talking and get down to business
на словах и на деле	— in deed and in name
он за словом в карман не полезет	— he has a ready tongue; he knows all the answers; he is never at a loss for words
сказать кому пару тёплых слов ир	— give s.o. a piece of one's mind
взять слово к порядку ведения собрания	— rise to the point of order
слово за слово р-	one word led to another
слово в слово	— word by word
это слово вертится у меня на языке	— the word is on the tip of my tongue

гл.

брать слова обратно	— swallow/eat/ one's words; go back on one's word
брать слово	— deliver a speech; take the floor
брать слово с кого	— make s.o. promise
бросаться словами	— use words lightly
ввернуть слово	— get a word in edgeways
верить ему на слово	— take him at his word
висеть на честном слове ш-	just about hang in place / abt. clothing/
нет слов, чтобы выразить...	— words fail to express...
глотать слова	— mumble; speak incoherently
не говоря худого слова р-	without a word; without any warning
давши слово, держись пос-	a promise is a debt

СЛОВО СЛОВО

дай мне слово сказать	– let me get a word in edgeways
держать слово	– keep one's word/promise/; be as good as one's word
держаться на честном слове	ш– just about to hang in place / abt. clothing/
замолвить за кого слово	– put in a word for s.o.
его слова звучат искренно	– his words ring true
знать что с чужих слов	– learn s.t. from hearsay
играть словами	– juggle with words;pun;quibble
ловить каждое слово	– hang on s.o.'s lips
ловить кого на слове	– take s.o. at one's word
называть кого бранным словом	– call s.o. names; abuse s.o.
нарушить своё слово	– depart from one's word ; break one's word
не нахожу слов	– words fail me
облечь в слова	кн– put into words
не обмолвиться ни словом	– not to utter a single word; never mention a word
отчеканивать слова	– rap out words; speak emphatically
перемолвиться словом с кем	– have a word with s.o.
не пикнуть ни слова	р– never say /utter/ a word
поймать кого на слове	– take s.o. at one's word
попомните моё слово !	– mark my words ! you may take it from me !
приводить чьи слова	– quote s.o.'s words
решающее слово принадлежит ему	– he has the final say; it's for him to decide
не проронить ни слова	– not to say a word
к слову пришлось	р– by the way
ругаться последними словами	– use foul/obscene/ language
он двух слов связать не умеет	– he can't put two words together
мне надо сказать вам два слова	– a word in your ear

СЛОВО	СЛОВО
к слову сказа́ть	p- by the way
стоя́ть на своём сло́ве	- be as good as one's word; be true to one's word
тра́тить слова́ попу́сту	- waste one's words
нельзя́ ни уба́вать, ни приба́вить сло́ва	- one can't change a single word
цеди́ть слова́	- grind out the words
черкну́ть кому́ не́сколько слов	- drop s.o. a line

при.

бра́нное сло́во	- swear-word
вступи́тельное сло́во	- opening address
гро́мкие слова́	- fine words; high language
гру́бое сло́во	- bad word ; swear -word
без да́льних слов	- without much ado; without wasting words
заключи́тельное сло́во	- resumé ; summing up
золоты́е слова́	- how very true ! truth itself!
ключево́е сло́во	- key-word
в кра́тких /коро́тких/слова́х	- in short ; briefly
крыла́тые слова́	- winged words;catch-words; catch phrases
без ли́шних слов	- without many words
напу́тственное сло́во	- parting word
нецензу́рное сло́во	- obscene word
обы́денное сло́во	- household word
повседне́вное сло́во	- a/ a
его́ по́длинные слова́	- his very words
пусты́е слова́	- mere words; lip service
во́время ска́занное сло́во	- a word in season
хвастли́вые слова́	- big words ; boasts

СЛОВО	СЛУЖБА
освобождённый под честное слово	- released on parole
честное слово	- word of honour; upon my word! honour bright !
чёрное слово раз.	- bad language ; swearing ; Billingsgate
ни слова больше!	- not another word !
в двух словах	- in a word; in short ; in a nutshell
именно этими словами	- in so many words; word by word
слов нет	p- it goes without saying; there's no denying ; of course
слово за вами	- it is for you to decide /speak/
на два слова !	- may I have a word with you?
ходячее словцо	- cant phrase ; catch phrase
крепкое словцо	- swear-word
красное словцо	- witticism
острое словцо	- a/a
загнуть крепкое словцо	p- use strong language
для красного словца	- for the sake of a witty remark
меткое словцо	p- witty thing
лёгкий слог	- easy style
канцелярский слог	- Whitehallese; officialese
широкие слои населения	- wide sections of the population
" слона то я и не приметил" к.с.	- strain at a gnat and swallow a camel; miss the most conspicuous thing
ему слон на ухо наступил	ш- he has no ear for music
как слон в посудной лавке	- like a bull in a china shop
ваш покорный слуга	у- your humble/obedient/servant
слуга покорный	ир- a/ a
вне службы	- off duty

СЛУЖБА	СЛУЧАЙ

двигаться по службе	- get a promotion
повышаться по службе	- a/ a
сослужить кому службу	- stand s.o. in good stead
не в службу , а в дружбу	- for friendship's sake; as a personal favour
служба службой , а дружба дружбой	пог- don't let friendship influence your business/ duties/
служить и нашим и вашим	- run with the hare and hunt with the hounds; be on both sides of the fence; play both ends against the middle
чем могу служить ?	- what can I do for you ?
ни слуху , ни духу	р- no news whatever
от него ни слуху ,ни духу	р- I've seen neither hide nor hair of him
слухом земля полнится	пос- news flies quickly
ходят слухи	- rumours are afloat/abroad/
ласкать слух	- soothe the ear
резать слух	- offend the ear
иметь хороший музыкальный слух	- have a good ear for music
петь по слуху	- sing by ear
пустить слух	- set a rumour abroad/ afloat/
он весь обратился в слух	- he is all ears
он весь превратился в слух	- a/a
навострить слух	- be all ears
насторожить слух	- a/ a

случай
сущ.

в случае ненахождения адресата-кор	if not delivered
в случае крайней необходимости-	in a special/dire/ emergency
от случая к случаю	- from time to time

гл.

воспользоваться удобным случаем	- seize the opportunity; avail oneself of an opportunity

СЛУЧАЙ	СМЕЛОСТЬ
выжида́ть удо́бного слу́чая	- wait for an opportunity
испо́льзовать удо́бный слу́чай	- seize the opportunity; avail oneself of an opportunity
купи́ть по слу́чаю	- buy by chance; buy secondhand
подверну́лся удо́бный слу́чай	- an opportunity turned up
проморга́ть удо́бный слу́чай	p- miss an opportunity/the bus/
упусти́ть удо́бный слу́чай	- let the chance slip; miss an opportunity
в са́мом кра́йнем слу́чае	- in the last resort; if the worst comes to the worst
несча́стный слу́чай	- accident
на вся́кий пожа́рный слу́чай	ш- just in case ; to make sure
прекра́сный слу́чай	- golden opportunity
в проти́вном слу́чае	- otherwise; or else
в /+ са́мом/ ху́дшем слу́чае раз.	- in the last resort; if the worst comes to the worst; when hard comes to hard
по тому́ слу́чаю , что	- because ; for
на вся́кий слу́чай	- just in case ; to make sure
при слу́чае	- in due time; at the proper time; in the proper place
во вся́ком слу́чае	- at any rate; at all events; in any case
ни в како́м слу́чае	- on no account ; by no means
ни в ко́ем слу́чае	у- a/ a
в тако́м слу́чае	- such being the case
на пе́рвый слу́чай	- to begin with
э́то не слу́чай	- there's s.t. behind it ; it's not chance
по несча́стной случа́йности	- as ill luck would have it
от э́того у него́ слю́нки теку́т	- it makes his mouth water
распусти́ть слю́ни	п- cry ; weep; turn on the waterworks
брать на себя́ сме́лость	- take the liberty of doing s.t.

СМЕЛОСТЬ   СМЕХ

смелость города берёт   пос- courage wins
смерть

смотреть смерти в глаза   - face death; come face to face
                                 with death
залечить до смерти кого   - to doctor s.o. to death
двум смертям не быть/бывать/   a man can die only once
   одной не миновать   пос -
ему надоело до смерти   - he is sick of it to death;
                                 he is fed up with it
найти свою смерть   - meet one's death
его только за смертью посылать - he is a slow-coach/ John Long
                            p   the carrier/
приговорить к смерти кого   - 1/ sentence s.o. to death;
                                 2/diagnose an incurable illness
умирать медленной смертью   - die slowly / by inches/
умереть своей смертью   - die a natural death
ему до смерти хочется   p- he is dying for it
бледный, как смерть   - pale as a ghost
гражданская смерть   - civic death; forfeiture of all
                                 rights as a citizen
насильственная смерть   - violent death
она при смерти   - she is near death/ at death's
                                 door; on the verge of death/
до самой смерти   - till one's dying day
смерть   /наречие/   p- very / generally intensive /
ему смерть, как хочется...   p- he's dying for ...
смерть как / люблю /   p- I love very much
и смех и грех / горе/   p- it is both funny and sad
смех, смех да и только   p- very funny; too funny for
                                 words; screemingly funny
заливаться смехом   - laugh merrily
лопнуть со смеху   п- burst/ split/ one's sides
                                 with laughter
отделаться от чего смехом   - laugh s.t. off / away/; jest
                                 s.t. away
поднять кого на смех   - hold s.o. up to ridicule; make
                                 fun of s.o.; make a laughing
                                 stock of s.o.

СМЕХ		СМОТРЕТЬ
покатываться со смеху		-shake one's sides ; rock/roll/ with laughter
кататься со смеху		- a/ a
падать со смеху		- a/ a
прыснуть со смеху		-burst out laughing
его разобрал смех		-he was bursting with laughter; he couldn't help laughing
разразиться смехом		-burst out laughing
трястись от смеха		-shake one's sides; rock/roll/ with laughter
умирать со смеху		-die of laughing
умру от смеха !		p-carry me out !
уморить со смеху кого		p-tickle s.o. to death; make s.o. die of laughing
заразительный смех		-catching laughter
смех да и только		p-it is enough to make a cat laugh
смеха ради		-just for fun; for the fun of it; in jest
как на смех		-chicken-feed ; little ; not enough
мне не до смеха		-I'm not in a laughing mood; I'm past laughter
мне не до смеху		- a/ a
без смеху		-joking apart
смех сквозь слёзы		-laughter through tears
смеху подобно		-funny; ridiculous
неудержимый смех		-irrepressible laughter
злобный смех		-vicious/ malicious/ laughter
ему смешинка в рот попала		p- he is laughing for no reason at all; he is in laughing mood
чёрный ,как смоль		-jet-black; pitch -black
смотреть на кого снизу вверх		-look up to s.o.
смотреть на кого сверху вниз		-look down on s.o.

СМОТРЕТЬ   СНЕГ

смотре́ть на кого́ свысока́	– look down on s.o.
смотре́ть вслед кому́	– follow s.o. with one's eyes
смотре́ть исподло́бья на кого́	– lour at s.o.
смотря́ по тому́	– that depends
смотря́ по ...	– according to ...
смотря́ как	– depending on how
смотре́ть в о́ба	p– be all eyes; keep one's eyes open; be on one's guard
на него́ не́чего смотре́ть	– don't take any notice of him; don't take him into account
того́ и смотри́	– any moment now
смотре́ть не́ на что	– not worth attention; good for nothing; not worth looking at
смотри́ у меня́ !	p– you dare '
куда́ он смо́трит?	пер– what is he up to ?
красне́ть от смуще́ния	– blush
приводи́ть в смяте́ние	– rout; perturb
како́й смысл?	– what's the use ?
в по́лном смы́сле /э́того/ сло́ва	– in the true sense of the word
в буква́льном смы́сле сло́ва	– literally; in the literal sense of the word
в прямо́м смы́сле сло́ва	– a/ a
здра́вый смысл	– common sense
нет никако́го смы́сла	– no earthly use
э́то не име́ет смы́сла	– it's no good; it doesn't make sense
в обра́тном смы́сле	– on the contrary
в не́котором смы́сле	– in a way
в со́бственном смы́сле	– in the true sense
в широ́ком смы́сле	– in the broad sense
снег идёт	– it's snowing

СНЕГ		СОБАКА
снег па́дает	–	it's snowing
свали́ться, как снег на́ го́лову	–	come like a bolt/shot/ out of the blue
э́то меня́ интересу́ет, как прошлого́дний снег	–	I have not the slightest interest in it
сни́зу дове́рху	–	from top to bottom
сно́ва и сно́ва	–	time and time again
сно́ва-здоро́во!	p–	here we go again!
как сноп повали́ться	–	go down like a ninepin
как сноп упа́сть	–	a / a
э́тому сно́са нет	p–	it will last for ever; you can't wear it out

собака
сущ.

соба́ка ла́ет, а ве́тер но́сит	пос–	the moon doesn't heed the barking of dogs
ну́жен, как соба́ке пя́тая нога́	p–	be unnecessary as the fifth wheel of a coach
как соба́ка на се́не /+сам не ест и други́м не даёт/	пос–	like a dog in a manger
соба́ке соба́чья смерть	пог–	a cur's death for a cur

гл.

ве́шать всех соба́к на кого́	p–	blame s.o. for everything
соба́к гоня́ть	п–	loaf; twiddle one's thumbs
не бо́йся соба́ки, кото́рая ла́ет	пос–	his bark is worse than his bite
свои́ соба́ки грызу́тся, чужа́я не пристава́й	пос–	don't put your hand between the bark and the tree
вот, где соба́ка зары́та	p–	there's the rub; that's where the shoe pinches
об э́том уже́ и соба́ки не ла́ют	p–	it's no longer a secret
обраща́ться с кем, как с соба́кой	–	use s.o. like a dog
соба́ку съесть на чём	p–	be an old hand at s.t.; know s.t. inside out
его́ с соба́ками не сы́щешь	p–	it's impossible to find him

СОБАКА	СОВЕТ

при.

бродя́чая соба́ка	- stray dog
дворо́вая соба́ка	- watchdog
как соба́к нере́занных	п- plenty ; galore
охо́тничая соба́ка	- gun dog; hound
уста́лый ,как соба́ка	- dog-tired

раз.

ни соба́ка	п- nobody
ка́ждая соба́ка	п- everyone ; everybody
ко́мнатная соба́чка	- lap-dog
ма́ленькая соба́чка до́ смерти щено́к	пос- "a small dog is a puppy till the death"
как он собо́й ?	- what does he look like?
выступа́ть на собра́нии	- address a meeting
по́лное собра́ние сочине́ний	- complete works
соверше́нно так	- quite so; precisely
соверше́нно нет	- nothing of the sort/kind/
дойти́ до совершенноле́тия	- come of age

со́весть

по чи́стой со́вести	- in all conscience; in good faith
споко́йная со́весть	- clear conscience
нечи́стая со́весть	- guilty conscience
по со́вести сказа́ть	- to tell the truth
срабо́танно на со́весть	- very well done
э́то лежи́т на мое́й со́вести	- I have pangs of conscience; I feel guilty
ему́ хвати́ло со́вести	- he had the cheek
поступи́ть по чи́стой со́вести	- do the right thing
сова́ться с сове́тами	- butt in with one's advice

СОВЕТ		СОЛНЦЕ
пристава́ть с сове́тами	—	press advice on s.o.
мой вам сове́т	—	take my advice/ tip, hint/
совсе́м наоборо́т	—	just the other way about; just the opposite
совсе́м нет	—	not in the least; out of the question
прийти́ к соглаше́нию	—	come to an agreement
достига́ть соглаше́ния	—	a/ a
жить на содержа́нии у кого́	—	be maintained /kept/ by s.o.
быть на содержа́нии у кого́	—	a/ a
находи́ться на содержа́нии у кого́	—	a/ a
приводи́ть в содрога́ние	—	make s.o. shiver; make s.o.'s hair curl
к вели́кому моему́ сожале́нию	—	much to my regret
прийти́ в созна́ние	—	come to; come round; regain consciousness
довести́ до созна́ния	—	hammer it home to s.o.
созна́ние до́лга	—	sense of duty
уложи́ться в созна́нии	—	become clear
сойти́ на нет	p—	come to nothing/ naught/
бли́зко сойти́сь с кем	—	become very intimate /friendly/ with s.o.
выжима́ть со́ки из кого́	—	sweat s.o.; drive s.o. hard
вари́ться в со́бственном соку́	—	stew in one's own juice
гол, как соко́л	p—	dead broke; as poor as a church mouse
сокраще́ние пути́	—	short cut
ни за каки́е сокро́вища	—	not for the world
разжа́ловать в солда́ты	у—	reduce to the ranks
пока́ со́лнце взойдёт, роса́ о́чи вы́ест	пос—	while the grass grows the horse starves
до со́лнца	—	before the sunrise

СОЛОВЕЙ			СОН
петь соловьём	пер	-	speak eloquently / with animation/
заливаться соловьём	пер	-	a/ a
соловья баснями не кормят	пог	-	fine words butter no parsnips; a hungry belly has no ears
у него солома в голове		р-	he's a blockhead
хвататься за соломинку		-	clutch at a straw
английская соль		-	Epsom salts
в этом вся соль !		р-	that's the whole point! that's the beauty of it !
много соли съесть с кем		-	eat a bushel of salt with s.o.
насыпать соли на хвост кому		п-	queer a pitch for s.o.
подвергать сомнению		-	throw doubts on s.t. ; call in question
брать под сомнение		-	a/a
это не подлежит сомнению		-	it's beyond doubt/ question/
вне всякого сомнения		-	beyond any shadow of doubt

СОН

сущ.

ни сном ни духом не виноват	у-	not guilty at all
у него сна ни в одном глазу нет	-	he doesn't want to sleep at all
спать сном могилы	-	go to eternal rest; sleep in one's grave
спать сном праведника	-	sleep the sleep of the just
сон в руку	-	the dream has come true

гл.

он видел сон / во сну/		-	he had a dream
воспрянуть со сна	кн	у-	wake up and get up
заснуть вечным/могильным, последним / сном	кн	-	sleep the sleep that knows no breaking /waking/
меня клонит ко сну		-	I feel sleepy

СОН

навевать сон на кого	– make s.o. sleepy
нагонять сон на кого	– a/ a
это ему и во сне не снилось	– he has never even dreamt of it
спать сладким сном	– sleep blissfully
спать безпробудным сном	– 1/ be in deep sleep; be fast asleep; 2/sleep the sleep of
спать непробудным сном	– a/ a /death
спать крепким сном	– be fast asleep
уснуть мёртвым сном	– 1/ be fast asleep; 2/die
читать на сон грядущий	– read oneself to sleep

при.
богатырский сон	ш–	sound/deep/ sleep
на сон грядущий	ш–	before going to bed
крепкий сон	–	sound sleep; deep sleep
приятного сна !	–	sleep well /tight/ !
тонкий сон	–	light sleep
чуткий сон	–	a/ a

раз .
сквозь сон	– in a doze; half asleep
сон наяву	– waking dream
по семейным соображениям	– for family reasons
ни с чем не сообразный	– absolutely absurd; entirely preposterous
выносить сор из избы пог	– wash one's dirty linen in public; tell tales out of school
сорок сороков	– forty forties /Moscow was reputed to have so many church bells/

сорока на хвосте принесла	р–	a little bird told me
заладила сорока Якова	р–	one is harping on the same string
как сорока на колу вертеться	р–	fidget ; move restlessly

СОРОКА

СОРОЧКА		СОШКА
родиться в сорочке	–	be born with a silver spoon in one's mouth
пе́рвый сорт	–	first-rate
же́нское / да́мское / сосло́вие	ш–	the women; petticoat government
ба́бье сосло́вие р	ш–	a/a
заблуди́ться в трех со́снах	–	lose one's way in broad daylight
соста́в преступле́ния	юр–	exhibit ; corpus delicti; evidence
в по́лном соста́ве	–	in a body
входи́ть в соста́в	–	form part of s.t.
рядово́й соста́в	–	rank and file ; other ranks
сколоти́ть состоя́ние	–	scrape together a fortune
це́лое состоя́ние	–	a small fortune; quite a fortune
кру́глое / кру́гленькое/ состоя́ние	–	a/ a
получи́ть состоя́ние	–	come into a fortune
в испра́вном состоя́нии	–	in good repair/shape/
в плохо́м состоя́нии	–	in a bad condition /shape, way/
в плаче́вном состоя́нии	–	in a sorry plight; in a pitiful condition
в состоя́нии опьяне́ния	–	under the influence of drink
в нетре́звом состоя́нии	–	a/ a
быть в состоя́нии купи́ть что	–	afford to buy s.t.
во вменя́емом состоя́нии	–	of sound mind
находи́ться в состоя́нии войны́	–	be at war
чёрные со́тни	ист–	armed bands used during the pogroms to fight revolutionary movement /1905-7/
ни под каки́м со́усом	ш–	under no circumstances
под други́м со́усом	ш–	with a different dressing
горя́чее сочу́вствие	–	heartfelt sympathy
ме́лкая со́шка	p–	small fry; pip-squeak

СПАСАТЬСЯ		СПЛЫТЬ
спасайся , кто может !		– run for your life !
сделать что за одно спасибо		– do s.t. for love /for nothing/
и на том спасибо	ир-	and thank goodness for that; it's something at least
большое спасибо		– many thanks ; thanks a lot
из спасиба шубы не сошьёшь	пос-	more praise than pudding
спать ,как убитый		– be fast/dead/ asleep;sleep like a log / top/
он спит и видит	p-	he's dying for s.t.
спите спокойно !		– sleep well !
сбивать с кого спесь	p-	take s.o. down a peg or two; bring s.o. down to level
поубавить спесь	p-	come down a peg or two
это не к спеху		– there's no hurry
ломать спину	п-	toil and moil
не разгибая спины		– without break/relaxation/
чёрные списки	ист-	black lists of political suspects
значиться в списке		– appear on a list
внести в список		– put on a list
выкликать па списку		– call the roll
именной список		– a roll/ list/
формулярный список	у-	personal record of government/civil/ service
список убитых на войне		– list of killed; roll of honour
он последняя спица в колеснице		– he's small fry/ a tiny cog in a machine/
как пятая спица в колеснице		– the fifth wheel in a cart
худой ,как спичка		– as thin as a rake; as thin as a lathe
сплошь да рядом	p-	on every hand;at every step ; quite often
сплетение лжи		– tissue of lies ;web of lies
было да сплыло	p-	it's a thing of the past ; it just came and went

СПОКОЙСТВИЕ		СРЕДСТВО
душе́вное споко́йствие	—	peace of mind
спо́ру нет	—	it stands to reason; there's no denying
каки́м бы то ни́ было спо́собом	—	one way or another; by hook or by crook
проявля́ть спосо́бность к чему́	—	be good at s.t.; have abilities for s.t.
на́до отда́ть им справедли́вость	—	one must do them justice
идеа́льная справедли́вость	—	poetic justice
наводи́ть спра́вки о ком	—	make enquiries about s.o.
обраща́ться за спра́вкой	—	apply for information
что с него́ спра́шивать?	—	what can you expect from him?
по́льзоваться больши́м спро́сом	—	be much in demand
без спро́са / спро́су/	p—	without asking permission
держа́ть что под спу́дом	p—	hide s.t. away
вы́тащить из-под спу́да	p—	unearth/revive/ s.t.; bring s.t. into the light of day
не дава́ть кому́ спу́ска/спу́ску/	p—	give no quarter to s.o.; crack down on s.o.
немно́го спустя́	—	not long after; shortly after
зи́мняя спя́чка	—	hibernation
изби́тое сравне́ние	—	trite comparison
вне /вы́ше/ вся́кого сравне́ния	—	beyond all comparison
он не идёт ни в како́е сравне́ние с кем	—	he can't be compared with anybody.
выде́рживать сравне́ние с кем	—	bear/stand/ comparison with s.o.
выи́грывать на сравне́нии с кем	—	compare favourably with s.o.
никто́ не мо́жет с ним сравни́ться	—	he has no equal
его́ зае́ла среда́	—	he's a prey to his surroundings /environment/
жить по сре́дствам	—	live within one's means; pay one's way
жить не по сре́дствам	—	live beyond one's means

СРЕДСТВО		СТАН

мне это не по средствам	–	I can't afford it
зарабатывать средства к жизни	–	earn one's living
зарабатывать средства к существованию	–	a/ a
любыми средствами	–	by fair means or foul; by hook or by crook
для него все средства хороши	–	he'll stop at nothing
он неразборчив в средствах	–	a/ a
он стеснён в средствах	–	he's in reduced circumstances; he's hard up for money
сроду не	p–	never in one's life
быть сродни кому	p–	be related to s.o.
отбывать срок /+ службы/	–	serve one's time
в короткий срок	–	at short notice
дай срок !	p–	wait a bit! give me time! just you wait!
раньше срока	–	ahead of time
срок истёк !	–	time is up !
крайний срок	–	time limit ; deadline
искать ссоры с кем	–	pick a quarrel with s.o.
перекрёстная ссылка	–	cross-reference
высоко ставить кого	–	think highly of s.o.
ни во что не ставить кого	p–	hold s.o. cheap; not to take s.o. into account
это последняя ставка !	–	it's the last throw of the die /dice/
очная ставка	юр–	confrontation; identification parade
отбиться от своего стада	пер–	lose touch with one's own people
осушить стакан	–	drain one's glass
придерживаться стаканчика	–	like one's drink
переходить в стан врага	кн–	go over to the enemy

СТАНЦИЯ

проводить кого на станцию	– see s.o. off to the station
стар и млад /мал/	у– old and young
приложить все старания	– do one's utmost; leave no stone unturned
стараться во всю	p– do one's level best
древний старик	p– very old man
глубокий старик	p– a/ a
по старине	p– according to an old custom
в старину	p– in olden times
седая старина	– olden days; hoary antiquity
тряхнуть стариной	p– bring back the memories of the good old days
на старости лет	– in one's old age
глубокая старость	– ripe old age
дожить до глубокой старости	– live to be very old
старость не радость	пог– it's no fun to be old
и на старуху бывает проруха	пос– every man has a fool in his sleeve
сидеть /стоять/ как статуя	– be as a wooden/stone/ image
с какой стати ?	p– why on earth ? why should one?
быть под стать кому	p– be a match for s.o.
ему не под стать так себя вести	–it does not become him to behave like this
передовая статья	– leading article; leader
это особая статья	p– that's another matter
по всем статьям	– on all counts; in every respect
быть пьяным в стельку	p– be drunk as a lord/fiddler, owl, trooper, cobbler/; dead drunk; blind drunk

СТЕНА

припереть кого к стене	– drive s.o. into a corner; bring s.o. to bay
прижать кого к стене	– a/a

СТЕНА		СТЕЧЕНИЕ
припёртый к стене́	–	with one's back to the wall
как об сте́ну горо́х	p–	as water off a duck's back; like being up against a blank wall
как в сте́ну горо́х	p–	a/a
как от стены́ горо́х	p–	a/a
стено́й стать друг за дру́га	–	stand up for each other
на него́ мо́жно положи́ться, как на ка́менную сте́ну	–	one can rely on him absolutely; one can have absolute trust in him
сте́ны име́ют у́ши	–	little pitchers have long ears; walls have ears
встать стено́й	–	rise as one man
на́ стену лезть от чего́	–	be beside oneself with...
жить стена́ в сте́ну с кем	–	live next door to s.o.
запере́ться в четырёх стена́х	–	immure oneself; become a recluse
как за ка́менной стено́й	–	as safe as houses
как ка́менная стена́	–	a/a
заруби́ть на сте́нке	–	memorize; make a notch
поста́вить к сте́нке	p–	shoot/ execute / s.o.
поста́вить под сте́нку	p–	a/a
до не́которой сте́пени	–	to some degree; in a way; after a fashion; in some measure
до изве́стной сте́пени	–	a/a
до кра́йней сте́пени	–	to the last degree
ни в како́й сте́пени	–	not in the least
ни в мале́йшей сте́пени	–	a/a
в вы́сшей сте́пени	–	highly; extremely; to a great extent
в значи́тельной сте́пени	–	a/a
пожа́луйста без стесне́ний !	–	feel at home! don't stand on ceremony!
стече́ние обстоя́тельств	–	coincidence

СТЁКЛЫШКО	СТОЛП
чистый, как стёклышко	-spick and span
Стёпка - растрёпка	p- shock-head
новый стиль	-Georgian calendar
старый стиль	-Julian calendar
корявый стиль	-clumsy style
сочный стиль	-rich style
это не в его стиле	-it's not like him
сочинять стихи	-write verses /poetry/
на него нашёл стих	p-he is in a queer mood
мягко стелет, да жёстко спать	honey tongue, heart of gall; пог-honey is sweet, but the bee stings; velvet paws hide sharp claws
на все сто	p- a hundred per cent perfect
номинальная стоимость	-face value
убирать со стола	-clear the table
накрыть на стол	-lay/ set/ the table
адресный стол	-address bureau /where addresses of inhabitants can be obtained/
стол и квартира	-board and lodging
домашний стол	-plain cooking
зелёный стол	-card table
стоять, как столб	p-stand like a stone /graven, wooden / image
пригвоздить кого к позорному столбу	- pillory s.o.; put s.o. into pillory
верстовой столб	- / equivalent of / milestone
стоять столбом	p- stand stock-still
на него нашёл столбняк	p- he has been stunned
случайно столкнуться	- run into each other
столпы общества	кн- pillars of society

СТОЛПОТВОРЕНИЕ	СТОРОНА

столпотворе́ние вавило́нское	p-	babel ; bustle; turmoil; confusion; muddle
идти́ по чьим стопа́м	-	follow in s.o.'s footsteps
напра́вить стопы́	кн-	wend one's way ; bend one's steps
обрати́ть стопы́	кн-	a/a

сторона́

су́щ.

лицева́я сторона́ до́ма	- façade ; the front of the house
ле́вая сторона́ мате́рии	- the wrong side of the material /cloth/
лицева́я сторона́ мате́рии	- the right side of the material /cloth/
пра́вая сторона́ мате́рии	- a/a
обра́тная сторона́ меда́ли	- the reverse side of the medal; the other side of the coin
обра́тная сторона́ меда́ли	пер- the dark side of the picture

гл.

брать чью сто́рону	- side with s.o.
держа́ть чью сто́рону	- a / a
держа́ться на стороне́	- keep in the background ; keep aloof
иска́ть на стороне́	- seek s.t. / look for s.t./ elsewhere
истолкова́ть что в дурну́ю сто́рону	- take s.t. in the wrong sense
отвести́ кого́ на сто́рону	- take s.o. aside
отпусти́ть кого́ на все четы́ре сто́роны	discharge s.o. ; sack s.o.; give s.o. the sack
перетяну́ть кого́ на свою́ сто́рону	- win s.o. over
показа́ть себя́ с вы́годной стороны́	show oneself to the best advantage
показа́ть себя́ с дурно́й стороны́	show oneself to disadvantage ; make an exihibition of oneself
прояви́ть себя́ с лу́чшей стороны́	show one's best side
смотре́ть со стороны́	- take a detached view

СТОРОНА

стать/встать/ на чью сторону	– take s.o.'s side ; side with s.o.
узнать что стороной	– learn s.t. from hearsay

при.

неприглядная сторона	– the seamy side
родная сторона	– native land ; birth-place
иметь свои хорошие стороны	– have one's points
чужая сторона	– foreign country

раз.

на все четыре стороны	– wherever one likes
со стороны виднее	п – onlookers see more than players
с одной стороны ..., с другой стороны...	– on the one hand ...on the other hand...
с вашей стороны	– for your part
с моей стороны	– for my part
это очень мило с вашей стороны	– that's very kind of you
стоять на своём	– stand one's ground ; hold one's own ; not to give up
твёрдо стоять на своём	– stick to one's guns ; sit tight; be firm
стоять, как вкопанный	– stand stock-still
открыть новую страницу в чём	– turn over a new leaf
вписать новую страницу во что	– contribute to s.t.

СТРАХ

страсть как	п – very much
страсть сколько	п – very many ; galore
ему страсть как хочется	п – he is simply dying for it
держать в страхе	– keep in obedience
держать в страхе божем	– a/a
у него от страха отнялся язык	– he was speechless with terror /fright/

СТРАХ		СТРУНА

напустить страх на кого		–give s.o. a fright
на свой /+ собственный/ страх и риск		at one's own risk ; on one's –own responsibility
делать что не за страх , а за совесть		to do s.t. honestly / conscien- –tiously /
цепенеть со страха		–freeze with fear
под страхом смерти		–on pain of death
у страха глаза велики	пос-	–fear sees danger everywhere; /makes mountains out of mole-
страха ради иудейска	кн ш-	out of fear of s.t. /hills/
давать стрекача	п-	–be off like a shot; take to one's heels
вылететь стрелой		–be off like a shot
ехать стремя в стремя		–ride side by side
вводить в строй		–put into service
выводить из строя		–put out of action
выбывать из строя		–quit; leave ranks/ service/
прогнать сквозь строй	дорев	–run the gauntlet
зелёное строительство		–the planting of parks/gardens/
приказная строка		у–official; scribe; bureaucrat
строка в строку		–word for word ; literally
читать между строк		–read between the lines
красная строка		–new paragraph
строчка в строчку		–word for word; literally
играть не чьей слабой струне		–play on s.o.'s weak point / side , spot/
задевать слабую/чувствительную, больную,деликатную/ струну		–touch the right chord
держать в струне	п-	keep s.o. in obedience /sub- mission/
вытянуться в струну		–stand to attention
вытянуться струной		– a/a
заставлять кого ходить по струне		– reduce s.o.to servile obedience

СТРУНКА		СУД
ходи́ть по стру́нке	—toe the line	
сла́бая стру́нка	—weak spot; week point	
влить живу́ю струю́ во что	—inject new life into s.t.	
внести́ живу́ю струю́ во что	— a/a	
сиде́ть ме́жду двух сту́льев	—1/ fall between two stools; 2/ sit on the fence	
сгора́ть со стыда́	—burn with shame	
не име́ть ни стыда́, ни со́вести	—be dead to shame	
у него́ нет стыда́ в глаза́х	—he's lost to shame	
стыд и позо́р ему́ !	—shame on him !	
стыд и срам !	—for shame !	
как вам не сты́дно	—you ought to be ashamed of yourself	
подня́ть стяг /стя́ги/ на кого́	—start a war / fight, struggle/	
Ве́рбная Суббо́та	цер —the Saturday before Palm Sunday	

суд

полево́й суд	—court martial
быть пре́данным вое́нно-полево́му суду́	—be court-martialled
преда́ть суду́	—put on trial ; take to court; prosecute
отда́ть под суд	— a/a
привле́чь к суду́	— a/a
пода́ть в суд на кого́	—bring s.o. to court
Бо́жий Суд	ист —trial by combat / battle/
суд че́сти	—court of honour
суд пото́мства	—verdict of posterity
расправля́ться без суда́	—lynch ; take the law into one's own hands
помири́ться без суда́	—settle out of court

СУД   СУММА

на нет суда́ нет	пог-	if there isn't any one must do without it
оправда́ть по суду́	-	found not guilty
Стра́шный Суд	рел -	Doomsday ; Day of Judgement
суд прися́жных	-	jury
трете́йский суд	-	court of arbitration
су́ды да пересу́ды	р-	rumours and talks; gossip
су́дя по всему́	-	to all appearances ; on the face of it
наско́лько я могу́ суди́ть	-	as far as I can see/ understand/
суди́ть и /да/ ряди́ть	п-	discuss; deliberate; ponder

судьба́

каки́ми судьба́ми ?	-	what good wind brings you here? fancy meeting you !
не судьба́ мне была́	-	it was not on the cards/ in the stars/ for me
связа́ть свою́ судьбу́ с кем	-	cast one's lot with s.o.
реши́ть свою́ судьбу́	-	seal one's fate
проклина́ть свою́ судьбу́	-	curse one's stars / fate/
примири́ться со свое́й судьбо́й	-	reconcile oneself to one's fate; make the best of it
не судьба́ ему́	р-	he has no luck ;he is not in luck
ви́дно,не судьба́	р-	it was not to be
мирово́й судья́	у-	justice of the peace
мыши́ная суета́	-	fuss; bustle
класть что под сукно́	-	shelve s.t.; pigeon-hole s.t. ; sweep s.t. under the carpet
ходи́ть с сумо́й	р-	go a-begging; beg one's bread
пусти́ть кого́ с сумо́й	р-	ruin s.o.
он- сума́ переметная	у-	he is a weathercock
доводи́ть кого́ до сумасше́дствия	-	drive s.o. mad
обойти́сь в изря́дную су́мму	-	cost a pretty penny

СУММА   **СХОДКА**

порядочная сумма	– a pretty penny; a tidy /handsome/ sum
круглая / кругленькая/ сумма	– a / a
под сурдинку	p– on the sly
спать как сурок	– sleep like a top/ log/
круглые сутки	– round the clock; day and night
суть дела	– the root/heart/ of the matter
обходя суть дела	– in a round-about way
по сути дела	– as a matter of fact
дойти до сути дела	– get to the root/heart/ of the matter; come to the point
докопаться до сути дела	– a / a
без сучка / + без задоринки/	p– without a hitch
не по существу	– beside the mark; not to the point
говорить по существу	– keep / speak, come/ to the point
отвечать по существу	– give a straight answer
влачить существование	– drag out one's days/ a miserable existence/
поддерживать существование	– keep body and soul together
сущность вопроса	– the root of the matter
в сущности	– to all intents and purposes; as a matter of fact
в своей сфере	– on familiar ground; in one's element
это не его сфера деятельности	– that's not his province / line/
схватиться врукопашную	– come to grips; engage in hand-to-hand fighting
рукопашная схватка	– hand-to-hand fight
родовые схватки	– labour pains
решительная схватка	– decisive struggle / fight/
сходить на нет	– come to nothing/ naught/
мирская сходка	ист – meeting of a rural council

СХОДСТВО		СЧЁТ
обманчивое сходство		-mistaken identity
устраивать сцену кому		-stage a row with s.o.
сцена ревности		-fit of jealousy
выступать на сцене		-act ; appear on the stage
сойти со сцены	пер-	pass from the picture
сцепление обстоятельств		-series of events;coincidence
призрачное счастье		-unreal happiness;fool's paradise
захлёбываться от счастья		-be transported with joy
попытать счастья		-try one's luck; try one's hand at s.t.
какое счастье ему привалило!	p-	what a lucky break for him!what a stroke of luck for him !
иметь счастье		-have the honour ; be honoured
счастье ему изменило		-his luck is out
не бывать бы счастью,да несчастье помогло	пос-	it's an ill wind that blows nobody good

СЧЁТ
СУЩ.

не знать счёта деньгам		-have more money than one can count
счёт дружбе - не помеха	пос-	short accounts / reckonings/ make long friends
покончить счёты с жизнью		-to die; be called to account
счёт очков		-score / abt. sport/

ГЛ.

входить в счёт	-be taken into account/ consideration/
жить на чей счёт	-live at s.o.'s expense
не обманывайтесь на этот счёт!	-make no mistake about it !
острить на чей счёт	-raise a laugh at s.o.'s expense; make a laughing stock of s.o.
он относит это на свой счёт	-he thinks it was meant for him
погасить счёт	-settle an account

СЧЁТ

поживиться на счёт кого́	– enrich oneself at the expense of s.o.'s else
приня́ть что на свой счёт	– take s.t. as referring to oneself
прое́хаться на чей счёт	p– have a knock at s.o.; play a joke on s.o.
пройти́сь на чей счёт	p– a/a
сби́ться со счёта	– lose count
своди́ть счета́ / счёты/ с кем	– square / settle/ account with s.o.
соста́вить подде́льный счёт	– cook an account ; make false / forged / accounts
язви́ть на чей счёт	у – take a rise out of s.o.; take the mickey out of s.o.

при.

на казённый счёт	– at public expense
в коне́чном / после́дним/ счёте	– in the end; in the long run
кру́глым счётом	– in round numbers
лицево́й счёт	– personal account
Мала́ньин счёт	п ш – wrong reckoning ; miscalculation
ро́вный счёт	– a round sum
для ро́вного счёта	– to make it even
ста́рые счёты	– old scores
быть на хоро́шим счету́	– have a good standing
быть на хоро́шим счету́ у кого́	– stand well with s.o.

раз.

в два счёта	p– in two shakes; in a trice; in no time; in two twos; in a jiffy ; like a shot
э́то вы на мой счёт ?	– do you mean me?
име́ть счёты с кем	– have accounts to settle with s.o.; have a bone to pick with s.o.
счёту нет	– very many ; countless
не в счёт	– not to be counted; to be ignored
ро́вным счётом ничего́	p– nothing at all; practically nothing

СЧИТАТЬСЯ

с ним нечего считаться		– he may be ignored
не считаться ни с чем		– stop at nothing; act regardlessly of everything
отдавать кого на съедение кому	пер	– leave s.o. at the mercy of s.o.
сукин/собачий, чёртов, курицын/ сын	гр п–	son of a bitch
блудный сын	биб	– prodigal son
маменькин сын		– mother's darling
побочный сын	у–	natural/illegitimate/ son
отецкий сын	нар поз–	son of rich/honourable, respected / man
кататься, как сыр в масле	пог–	live in clover ; live on the fat of the land
вот от чего сыр-бор загорелся!	ш	– so that's what all the fuss is about!
глядеть как сыч	p–	look glum
жить как сыч	p–	live in solitude / as a recluse/

СЫЧ

ТАБЛИЦА		ТАКТ
пе́рвый в табли́це	сп-	at the top of the table ; top-scorer
после́дний в табли́це	сп-	at the bottom of the table; bottom team
посвеща́ть кого́ в та́йну	-	let s.o. into a secret
доверя́ть кому́ свои́ та́йны	-	take s.o. in one's confidence
храни́ть в та́йне	-	keep a secret
оку́танный та́йной	-	wrapped in mystery
окры́тый та́йной	-	a/a
открыва́ть та́йну	-	reveal a secret
в тайника́х се́рдца	-	in the inmost recess of one's heart; in one's heart of hearts
в тайника́х души́	-	a/ a
так		
та́к-таки	р-	so; really; in fact; well
так и́ли ина́че	-	in any case; one way or other; somehow or other
так себе́	-	so so; just fair ;fair to middling
и так и так	-	this way and that
так и сяк	р-	so so; this way and that
и так и э́так	р-	either way
ни так ,ни э́так	р-	neither way
ни так ,ни сяк	р-	neither this nor that
так то́чно !	р-	exactly!just so! aye ,aye, Sir!
так и быть !	р-	let it be !right you are!
так и есть	-	very well; just as I thought
тако́й-сяко́й /+нема́занный/	п-	you so and so!
и был тако́в	р-	and off he went; and that was the last anyone saw of him
сби́ться с та́кту	муз-	lose the beat; get out of tune

ТАКТ		ТЕЛО
попадать не в такт	муз-	come in on the wrong bar
в такт	муз-	in time
не в такт	муз-	out of time
отбивать/выбивать/ такт	-	stamp in time; beat time
держать такт	-	a/ a
зарывать талант / + в землю /	-	waste one´s talent
там и сям	p-	here and there; here, there and everywhere
ни там ,ни сям	p-	neither here nor there
танец смерти	-	dance macabre
это тарабарщина для меня	p-	it is Greek to me
быть не в своей тарелке	-	be not quite at ease; be not quite oneself
провалиться в тартарару	p-	be damned
и пошли тары-бары	п-	all the tongues began to wag
татарина поймать	пог-	catch a Tartar
твердить одно и тоже	-	harp on the same string
эстрадный театр	-	music hall
кукольный театр	-	puppet theatre
зелёный театр	-	open air theatre
дать телеграмму	-	send a telegram
телеграмма-молния	-	express-telegram
я у телефона !	-	... speaking !
звонить по телефону	-	ring up s.o.
подойти к телефону	-	answer the phone/ telephone/
ласковый телёнок двух маток сосёт	пос-	as wanton as a calf with two dams
в теле	p-	stout ; fat; plump

держа́ть в чёрном те́ле кого́	p-	ill-treat s.o. ; treat s.o. roughly
спасть с те́ла	п-	lose weight ; grow thin; slim
тем лу́чше	-	so much the better
тем ху́же	-	so much the worse
тем бо́лее	-	all the more; the more so
тем не ме́нее	-	nevertheless; especially
перескакивать с одно́й те́мы на другу́ю	-	skip from one topic to another; change the subject
не на те́му	-	off/ beside/ the point
говори́ть на те́му	-	keep to the point
люби́мая те́ма	-	hobby-horse
злободне́вная те́ма	-	the topic of the day
на те́мы дня	-	on topical subjects
отклоня́ться от те́мы разгово́ра	-	stray off the point; wander off the subject
удаля́ться от те́мы	-	a/ a
щекотли́вая те́ма	-	delicate subject
темны́м- темно́	-	it is pitch-dark
задава́ть темп	-	set the pace
броса́ть те́ни на кого́	-	put s.o. in bad light
от него́ одна́ тень оста́лась	-	he is worn to the shadow; he is a shadow of his former self
держа́ться в тени́	-	be in the shade
ни те́ни сомне́ния	-	not a shadow of doubt
ни те́ни пра́вды	-	not a vestige of truth
примени́ть тео́рию к пра́ктике	-	put theory into practice
серде́чная теплота́	-	cordiality
поста́вить кому́ термо́метр	-	take s.o.'s temperature

ТЕРПЕНИЕ		ТИШЬ
а́нгельское терпе́ние		– angelic patience ; the patience of Job
а́дское терпе́ние		– a/ a
истоща́ть чьё терпе́ние		– wear out s.o.'s patience
выводи́ть кого́ из терпе́ния		– try s.o.'s patience
вы́йти из терпе́ния		– lose patience
терпе́ние и труд всё перетру́т	пос	– dogged does it; "if at first you don't succeed,try,try, try again"
хоть у кого́ терпе́ние ло́пнет	p–	enough to try the patience of a saint
моё терпе́ние ло́пнуло	p–	my patience has been exhausted
запасти́сь терпе́нием		– arm oneself with patience
вооружи́ться терпе́нием		– a/ a
в тесноте́ , да не в оби́де	пог–	the more, the merrier
они́ о́ба из одного́ те́ста сде́ланы	пог–	they are both of the same leaven /kidney,ilk/
глуха́я тете́ря	p–	as deaf as an adder
с тече́нием вре́мени		– in due course; in the long run
подозри́тельный тип		– suspicious character; queer customer
типу́н тебе́ на язы́к !	p–	curse the tongue that said it! a plague on you for saying such things !
вы́йти из тиража́	пер –	be on the shelf; be a back-number
смотре́ть тихо́ней	p–	look as if butter would not melt in one's mouth
гробова́я тишина́		– stony/death-like/ silence
нару́шить тишину́		– break the silence
обще́ственная тишина́ и споко́йствие		equ. King's /Queen's/ peace; public order
про́сят соблюда́ть тишину́		– silence, please
тишь да гладь /+ да Бо́жья благода́ть/	p–	peace and harmony

ТИШЬ		ТОЛК
в ночной тиши		– at dead of night

то-то	p–	1/ what did I tell you? 2/ that is just it; 3/ there you are!
то-то и оно́	p–	that's what it is !
то да сё	p–	this and that
ни то, ни сё	p–	half and half; between hay and grass; neither fish, flesh nor good red herring
ни с того́, ни с сего́	p–	all of a sudden; for no earthly reason; without rhyme or reason
о том, о сём	p–	about one thing and other
и тот и друго́й		– both
ни тот, ни друго́й		– neither; neither one
все возмо́жные това́ры		– goods of every description
показа́ть това́р лицо́м		– put up a good show; show to the best advantage
това́р разошёлся		– goods were sold out
отпуска́ть това́р		– sell goods in a shop
това́ры широ́кого потребле́ния		– consumer goods
хо́дкий това́р		– goods in great demand
кра́сный това́р	у–	textiles
живо́й това́р		– serfs
пе́ший ко́нному не това́рищ	пос–	lit. a man on foot is no company for a man on horseback
това́рищ по несча́стью		– fellow-sufferer
това́рищ по ору́жию		– comrade-in-arms
това́рищ по рабо́те		– fellow-worker
ряди́ться в то́гу кого́	кн –	assume airs; pretend
иду́т то́лки	p–	tongues /beards/ are wagging

ТОЛК		ТОНКОСТЬ

идут толки о том, что...	p-	it is rumoured that ...
взять в толк	p-	understand
от него толку не добьёшся	p-	you can't get any sense out of him
знать толк в чём	p-	know what's what ; know beans; know black from white
сбивать с толку	p-	baffle ; muddle; confuse; bewilder ; disconcert s.o.
не выйдет из этого толку	p-	nothing will come out of it
не возьму в толк	p-	I can't make it out
он всё толкует	p-	he keeps harping on the same string
что тебя толкнуло на это ?	p-	what made you do that ? why on earth did you do it?
разношёрстная толпа	-	medley ; confused crowd
поперёк себя толще	п-	very fat ; obese
только что	-	just now
только и всего	-	not much ; and that is all
тому назад	-	ago
настроиться на минорный тон	-	become sad/wistful, despondent/
повысить тон	-	raise one's voice
снижить тон	-	sing another tune ; change one's tune; sing small
сбавить тон	-	a/ a
попасть в тон	-	be in tune
не в тоне	-	out of tune
задавать тон	-	set the style; call the tune; set the pace
вдаваться в излишние тонкости	-	split hairs; put too fine a point on it
вдаваться в черезмерные тонкости	-	a/a
до тонкости	-	to a nicety
знать что до тонкости	-	know all the ins and outs of it

ТОПОР	
пла́вать , как топо́р	ш— swim like a stone
хоть топо́р ве́шай	п— it is so stuffy and smelly
продава́ть что с торго́в	— sell s.t. by auction
торгова́ть вразно́с	— peddle
полете́ть вверх торма́шками	p— fall down head over heels / topsy-turvy/
нагоня́ть тоску́	— make s.o. depressed
тоска́ по ро́дине	— nostalgia ; homesickness
тоска́ по до́му	— a / a
меня́ гнетёт тоска́	— I am sick at heart
зелёная тоска́	— unbearable anguish
у него́ тоска́ на се́рдце	— he is sick at heart
тоска́ на него́ напа́ла	— he has got the blues
его́ грызёт тоска́	— he is eating his heart out
кака́я тоска́ !	— how bored I am !
предлага́ть тост за кого́	— propose s.o.'s health
провозгласи́ть тост за кого́	— a/ a
то́тчас же	— right away ;immediately
то́чка	
<u>сущ.</u>	
то́чка зре́ния	— point of view
со всех то́чек зре́ния	— on every account
отста́ивать свою́ то́чку зре́ния	— hold one's own; stick to one's guns
стать на то́чку зре́ния	— take a stand/ a point of view/
найти́ то́чку опо́ры	— gain a foothold
потеря́ть то́чку опо́ры	— lose one's footing
то́чка отправле́ния	— starting point

| ТОЧКА | ТПРУ |

у нас нет никаких точек соприкосновения	—we have nothing in common
точка в точку	p—exactly; precisely
точка в точку ,как ...	p—as like as two peas; not a pin to choose between them

гл.

дойти до точки	—be in a difficult situation; be at the end of one's tether
дойти до мёртвой точки	—come to a stop/ standstill/
попасть в точку	—hit the nail /+on the head/; hit the mark/ bull's eye/
сдвигнуть что с мёртвой точки	—set/put/ s.t. in motion
он смотрит в одну точку	—he stares fixedly /+ in front of him/
ставить точки над "и"	—dot one's /the/ "i's" and cross one's /the/ " t's"
ставить точку на ком	—sever all relations with s.o.

при.

мёртвая точка	пер— deadlock ; dead stop
на мёртвой точке	пер— at a standstill

раз.

точка !	— that's enough! that'll do !
и точка !	— a/ a
в самую точку	p— precisely ; to a "t"
точно такой же	—the very same; exactly the same
точно так / так точно /	—quite so ; just so; precisely
точь - в- точь	p—exactly; word for word; to a hair ; to a dot
вызывать тошноту	—make s.o. sick ; turn one's stomach
это мне надоело до тошноты	— I am sick to death of it
ни тпру ,ни ну	п— one would not budge

| ТРАВА | ТРУД |

сорная трава хорошо растёт	-ill weeds grow apace
травой поросло	пос- all is over and forgotten
тратить даром	-waste
уступать требованиям времени	-yield to the times
по первому требованию	-at call; at a moment's notice
не отвечающий требованиям	-inadequate ; not fulfilling requirements
что и требовалось доказать	-which has to be proved
забить /бить/ тревогу	-raise / sound/ an alarm
трубить тревогу	- a/ a
поднимать ложную тревогу	-cry wolf ; raise a false alarm
воздушная тревога	-air-raid alert
на третье	-for a sweet ; for a dessert
задать кому /+здоровую/ трёпку	-give s.o. a sound thrashing
трёпка нервов	п-strain on the nerves
курьерская тройка	-coach and three
тройка удалая	-dashing troika
тройка лошадей	-carriage / coach/ and three
возвести на трон	-enthrone; place on a throne
вступить/взойти/на трон	-mount / ascend / the throne
низвергнуть с трона	- dethrone
вылететь в трубу	п-go bust /bankrupt,broke /; end up in smoke;end on the rocks
пустить в трубу кого	п-bring s.o. to ruin
во все трубы трубить	p-shout from the housetops
труба иерихонская	у-throat of brass
" мартышкин труд" к с/Крылов/	-monkey business

ТРУД	ТУДА
ка́торжный труд	- hard labour; killing work
безкоры́стный труд	- labour of love
непоси́льный труд	- back-breaking toil
без труда́ нет плода́ пос	- no pains, no gains
без труда́ не вы́тащишь и ры́бки из пруда́ пос	- a/ a
не пожале́ть труда́	- not to spare efforts
брать на себя́ труд	- take the trouble; undertake task
дать себе́ труд	- a/ a
с трудо́м перебива́ться	- live from hand to mouth
еги́петский труд	- uphill work; tough job
не сто́ит труда́	- it is not worth the trouble
корми́ться свои́м трудо́м	- live by one's work
отдыха́ть по́сле трудо́в пра́ведных	- rest after one's labours
запу́таться в тру́дностях	- be entangled / get/ into a difficult situation
живо́й труп	- walking corpse
то́лько че́рез мой труп !	- over my dead body !
тру́са пра́здновать	p- show the white feather ; show cowardice
городски́е трущо́бы	- slums
провинциа́льная трущо́ба	- provincial hole; God forsaken place ; Podunk / Am/;dump
ему́ всё трын-трава́	p- devil-may-care attitude
быть тря́пкой	пер- have no backbone
молча́ть в тря́почку	п- keep mum
зада́ть тря́ску кому́	п- give s.o. a sound thrashing
туда́ и сюда́	- back and forth

ТУДА		ТЯГА
ни туда, ни сюда	—	neither one way nor the other; stuck fast
туда и обратно	—	there and back
ехать в Тулу со своим самоваром	пос—	carry coals to Newcastle
быть в тупике	—	be at a loss; be in a blind alley; come to a standstill; come to a full stop; be at one's wit's end
зайти в тупик	—	a/ a
завести в тупик кого	—	put s.o. in an impossible situation
ставить в тупик кого	—	a/ a
турусы на колёсах	p—	cock and bull story
/он/ тут, как тут	—	he is here in a flash; there he is all of a sudden
тут чего то не так	—	something is wrong here
ходить, как туча	—	go about with black looks
быть с кем на ты	—	be on close terms with s.o.; be on Christian name terms
тьма-тьмущая	у—	an enormous number; countless multitudes
египетская тьма	у—	pitch-darkness; as black as hell
тьма кромешная	у—	a/ a
тьма работы	—	piles of work
тьма тем	у—	1/ /old Russian/ hundred thousands; 2/ enormous number
сидеть в тюрьме	—	be in jail
упрятать в тюрьму кого	p—	send s.o. to prison
упекать в тюрьму кого	p—	a/ a
убежать из тюрьмы	—	break out of prison
тютелька в тютельку	п—	to a tittle / hair/; to a "t"
дать тягу	п—	take to one's heels; run away
тяга к знаниям	—	thirst for knowledge/learning/

ТЯП	
тяп-ляп	p- in a slipshod way ; anyhow
тяп да ляп	p- a/ a

УБЕДИТЬСЯ		УБОЙ
воочию убедиться в чём	–	see s.t. for oneself/ with one's own eyes/
приходить к убеждению	–	arrive at a conclusion
поступать согласно своим убеждениям	–	act according to one's convictions
действовать по убеждению	–	a/ a
поддаваться убеждению	–	be open to persuasion
выносить убеждение в чём	–	become convinced of s.t.
это моё глубокое убеждение	–	it is my firm conviction
менять свои убеждения	–	change one's mind ; take a different view of things
искать убежища	–	seek refuge / sanctuary, asylum /
тайное убежище	–	hide-out
политическое убежище	–	political asylum
убийство с заранее обдуманным намерением	юр–	premeditated murder
убийство без заранее обдуманного намерения	юр–	manslaughter
легализированное убийство	–	judicial murder
умышленное убийство	юр–	premeditated murder
непредумышленное убийство	юр–	manslaughter
неумышленное убийство	юр–	a/ a
убийство из-за угла	–	treacherous murder
хоть убей ...	p–	to save my life; for the life of me
хоть убей , не знаю	p–	I could not tell you for the life of me
убить кого наповал	–	kill s.o. on the spot/outright/
убирайтесь подобру-поздорову!	p–	go while the going is good !
посылать на убой кого	–	send s.o. to be killed
кормить кого как на убой	p–	stuff s.o. with food to bursting

УБЫЛЬ   УВЫ

пойти на убыль	– get shorter / e.g. day/
быть в убытке	– lose; be out of pocket
чистый убыток	– dead loss
потерпеть /понести/ убытки	– incur losses
возмещать убытки	– compensate for losses
продавать себе в убыток	– sell at a loss
списать в убыток	– write off / a loss/
питать уважение к кому	– respect s.o.
снискать чьё уважение	– win s.o.'s respect
внушать уважение	– command respect
пользоваться уважением	– be held in respect
из уважения к ...	– in deference to ...
относиться без уважения	– treat with disrespect
впредь до дальнейшего /нового/ уведомления	– till further notice
увеличить вдвое	– to double
будьте уверены!	– you may rely on it !
вселять уверенность в кого	– instil confidence in s.o.
можно с уверенностью сказать, что ...	– it is safe to say, that...
полная уверенность	– dead certainty
массовые увеселения	– public entertainments
увидеть мельком	– catch a glimpse /sight/ of...
жениться увозом	– elope ; run away secretly with a lover
увольте меня от этого !	– spare me that , please !
увы и ах !	– alas ! unfortunately !

УГАР		УГОЛ
в угаре страстей		- in the heat of passion
уговор дороже денег	пос-	a bargain is a bargain ; a promise is a promise
ему трудно угодить		- he is hard to please
всё,что вам угодно		- anything that you fancy
не угодно ли ...?		- perhaps you will ; won't you?
что вам угодно ?		- what can I do for you ?
на всех не угодишь		- you cannot satisfy /please / everybody
дамский угодник		- ladies' man ; squire of dames
Божий угодник		- saint ; man of God
угождать и нашим и вашим	p-	run with the hare and hunt with the hounds ; please everybody
непочатый угол		- plenty ; galore
под углом зрения		- from the point of view
сгладить острые углы	пер-	smooth things over
действовать из-за угла		- do s.t. on the sly/in an underhand manner/
напасть из-за угла		- attack /assault / from behind
все углы и закоулки		- all the ins and outs
во всех углах и закоулках		- in every nook and corner
ходить из угла в угол		- pace about; walk to and fro; pace up and down
срезать угол		- take a short cut
прижать в угол		- drive s.o. into a corner
загнать в угол		- a/ a
медвежий угол		- poky hole; God-forsaken place; Podunk / Am/; dump
красный/ передний/ угол		- corner with icons
ставить в угол кого		- put s.o. in the corner
шушукаться по углам	p-	whisper in the background

УГОЛ	УДАЧА
шептаться по углам	– whisper in the background
точно из-за угла мешком ударенный п	– dotty fellow ; queer bird / customer/
уютный уголок	– cosy place
красный уголок порев	– recreation and reading room / in factories and schools/
живой уголок	– pets' corner in a zoo
уголком глаза	– out of the corner of one's eye
быть ,как на углях /угольях/	– be on hot coals ; be on pins and needles; be on tenterhooks
сидеть,как на углях/угольях/	– a/ a
угорел ты что ли ?	p– are you out of your mind ?
живой ,как угорь	– as lively as a cricket
угощение в складчину	– sharing the cost of a meal / party /; clubing together for a meal/ party/
угрозы по адресу кого	– threats directed against s.o.
угрызения совести	– remorse / pricks,qualms/ of conscience
безшабашная удаль	– dash; audacity ; dare-devil attitude
быть в ударе	p– be at one's best ; be in great form
быть не в ударе	p– not to be at one's best; be below par
солнечный/тепловой/ удар	– sunstroke ; heatstroke
быть под ударом	– be in danger
ставить кого под удар	– endanger / jeopardize / s.o.
удар в спину	– stab in the back
одним ударом двух зайцев убить- пос	kill two birds with one stone
решающий /завершающий/ удар	– finishing stroke ; coup de grâce
парировать удар	– ward off a blow
удачи и неудачи	– ups and downs /of fortune/

УДЕРЖ		УЗДА
не знать ни в чём удержу	p-	know no restraint; always go the whole hog
на удивление всему свету	p-	to everyone's surprise
выйти на удивление	-	turn out wonderfully
закусить удила	пер-	act recklessly and stick at nothing
среднее удовольствие	-	not exactly a pleasure
сплошное удовольствие	-	sheer joy; game and glee
к его вящему удовольствию	-	to cap / crown/ his joy
получить удовольствие	-	enjoy
жить в своё удовольствие	p-	enjoy one's life
доставлять себе удовольствие	-	do oneself well
предаваться удовольствиям	-	indulge in pleasures
отравлять удовольствие	-	spoil the fun/pleasure/; be a wet blanket / col/
в удостоверение чего	юр-	in witness of...; in faith thereof
удостоверение личности	-	identity card; identification card / Am/
сматывать удочки	p-	take to one's heels; show a clean pair of heels
попасться на удочку	пер-	fall for a bait / into a trap/
поймать на удочку	пер-	deceive; cheat; outwit
закинуть удочку	пер-	fly a kite; drop a hint
внушать ужас	-	inspire with awe
до ужаса	p-	awfully; terribly
приводить в ужас	-	horrify s.o.
прийти в ужас	-	be horrified
холодеть от ужаса	-	freeze with horror
после ужина горчица	пос-	lit "mustard after a supper"
держать в узде кого	пер-	keep s.o. in check / obedience /

УЗЕЛ		УКОР
завязать кого в узел	p-	bend s.o. to one's will
разрубить гордиев узел	-	cut the Gordian knot
завязать узелок /+на память/	-	to tie a knot /in a handkerchief / to memorize s.t.; tie a forget-me-knot/joc/
соединить узами брака	кн у-выс	tie the marriage knot
связать себя узами брака	кн у-выс	take the vows
узы крови	кн-	bonds of blood
связанный узами родства	кн-	in kinship with s.o.
уйма времени	p-	heaps of time
иметь уйму времени	p-	have all the time in the world
уйма денег	p-	pots of money
стоить уйму денег	p-	cost a pretty penny
уйти несолоно хлебавши	p-	get nothing for one's pains; come away none the wiser
уйти ни с чем	-	go away empty-handed
уйти в себя	-	retire to oneself; live within onself
уйти вперёд	-	excel / outdo/ s.o.
далеко уйти	пер-	achieve great success
это мне не указ	p-	that carries no weight with me
ты ему не указ	p-	you cannot order him about
он ей не указчик	p-	she will not take orders from him
точное указание закона	-	the letter of the law
укладываться спать	-	go to sleep/ to bed/
левый уклон	пер-	left-wing deviation
правый уклон	пер-	right-wing deviation
укоры совести	-	remorse/ pricks ,twinges,pangs/ of conscience

УКОР

ставить что в укор кому	– hold s.t. against s.o.
не в укор /+будь/ сказано	– do not take it amiss
прямые улики	– direct evidence
косвенные улики	– circumstantial evidence
ни малейших улик	– not a vestige /shred/ of evidence
дать зелёную улицу кому	– 1/ give s.o. the green light; 2/ run the gauntlet
будет и на нашей улице праздник пог	– our day will come ; every dog has his day
это на улице не валяется	– you will not get it for nothing
очутиться на улице	– be thrown out on the street
выбрасывать кого на улицу	– throw s.o. into the gutter; fire /sack/ s.o.
выгнать кого на улицу	– turn s.o. out
глухая улица	– lonely street
это мне очень улыбается	– it appeals to me very much
ему это не улыбается	– he does not like the idea; he is not at all keen on it
бессмысленная улыбка	– fatuous smile
притворная улыбка	– sugary smile
деланная улыбка	– forced smile
кривая улыбка	– wry smile
вызывать улыбку	– make s.o. smile
он расплылся в улыбку	– he broke into a smile ; he grinned from ear to ear
подавлять улыбку	– restrain one's smile

УМ

сущ.

это не его ума дело	– it is beyond his understanding /grasp/ ; that is beyond him

УМ   УМ

у него ума палата	p-	he is very wise/clever/; as wise as Salomon
в здравом уме и твёрдой памяти	кн-	of sound mind and good memory
научиться уму-разуму	p-	learn sense; grow wise
научить кого уму-разуму	p-	bring s.o. to his senses; put s.o. wise /Am/
у меня ум за разум заходит	p-	I am at my wits' end
что на уме, то и на языке	пог-	have too much tongue
что у трезвого на уме, то у пьяного на языке	пос-	drink loosens the tongue; what soberness conceals, drunkeness reveals

гл.

блеснуть умом	-	make show of one's wits
он не блещет умом	-	he is not very bright
браться за ум	p-	come to one's senses; become reasonable
взбрести на ум	p-	go to one's head
что это вам взбрело на ум ?	p-	what possessed you ?
выжить из ума	p-	become a dotard /feeble-minded/
вырос, а ума не нажил	пог-	better fed than taught
он умом не вышел	п-	he is doltish
доходить своим умом	-	think out for oneself
жить своим умом	-	live as one thinks fit
завладеть умами	-	sway minds
это у меня из ума не идёт	-	I cannot forget it ; I cannot get it out of my head
мешаться в уме	-	go mad
набраться ума	-	grow wise
обнять умом	-	comprehend
пораскинув умом	p-	on second thoughts

УМ

ума́ не приложу́	p-	I do not understand a thing; I am at my wits' end
мне прихо́дит на ум	-	it occurs to me
раски́нуть умо́м	-	ponder over; think out; use one's brains; cudgel one's brains
своди́ть с ума́ кого́	-	drive s.o. mad; infatuate s.o.; enamour s.o.
сойти́ с ума́	-	go off one's head
с ума́ спя́тить	п-	go balmy /barmy /
я сказа́л, что взбрело́ на у́м	-	I said whatever came to my mind
ка́ждый по своему́ с у́ма схо́дит пог	-	everyone is mad in his own way / after a fashion/
счита́ть в уме́	-	do mental arithmetic
хвати́ться за ум	-	come to one's senses

при.

госуда́рственный ум	-	statesmanship; skill and abilities of a statesman
живо́й ум	-	quick mind / wits/
за́дним умо́м кре́пок	p-	wise after the event; possessing the wisdom of hindsight
быть в здра́вом уме́	-	be in one's sound/ right/ mind
у него́ ум ко́роток для того́, чтобы ...	-	he has not got the brains to ...
недалёкого ума́	-	none too clever
уму́ непостижи́мо	-	it is beyond all understanding

раз.

совсе́м из ума́ вон	p-	I clean forgot; it slipped my mind
сам себе́ на уме́	p-	crafty; sly; scheming; having s.t. up his sleeve
в своём уме́	-	in one's right mind
быть не в своём уме́	-	be out of one's mind; off the rails; off one's top/rocker/
в уме́ ли он ?	p-	is he not out of his mind?

УМ УПОР

он от неё прямо без ума	– he is crazy about her; he is passionately in love with her
быть без ума от кого/чего/	– run mad after s.o./s.t./ ; be mad about s.o. / s.t./
ум хорошо , а два лучше	пос- two heads are better than one
у него не это на уме	– he is thinking of quite another matter
умение держать себя	– behaviour ; comportment
ей-ей умру !	p- carry me out , quick !
уметь поставить на своём	– have a way with s.o.
не уметь себя вести	– have no manners
слишком уж умён	ир - too clever by half
прийти в умиление	– be very touched
говорить без умолку	– be a chatterbox ; talk nineteen to the dozen
поступить в университет	– enter university
впасть в уныние	– give way to despair ; become despondent
хохотать до упаду	– roar with laughter
танцевать до упаду	– dance till one drops
приходить в упадок	– fall into decay
упадок духа	– despondency ; depression
упадок сил	– relapse ; debility
упасть ,как подкошенный	– fall as if shot
в частичную уплату долга	– in part settlement of debt
уплатить наличными	– pay cash
вышедший из употребления	– obsolete ; not in use ; out of date
выходить из употребления	– fall into disuse; go out of use
упомянуть вскользь	– mention in passing / casually/
сказать что в упор	– say s.t. to s.o.'s face

УПОР	УС
смотреть в упор	- stare at s.o.; look steadily at s.o.; gaze fixedly at s.o.
на него нет управы	p- there is no keeping him in check
кинуть/ бросить/ кому упрёк	- hurl reproach at s.o.
не в упрёк будь сказано	- do not take it amiss
ставить что в упрёк кому	- hold s.t. against s.o.
делать на ура	p- do s.t. at haphazard; have the nerve to do s.t.
прокричать троекратное ура	- give three cheers
жизненный уровень	- standard of living
подводить под один уровень	- reduce to the same denominator; bring to the same level
стоящий на уровне	- up to the standard; adequate
идти в уровень с веком	- keep abreast of the times
нравственный урод	- monster
небывалый урожай	- bumper crop /harvest/
снимать урожай	- gather a harvest
жить на уроке	у- be a resident private tutor
извлечь урок из чего	- learn a lesson from s.t.
отвечать урок	- say / recite / one's lesson
зубрить уроки	- grind away at one's lessons
наглядный урок	- object lesson ; practical lesson
показательный урок	- a / a
готовить уроки	- do one's homework
делать урок	- a/ a
усвоить урок	- take in a lesson
прогулять уроки	- play truant
мотать на ус	p- make a mental note of s.t.; take no chances

намотай это себе на ус	p-	put that into your pipe and smoke it
и в ус не дуть	p-	not to turn a hair; not to care a rap
сами с усами	p-	the pot is calling the kettle black
по усам текло , а в рот не попало	по- пог-	there's many a slip 'twixt cup and lip
усаживаетесь поудобнее!	-	make yourself comfortable !
усердие не по разуму	-	more zeal than sense ; more nice than wise
прилагать все усилия	-	make every effort ; do one's best
сделать над собой усилие	-	make an effort ; do one s best
в настоящих условиях	-	in these circumstances
при прочих равных условиях	-	other things being equal
ставить условия	-	lay down conditions
бытовые условия	-	conditions of life
окажите мне услугу	-	do me a favour
готовый к услугам	кор-	Yours faithfully /truly /
медвежья услуга	-	disservice ; bad turn
оказать медвежью услугу	-	do s.o. an ill turn / disservice /
плохая услуга	-	bad /ill/turn; disservice
я к вашим услугам	-	I am at your disposal ! I am your man !
услуга за услугу	-	tit for tat ; one good turn deserves another ;claw me and I'll claw thee
кривая усмешка	-	wry smile
передавать на чьё усмотрение	-	leave s.t. to s.o.'s discretion
решить по своему усмотрению	-	use one's discretion / good judgement /
поступить по своему усмотрению	-	a/ a
действовать по своему усмотрению	-	have a free hand ; use one's discretion

УСНУТЬ	УТКА

уснуть навсегда	пер	– die ; " sleep a sleep that knows no breaking"/"waking"/
не успевать / по географии/		– be slow at/ geography/
он не успел оглянуться, как...		– before he knew where he was; before he could say knife /Jack Robinson/
пользоваться успехом		– be a success ; have a success
успех опьянил его		– success turned his head/went to his head/
успех вскружил ему голову		– a/ a
с успехом обходиться без чего		– do without s.t.
для успокоения совести		– for conscience sake
для успокоения нервов		– for the sake of one's peace of mind
из уст в уста		– by word of mouth; from mouth to mouth
из третьих уст		– by hearsay ; indirectly
на устах у всех		– on everybody's lips; the talk of the town
не сходить с уст		– be passed on; become the talk of the town
вашими бы устами да мёд пить!		– if only you were right! too good to be true !
не знать устали		p– be tireless
он зверски устал		p– he is dead-beat
изнемогать от усталости		– drop with exhaustion
устраивает ли это вас ?		– does that suit you ?
пойти на уступку кому		– come to terms; meet s.o. half-way ; compromise
взаимная уступка		– give-and -take attitude ; meeting s.o. half-way
без утайки		– without keeping anything back
огульное утверждение		– sweeping statement; generalisation
слабое утешение		– cold comfort; Dutch comfort
газетная утка		– newspaper hoax/scare/; canard
пустить утку		пер– fly a kite; spread false rumours

УТОПЛЕННИК

мне везёт ,как утопленнику!	ш-	just my luck !
в одно прекрасное утро	-	one fine morning
утро вечера мудренее	пос-	an hour in the morning is worth two in the evening;tomorrow is a new day;take counsel of one's pillow; sleep on it
ненасытная утроба	бр ш-	glutton

УХО

сущ.

притянутый за уши /аргумент/	- far-fetched/argument reason/
по уши в долгах	- up to one's neck in debts
по уши в работе	- up to the eyes in work
он ни уха ни рыла не смыслит	п- he does not understand a thing

гл.

/+ и/ ухом не вести	- not to care a rap; not to bat an eyelid
не видать тебе ,как своих ушей	- you've had it
влюбиться по уши	- be madly in love; fall over head and ears in love
в одно ухо вошло, в другое вышло	- in at one ear and out at the other
уши вянут от ...	- it makes one sick to hear
говорить на ухо кому	- whisper into s.o.'s ear
дать в ухо кому	гр- box s.o.'s ears
дать по уху кому	гр- a/ a
держать ухо востро	p- keep one's eyes open; be all ears;have one's ear to the ground
дойти до чьих ушей	- come to s.o.'s ear/knowledge/
навострить уши	p- prick up one's ears
надрать /нарвать/ уши кому	п- pull s.o.'s ears
натрубить в уши кому	p- din into s.o.'s ears

УХО	УЧАСТИЕ
оттаска́ть кого́ за у́ши	p- pull s.o. by the ears
покрасне́ть до уше́й	- blush to the roots of one's hair
прокрича́ть у́ши кому́	- din into s.o.'s ears
прожужжа́ть у́ши кому́	- a/ a
пропуска́ть что ми́мо уше́й	- turn a deaf ear to s.t. ; give no ear to s.t. ;take no heed to s.t.
разве́сить у́ши	p- listen open-mouthed ; let oneself to be duped /fooled/
ре́зать у́хо	- offend the ear
слу́хай у́хом, а не брю́хом !	p- do pay attention to what I say!
слу́шать во все у́ши	- be all ears
одни́м у́хом спит, други́м слы́шит	- he sleeps with one eye open
ухмыля́ться до уше́й	p- grin like a Cheshire cat
хло́пать уша́ми	п- look blank

при.

кре́пок на́ ухо	- hard of hearing
музыка́льное у́хо	- an ear for music
туг на́ ухо	p- hard of hearing
туго́й на́ ухо	p- a/ a

раз.

по́ уши	- up to the chin ; up to one's neck /eyes/;head over ears
на у́хо	- a word in one's ear
вы́йти ухо́дом за́муж	- elope
уходи́ть ни с чем	- go away empty-handed
уходи́ подобру́-поздоро́ву!	p- go away while the going is good!
прису́тствовать не принима́я уча́стия в чём	be present but not to take part in s.t.; assist in the French sense

| УЧАСТИЕ | УЩЕРБ |

принима́ть уча́стие в чём	– take part in s.t.; be a party to s.t.
с живе́йшим уча́стием	–with the greatest interest / sympathy /
уче́ние уро́ков	– homework
пе́рвый учени́к в кла́ссе	– head-boy; the top of the class
благотвори́тельное учрежде́ние у-	work house; hostel for the poor and aged
не учи́ учёного	р- don't teach your grandmother to suck eggs
вы́лить уша́т холо́дной воды́ на кого́	– throw cold water upon s.o
чем уши́бся, тем и лечи́сь	пос- like cures like; take a hair of the dog that bit you
на у́шко	– a word in your ear; for your private ear
у него́ у́шки на маку́шке	р- he is all ears; he is on his guard
иго́льное у́шко	– the eye of a needle
быть на уще́рбе	– be on the decline; be on the wane / abt the moon/
нанести́ уще́рб	– cause damage; do damage
понести́ уще́рб	– suffer damage / loss/

ФАВОР   ФЕРТ

быть в фаворе у кого	p- be in s.o.'s good graces /books/
быть не в фаворе	p- be out of favour
факты - упрямая вещь	пог- there is no getting away from the facts
достоверный факт	- established fact
искажать факты	- misrepresent facts
голые факты	- dry facts
подтасовывать факты	- frame up ; juggle with facts
совершившийся факт	- accomplished fact
поставить кого перед фактом	- present s.o. with an accomplished fact / fait accompli/
поставить кого перед совершившимся фактом	- a/a
вольно обращаться с фактами	- stretch facts
считаться с фактами	- face the facts
фактические данные	- the facts
как ваша фамилия ?	- what is your name /surname/?
девичья фамилия	- maiden name
не допускать фамильярностей	- keep s.o. at a distance; stand on one's dignity
что за фантазия ?	- what an idea ? fancy that !
ему пришла фантазия	- he took it into his head; he had a fancy
находиться в фарватере кого	- follow s.o.'s lead ; go along with s.o.
плыть в фарватере кого	- a/ a
не фасон	п- it is not done
держать фасон	п- be fashionably/stylishly / dressed ; put on airs
снять фасон	- copy a dress
стоять фертом	- stand with one's arms akimbo / with hands on hips/

ФЕРТ   ФОКУС

смотреть фертом	- be foppish-looking
задать феферу кому	п- give s.o. a wigging ; reprimand s.o.; give s.o. a good scolding
показать феферу кому	п- a/ a
потерпеть фиаско	- come to grief; suffer setback
всеми фибрами души	- heart and soul
показать фигу	p- show a contemptuous gesture with thumb between two fingers; show the fig/fico/
получить фигу	p- get nothing for one's pains
получить фигу с маслом	p- a/ a
риторическая фигура	- figure of speech
крупная фигура	- outstanding /important/ person
представлять собою жалкую фигуру	- cut a sorry/ poor/ figure
вытянутая физиономия	- long face
курить фимиам кому	выс кн- praise s.o. to the skies; sing the praises of s.o.
пиратский флаг	- the Jolly Roger
под флагом	пер- under the slogan ; in the name of; under the guise of
остаться за флагом	- get left behind; not to succeed
выкинуть флаг	- unfurl a flag
поднять флаг	- raise the flag
спустить флаг	- lower the flag
накинуть флер на что	- give a tinge of mystery to s.t.
набросить флер на что	- a/ a
как флюгер	- like a weathercock in the wind
показывать фокусы	- do conjuring tricks
выкинуть фокус	p- play a trick
без фокусов !	p- none of your tricks !

ФОКУС   ФРУКТ

в э́том весь фо́кус !		– that is the whole point !
фон-баро́н	ш–	big-wig; big-noise
кра́сный фона́рь	у–	brothel ; disorderly house
подста́вить фона́рь кому́	р–	give s.o. a black eye
фонта́н красноре́чия		– fount of eloquence
дать фо́ру кому́		– give s.o. a fair start; give s.o. odds
пара́дная фо́рма		– full dress
покрови́тельственная фо́рма		– mimicry
излага́ть что в пи́сменной фо́рме		– put s.t. in writing кн
оде́тый по фо́рме		– properly dressed /in a uniform/
по всей фо́рме		– ship-shape ; as it should be
пуста́я форма́льность		– mere formality
пренебрега́ть форма́льностями		– not to put too fine a point; brush aside technicalities
сбить с кого́ форс	р–	take s.o. down a peg or two
задава́ть форс	р–	swagger
вы́кинуть форте́ль	р–	spring a surprise
зво́нкая фра́за		– big words
треску́чие фра́зы		– bombastic /pompous, high-flown/ words
изби́тая фра́за		– tag; cliché ; trite phrase
ходя́чая фра́за		– stock phrase /expression/; catchword
пусты́е фра́зы		– mere/empty/ words ; verbiage
стать /вы́тянуться/ во фронт		– stand to attention
вы́строить во фронт		– line up shoulder to shoulder
что э́то за фрукт ?	ир р–	what kind of fellow is this ?
ну и фрукт!	ир р–	a nice fellow indeed! he is a rotten apple '

| ФУКС | ФУ-ФУ |

пройти́/ вы́йти/ фу́ксом	– win by fluke ; get by chance
вы́ступить в фу́нкции кого́	– perform the function/duty/ of s.o.; deputize for s.o.
выполня́ть чьи фу́нкции	– a/ a
не фунт изю́му!	p– it is not a trifle ! it is not to be sneezed at !
узна́ть ,почём фунт ли́ха	p– have a taste of grief /misfortune/
вот так фунт !	п– that's a fine how- d'ye do /kettle of fish/ !
вот тебе́ фунт !	п– a/ a
произвести́ фуро́р	– create a furore/rage, admiration, craze /
фу́-ты, ну́-ты !	p– / expression of surprise, irritation, annoyance /
на фу́-фу́ /фуфу́/ /де́лать /	p– do s.t. 1/ haphazard, 2/ thoughtlessly 3/ fraudulently
/ подня́ть кого́/ на фу-фу́/ фуфу́/	p– cheat; swindle ; take s.o. for a ride
/ подде́ть кого́/ на фу-фу́/ фуфу́/	p– a/ a

ХАНДРА   ХВОСТ

на него нашла хандра	p- he has got the blues /hump/
он впал в хандру	p- a/ a
Халиф на час	ир- king for a day
горячий характер	- hot temper
выдержать характер	- stand firm; stick to one's guns; be true to oneself
не выдержать характера	- give way
железный характер	- strong will
не в его характере	- not like him
у него тяжёлый характер	- he is a difficult man to get on with
не сойтись характерами	- do not get along with s.o.
он с характером	- he is a strong-willed person
характером весь в отца	- a chip off the old block
мирный характер	- mild disposition
моя хата с краю	p- it is no concern of mine; it is not up my street
моя хата с краю, ничего не знаю	пог- a / a
хватит на сегодня	- let's call it a day
вы далеко хватили !	- that's going too far !
этого ещё не хватало !	- that's a bit thick! that's the limit !
мёртвая хватка	- iron/mortal/ grip ; determination
хватить лишнего	p- have a drop too much

<u>ХВОСТ</u>

поджать хвост	- put one's tail between one's legs /abt an animal/
плестись в хвосте	- lag behind; be at the tail-end
хвост трубой	п- / abt a person who left all of a sudden /
бить в хвост и в гриву	p- go at it hammer and tongs

ХВОСТ		ХЛЕБ-СОЛЬ
наступи́ть на хвост кому́	п-	offend /hurt/ s.o.
задра́ть хвост	п-	be self-confident/cock-sure/
схвати́ть за хвост иде́ю	ш-	have a brain-wave
стоя́ть в хвосте́	p-	stand in a line / queue/
висе́ть на хвосте́ кого́	пер-	catch up with s.o.
виля́ть хвосто́м	p-	wag one´s tail
укороти́ть хвост кому́	пер p-	take s.o. down a peg or two
показа́ть хвост	p-	run away; show a pair of clean heels
с хво́стиком	p-	and more ; plus
крыси́ный хво́стик	пер -	pigtail
пусти́ться на хи́трости	-	resort to cunning
идти́ на хи́трости	-	a/ a
хи́трость для отво́да глаз	-	camouflage / as a blind/
не велика́ хи́трость	p-	as easy as A.B.C.
не больша́я хи́трость	p-	a/ a
не теря́ть хладнокро́вия	-	keep a cool head

хлеб

суш.

сажа́ть кого́ на хлеб и во́ду		- condemn s.o. to bread and water
перебива́ться с хле́ба на квас	p-	live from hand to mouth; live frugally
хлеб на корню́		- standing corn/crop/
хлеб с ма́слом		- bread and butter
хлеб-соль	p-	hospitality
хлеб да соль !	p-	good appetite ! you are welcome !
встреча́ть кого́ хле́бом-со́лью	p-	give s.o. a hospitable /warm/ welcome

ХЛЕБ-СОЛЬ

забы́ть чью хлеб-соль	p-repay kindness with ingratitude
води́ть хлеб-соль с кем	p-be friends with s.o.

гл.

да́ром есть хлеб	- not to be worth one's salt
есть чужо́й хлеб	-live on other people; eat s.o.'s bread
зараба́тывать себе́ на хлеб	-earn one's living
его́ хле́бом не корми́	p- he is not to be trifled with; do what he is asking for
отби́ть у кого́ хлеб	- take the bread out of s.o.'s mouth

пр.

мя́гкий хлеб	- fresh bread
хлеб насу́щный	рел - daily bread
све́жий хлеб	- newly-baked bread
це́лый хлеб	- loaf of bread
чёрный хлеб	- brown bread; rye bread

раз.

быть у кого́ на хлеба́х	p-sponge off other people; eat s.o.'s salt
несо́лоно хлеба́вши	p-as wise as before; have nothing for one's pains
хлебну́ть ли́шнего	p-have a drop too much
у него́ хлопо́т по го́рло	p-his hands are full; he has enough trouble ; up to his neck in worry
у него́ хлопо́т по́лон рот	p- a/ a
разве́рзлись хля́би небе́сные	ш-it is raining cats and dogs; it is coming down in sheets
хра́брый во хмелю́	-pot-valiant ; possessing Dutch courage
быть под хмелько́м	p-be in liquor; be the worse for liquor

ХОД

сущ.

пусти́ть в ход тяжёлую артилле́рию	- act with might and main

ХОД   ХОД

при естественном ходе вещей — in the course of nature/events/
знать все ходы и выходы — know all ins and outs; know the ropes
дать ход делу — set an affair going
пустить в ход последний козырь — play one's last card ; stake all
ход мыслей — train of thoughts
пустить в ход все пружины — pull wires/strings/; use all means
пустить в ход все связи — a/ a
ход событий — course / march/ of events
изменить ход событий — turn the tide; alter the course of events
пустить в ход все средства — use all possible means; move heaven and earth
по ходу часовой стрелки — clockwise

гл.

дать ходу п— run away ; show a clean pair of heels
не дать хода кому р— not to give s.o. a chance
давать ход чему — set s.t. going
дать задний ход — back up ; reverse
идти задним ходом — a/ a
пускать в ход что — get under way; set s.t. going
работать полным ходом — be in full blast; work at full blast

пр.

крестный ход рел — religious procession
парадный ход — front entrance
пешим ходом — on foot
на полном ходу — full speed / steam/ /+ahead/
на холостом ходу — in idling gear; in neutral

ХОД		ХОРОШ
чёрный ход	—	back/rear/ entrance
раз.		
быть в ходе	—	be in great request/demand/
это твой ход	—	it is your turn /move, lead/
на всём ходу	—	full speed / steam/
на ходу	—	in motion
ходатай по делам	у—	unqualified legal adviser; quack solicitor
ходить в чёрном	—	wear black
ходить вокруг да около	—	beat about the bush
хождение в народ	ист—	populist movement of intelligentsia in the sixties
хождение по мукам	кн—	the road of sorrow/ ordeal/
быть хозяином положения	—	be master of the situation; have the upper hand
хозяин своего слова	—	as good as one's word
я сам себе хозяин	—	I am my own master
обзавестись хозяйством	—	set up house
жить в холе	—	live in clover
держать кого в холе	—	tend s.o. carefully ; cherish s.o.
обдать кого холодом	—	snub s.o.
собачий холод	—	beastly/bitter/ cold
адский холод	—	a/ a
крещенские холода	—	frosts in the second half of January
холодать и голодать	р—	live in abject poverty
меня ещё рано хоронить	—	I am not dead yet
водить хоровод	—	sing and dance in a ring
хорош собою	—	good looking; attractive

ХОРОШАЯ			ХУДО
моя хорошая		–	my darling / honey, sweetheart/
пока всё хорошо		–	so far so good
тоже хорош !		p–	you are a nice one, to be sure! the pot calling the kettle black
всего хорошего!		–	the best of luck! good-bye!
что хорошего ?		–	what's the news?
хорошенького понемножку		p–	it is too much of a good thing; too much water drowned the /miller
хочешь, не хочешь		–	willy-nilly
хотите верьте, хотите нет		–	believe it or not
что вы этим хотите сказать ?		–	what do you mean by that?
хоть куда !		p–	splendid! couldn't be better!
надрываться от хохота		–	split one's sides with laughter
вызывать неудержимый хохот		–	provoke irrepressible laughter; make people roar
храбрость во хмелю		–	pot valour; Dutch courage
набираться храбрости		–	pluck up one's courage
безрассудно храбрый		–	foolhardy; involving useless danger
старый хрен	бр	п–	old grubber; old bat; old geezer
хрен редьки не слаще		пос –	it is not worth choosing between two evils
спорить до хриплости		–	argue oneself hoarse
Христос воскрес! !		–	Christ has arisen!/greetings exchanged on Easter Sunday/
Христа славить		–	sing Christmas carols /at the doors as in England/
Христа ради		–	for Christ's sake; for God's sake
как у Христа за пазухой		–	without cares; as snug as a bug in a rug /col/
у него хромает / физика/		–	his knowledge of /physics/ is poor
старый хрыч	бр	п–	old bloke; old geezer /codger/
нет худа без добра		пос –	a blessing in disguise; every cloud has a silver lining; it's an ill wind that blows nobody good

ЦАРИЦА		ЦВЕТОК
Царица Небесная		–Our Lady ; Holy Virgin
/+ещё / при царе Горохе	ш–	when Queen Anne was alive ; in the year dot/one/
с царём в голове	p–	a person with gumption / shrewdness , common sense /
без царя в голове	p–	feeble-minded; dull; stupid person
Царь Небесный		– Heavenly Father
Царство ему Небесное !		–may his soul rest in peace ! God rest his soul'
бабье /женское/ царство	ш –	petticoat government
царство грёз		–dream-land
сажать на царство		–enthrone
сидеть на царстве		–reign
тёмное царство		–land of darkness; uncultured /backward/ society
веньчать на царство		–crown a tzar
срывать цветы удовольствия		–enjoy life to the full
зардеться как маковый цвет		–blush like a rose
в / во/ цвете лет		–in the prime / flower/ of one's life
в/во / цвете сил		– a/ a
цвета воронова крыла		–jet black
защитный цвет		–protective colouring; mimicry; khaki ;camouflage
в полном цвету		–in full bloom
цвет лица		–complexion
живые цветы		–natural flowers
полевые цветы		–wild flowers
цвета не подходят друг к другу		– colours do not match
тепличный цветок	пер–	delicate coddled person

ЦВЕТОЧЕК		ЦЕНА
это всё цветочки, а ягодки впереди	пог -	that is only the beginning; there is worse to come; the sting is in the tail
цел и здоров	-	safe and sound; alive and kicking
целый и здоровый	-	a / a
цел и невредим	-	a/ a
целиком и полностью	-	entirely; completely; root and branch
крестное целование	ист-	oath by kissing a cross
последнее целование	рел-	/ taking leave from the deceased by kissing him in the coffin/
в целости и сохранности	-	safe and intact; sound in mind and limb
бить в цель	-	achieve one's aim/ goal/
попасть прямо в цель	-	hit the mark; hit the bull's eye
с какой целью ?	-	what for ?
поставить себе целью что	-	aim at s.t.
иметь цель / целью/	-	have as one's aim
не отвечать цели	-	serve no purpose
с этой целью	-	with that end in view
преследовать личные цели	-	have one's personal interests in view
достичь цели	-	achieve one's aim; carry one's point
мимо цели	-	wide off the mark
задаваться целью	-	set oneself the task of doing s.t.
сбить цену	-	lower the price
набить цену	-	raise the price
набить себе цену	-	enhance one's reputation
любой ценой	-	at any price; at all costs; by hook or by crook
дорогой ценой	пер -	the hard way

ЦЕНА	
это в цене́	– one has to pay a high price for it
знать себе́ це́ну	– have a high opinion of oneself
отпускна́я цена́	– selling price
запра́шивать чрезме́рную це́ну	– overcharge
сойти́сь в цене́	– agree about the price
кра́сная цена́	– the highest price one can pay
бе́шеная цена́	– exorbitant / extravagant/ price
взвинти́ть це́ны	– increase prices considerably
цена́ без запро́са	– fixed price / no bargaining or reductions /
ему́ нет цены́	– he is priceless; he is worth his weight in gold
э́тому нет цены́	– it is beyond price/ invaluable/
дозво́лено цензу́рой	– passed by the censor
высо́ко цени́ть себя́	– think much of oneself; think no small beer of oneself /col/
представля́ть большу́ю це́нность	– be of great value
быть в це́нтре внима́ния	– be in the focus of attention ; be in the limelight/spotlight/
цепь собы́тий	– sequence of events
посади́ть на цепь	– chain ; chain up
сорва́ться с це́пи	– break loose
он как/бу́дто, то́чно, сло́вно / с це́пи сорва́лся	p– he is raving mad
кита́йские церемо́нии	ш– fuss; punctilious ceremonies
приводи́ть ци́фры	– quote figures
приводи́ть цита́ту	– quote

ЦЫПЛЁНОК	
цыпля́т по о́сени счита́ют	пог– never cackle till your egg is laid; don't count your chickens before they are hatched

ЧАД	ЧАС
он как в чаду́	– he is dazed
со все́ми ча́дами и домоча́дцами	– with the whole family/household/
сбро́сить чадру́	пер – become emancipated
гоня́ть ча́й	п – drink tea ; have a cuppa /sl/
пить чай в прику́ску	– drink unsweetened tea while biting and sucking lumps of
пить чай в накла́дку	– drink sweetened tea /sugar
пить чай впригля́дку	ш – drink unsweetened tea
дава́ть/ брать/ на чай	– give/ receive/ a tip
дава́ть /брать/ на чаёк	– a/ a

ча́с

су́щ.

час вре́мени	– an hour
часы́ досу́га	– leisure hours
че́рез час по ча́йной ло́жке	ш – in driblets; very slowly; in minute doses
в любо́й час дня и но́чи	– at any time
часы́ пик	– rush hours
час распла́ты	– day of reckoning
час о́т часу	– with every hour
час о́т часу не ле́гче	– things are worse and worse; things are going from bad to worse
с ча́су на ча́с	– any moment/+now/
час в час	– on time ; on the dot

гл.

его́ час проби́л	– his time has come

пр.

адмира́льский час	у ш – time of an early lunch or late breakfast / time of brunch/

ЧАС

академи́ческий час		- 45 minutes ; 3/4 of an hour
би́тый час		- a good/ whole/ hour
в до́брый час !		- good luck !
коменда́нтский час		- curfew
мёртвый час		- time of rest ; siesta
после́дний час	у -	death
приёмные часы́		- office/ reception/ hours
не ро́вен/ ровён/ час	п-	you never know what may happen
служе́бные часы́		- office / business/ hours
сме́ртный час	у-	death
су́дный час	рел-	day of reckoning

раз.

ро́вно в час	- one o'clock sharp
час-друго́й	- for an hour or two
в час	- in good time
с час	- about an hour
по часа́м	- dead on time; punctually
че́рез два часа́	- in two hours; within two hours
сей же час	- immediately
тот час же	- a/ a
до кото́рого часа́ ?	- till when ?
кото́рый час ?	- what's the time ?
в кото́ром часу́ ?	- at what time ? when?
ско́лько часо́в ?	- what's the time ?
кото́рый, по-ва́шему, час ?	- what time do you make it?

ЧАСОВОЙ	ЧАСЫ
сменять часового	– relieve a sentry
поставить часового	– post a sentry
разводить часовых	– post sentries
на часок	p– for an hour or so
частица моего мёду есть в этом	– I took part in it; I contributed to it
я в частности ...	– I personally; as far as I am concerned
платить по частям	– pay by instalments
разрываться на части	– try to do several jobs /duties/ at once
рвать на части кого	– pester s.o. with questions / requests /
его рвут на части	– 1/ he is in great demand ; 2/ he is being pestered
большей частью	– mostly ; for the most part
по большей части	– a/ a
запасная часть	– spare part
неотъемлемая часть чего	– part and parcel of s.t.
составная часть чего	– component part
это не по моей части	p– it is not my province /line/

часы

стоять на часах	– be on sentry/ guard/ duty
часы идут правильно	– watch/clock/ is right /is a good time keeper/
часы не идут	– watch/clock/ does not work
часы спешат	– watch/clock/ is fast
часы идут вперёд	– a/ a
часы отстают	– watch/ clock/ is slow
часы стоят	– watch/clock/ has stopped
работать, как часы	– work like clockwork

ЧАСЫ		ЧЕЛОВЕК
мой часы врут		-my watch/ clock/ is wrong
перевести часы назад		-put a clock/ watch/ back
заводить часы		-wind a watch/ clock/
как часы		-like clockwork
карманная чахотка	ш-	lack of money
скоротечная чахотка		-galloping consumption /tuberculosis/
круговая чаша	ист-	loving cup
испить чашу до дна		-drink the cup to the dregs
чаша его терпения переполнилась	-	his patience is exhausted; he is at the end of his tether
переполнить чашу терпения		- be the last straw ; break the camel's back /col/
пить мёртвую чашу		- take to drink
чаще всего		- mostly
паче чаяния	кн-	unexpectedly ; contrary to ones one's expectations
сверх /против всякого/ чаяния -		а/ а
	кн	
бить челом кому	у-	ask s.o. humbly
находиться в челе	у-	lead the way; be at the head

человек

сущ.

человек с вывертом	р-	eccentric man
человек с головой		-man with brains
человек с именем		-well-known person
человек на своём месте		-the right man in the right place
человек настроений		-person depending on his moods /whims/
человек-невидимка		-invisible man
человек с положением		-man of high standing

ЧЕЛОВЕК ЧЕЛОВЕК

человек с причудами	p-	capricious, whimsical fellow; queer bird
человек знатного рода	-	man of a good family
человек на все руки	-	Jack of all trades; handyman
человек со средствами	-	man of means
один человек не в счёт	пог-	one man is no man
он-человек себе на уме	-	he is canny/ shrewd/; he has s.t. up his sleeve
"человек в футляре "	к.с. -	person who keeps oneself in cotton wool and is afraid /of any changes
человек человеку рознь	пос-	people differ

пр.

человек бывалый	-	old hand ; he has been around
бывший человек	-	has-been man
вылощенный человек	-	dandy ; fashionably dressed; smart
денежный человек	-	man of means; moneyed man
женолюбивый человек	кн -	ladies' man
замкнутый человек	-	reserved man ; reticent man; bad mixer
заурядный человек	-	man in the street
золотой человек	-	a man with a heart of gold
идейный человек	-	man of principles
навязчивый человек	-	a tiresome person; a nuisance; mustard plaster / col/
ни к чему негодный человек	-	good-for-nothing person
совершенно незнакомый человек	-	perfect stranger
немногословный человек	-	man of few words
общительный человек	-	sociable person; good mixer
он пропащий человек	p -	he is done for ; he is a lost soul

ЧЕЛОВЕК   ЧЕРЕП

прямолине́йный челове́к	- straightforward person; frank person
реши́тельный челове́к	- man of decision
рядово́й челове́к	- man in the street; rank and file
све́тский челове́к	- man about town ; man of the world
семе́йный челове́к	- family man
се́рый челове́к	- dull person
состоя́тельный челове́к	- man of means
ужа́сный челове́к	- holy terror /col/
у́зкий челове́к	- narrow-minded person

раз.

все до одного́ челове́ка	- to a man ; all and sundry
полтора́ челове́ка	ш - almost nobody ; few persons
он-свой челове́к	- he is one of us ; he is one of the lads
что он за челове́к ?	- what kind of man is he?
... с челове́ка	- ... a head; ... per person
сиде́ть на чемода́нах	- sit on one's trunks/suitcases/ ready for a journey
нести́/говори́ть , поро́ть , плести́ / чепуху́	talk nonsense/rubbish, rot / p - talk through one's hat
чепуха́ на по́стном ма́сле	p - rubbish; nonsense; tripe
замори́ть червяка́/червячка́/	ш - have a bite; stay one's hunger; refresh one's inner man; take the edge off one's appetite
на чердаке́ не всё в поря́дке	p - have rats in the attic; have bats in the belfry
в свой черёд	- in due course /time/
идти́ свои́м чередо́м	- take its normal course
че́реп и ко́сти	- skull and cross-bones
раскро́ить кому́ че́реп	- split s.o.'s skull

ЧЕРЕПАХА		ЧЕСТЬ
плести́сь, как черепа́ха		- move at snail's pace
э́то уже́ чересчу́р !		- that's a little too thick ! that's going too far!
черкни́те ко мне		- drop me a line
симпати́ческие черни́ла		- invisible ink
чёрным-черно́	p-	pitch-dark
жи́рная черта́		- thick line
дойти́ до после́дней черты́		- come to the end of one's tether
в о́бщих /гру́бых/ черта́х		- in broad /general/ terms / outline/
в гла́вных / основны́х/ черта́х		- a/ a
э́то его́ семе́йная черта́		- it runs in his family
черты́ лица́		- features
стро́гие черты́ лица́		- regular features
чертеня́та в глаза́х		- impish smile in one's eye

честь

сущ.

и честь соблюсти́ , и де́нежки приобрести́	пог-	have it both ways ; eat one's cake and have it; have one's cake and eat it
честь и ме́сто вам !	у-	you are most welcome !
с че́стью вы́йти из положе́ния		- come out of a situation with credit; come off with flying colours
честь ему́ и сла́ва !		- hats off to him !
честь че́стью		- as befits ; as should be

гл.

по че́сти говоря́	у-	honest to God ; frankly; to tell the truth
э́то де́лает ему́ честь		- it does him credit
де́лать честь кому́		- do s.o. proud ; treat magnificently

ЧЕСТЬ			ЧЁРТ
надо /пора/ и честь знать		p-	one should not overstay one's welcome
честь имею кланяться		y-	I have the honour of greeting you/ taking leave of you/
клянусь честью		-	I stake my honour !
отдавать честь		-	salute
отказаться от чести		-	decline the honour
попасть в честь кому		-	get into s.o.'s good books ; get into s.o.'s favour
считать что за честь		-	consider s.t. to be an honour
удостоить чести кого		кн-	show s.o. respect/ esteem/

пр.

его честь задета	- his honour is at stake

раз.

имею честь	y- I have the honour
ему всё не в честь	y- he is hard to please
он не чета тебе	- he is no match for you
стоять на четвереньках	- be on all fours
министерская чехарда	ш- cabinet reshuffle
чёрным по белому	- in black and white

чёрт

сущ.

ему чёрт не брат	бр	п- he's a dare-devil; he's afraid of nothing
у чёрта на куличках	бр	п- at the world's end ; at the back of beyond
бежать, как чёрт от ладана	бр	п- run for dear life
сам чёрт ногу сломит	бр	п- there is no making head or tail of it

гл.

это ни к чёрту не годится	бр	п- it is not worth a damn

ЧЁРТ   ЧИН

чёрт его дери	бр п–	damn him ! confound him!
чёрт его знает	бр п–	the devil/ deuce / knows
чёрт знает что	бр п–	a/ a
иди к чёрту !	бр п–	go to the devil/ to hell, to blazes /!
не так страшный чёрт ,как его малюют	пог–	the devil is not so black as he is painted
чёрт побери!	бр п–	the deuce/ devil/ take it! oh, damn ! dammit!
чёрт меня побери, если ...	бр п–	I'm a Dutchman ,if...; I'll eat my hat ,if...
ни черта не понимаю	бр п–	I don't understand a thing; I cannot make head or tail of it
это чёрт попутал	бр п–	it's the work of the devil
послать к чёрту кого	бр п–	wish s.o. to go to hell
послать ко всем чертям кого	бр п–	a/ a
всё пошло к чертям	бр п–	all gone to pot
сам чёрт не разберёт	бр п–	there is no making head or tail of it
чем чёрт не шутит	п–	you never can tell; I'll take my chances
убирайся к чёрту !	бр п–	go to blazes /hell/ !

раз.

на кой чёрт ?	бр п–	why the hell ?
один чёрт	бр п–	there is no difference; nothing to choose between ...
к чёрту !	бр п–	to hell with it!
до чёртиков	п–	till one is sick/ fed up/
напиться до чёртиков	п–	be dead-drunk
договориться до чёртиков	п–	talk one's head off
чёт и нечет		– odd and / or/ even
без чинов	p–	without ceremony
нижний чин		y–1/private ; soldier;2/low-- grade clerk

ЧИН		
быть в чинах	у-	occupy a high official post
чин чином	р-	as befits ; as should be ; properly ; in good order

число

без числа		– in great numbers
нет и числа чему		– countless; innumerable
/+ считая/ в этом числе		– including
всыпать в первое число	р-	dust s.o.'s coat; give s.o. a good hiding
какое сегодня число ?		– what date is it today ?
несчётное число раз		– times out of number
задним числом	р-	after the event ; wise after the event
поразмыслив задним числом	р-	on second thoughts
датировать что более ранним числом		– antedate s.t.
датировать что более поздним числом		– postdate s.t.
превосходить числом		– outnumber
выводить среднее число		– strike an average
пройти через чистилище чего	пер-	be subject to control
чисто-начисто	р-	spotlessly clean
заплатить чистоганом	п-	pay on the nail / cash down/
говори на чистоту		– speak out
наводить чистоту		– clean up ; make oneself pretty

ЧИТАТЬ

бегло читать	– read fluently
читать про себя	– read to oneself
читать запоем	– read avidly ; be a voracious reader
читать вслух	– read aloud

ЧИХАНИЕ   ЧУВСТВО

на всякое чихание не наздрав-
  ствуешься   пог- you cannot please everyone

рядовые члены   - the rank and file ; the ranks

вступить в члены / клуба /   - join / a club etc / as a member

записаться в члены /клуба/   - a/ a

что

не что иное, как   - nothing else, but ...; nothing short of...
что там такое ?   - what's the matter ?
не за что   - forget it ; don't mention it
ни за что , ни про что   p- for no reason at all; without rhyme nor reason
чтобы там не было   - at any rate; be as it may ; rain or shine
что за ... ?   - what kind/ sort/ of...?
что с вами ?   - what's the matter with you?
что из того ?   - what of it? so what?
что до него   - as for him; as far as he is concerned
что вы ?/!/   - you don't say!/surprise, wonder /
ни к чему   - no earthly use
это что надо   - just the thing ; very good

чувство

лишиться чувств   - faint ; lose consciousness
привести в чувство   - to bring to /after fainting/
прийти в чувство   - come to one's senses; come to
чувство меры   - moderation; sense of proportion
чувство юмора   - sense of humour
шестое чувство   - sixth sense ; second sight

ЧУВСТВО		ЧУЧЕЛО
чу́вство ло́ктя	–	feeling of common touch; team spirit; comradeship
в растрёпанных чу́вствах	ш–	confused ; out of sorts
с тяжёлым чу́вством	–	with heavy heart
пита́ть чу́вство	–	entertain a feeling
отвеча́ть на чьё чу́вство	–	return/ reciprocate/ one's feelings
из чу́вства до́лга	–	in duty bound
заде́ть чьи чу́вства	–	hurt s.o.'s feelings
чу́вство со́бственного досто́инства	–	self-respect
изли́ть свои́ чу́вства	–	unburden oneself ; open one's heart to s.o.
чу́вствуйте себя́ ,как до́ма	–	make yourself at home
твори́ть чудеса́	–	work wonders
чудеса́ в решете́	ш–	fantastic tale; will wonders never cease ?
чу́до-ребёнок	–	infant prodigy
чу́до-ю́до	фол –	oddity ; bugaboo; bogy
и вдруг ,о чу́до !	–	lo and behold !
си́ний чуло́к	пер–	blue-stocking;learned/pedantic/ woman
чур меня́ !	р–	touch wood !
ни чу́точки	р–	not a bit; not in the least
подожди́те чу́точку	р–	just wait a moment; wait a sec/ col/
чуть не	–	almost; nearly ; all but...
чуть-чуть	р–	a tiny bit; a wee bit
нести́/ говори́ть,поро́ть/ чушь	р–	talk nonsense/rubbish/ ; talk through one's hat
чу́чело горо́ховое	р–	scarecrow

ШАГ

шаг

сущ.

шаг за шагом	– step by step
идти шаг в шаг	– keep step

гл.

идти вперёд семимильными шагами	– advance by leaps and bounds
идти тихим шагом	– walk slowly
идти быстрым шагом	– walk quickly
направить свои шаги	– direct/ bend/ one's steps
отбивать шаг	– mark step
не отстать ни на шаг от кого	– keep pace with s.o.
не отступать ни на шаг	– dog s.o.'s steps; not to retreat one step
не отходить ни на шаг от кого	– not to move a step from s.o.'s side
печатать шаг	– mark step
предпринять шаги	– take steps
прибавить шагу	– quicken the pace; step up one's pace
сбиться с шага	– fall out of step
шагу не сделать для кого	– not to lift a finger to help s.o.
сделать решительный шаг	– take a decisive step
сделать первый шаг	пер– make advances
шагу ступить не дают	– one is not allowed to do anything
убавить шагу	– slow down; slow one's pace
ускорять шаг	– quicken the pace; step up one's pace
ходить неровным шагом	– walk with a jerky stride
чеканить шаг	– mark step

ШАГ ШАПКА

пр.

бе́глый шаг	– double-quick time
бе́глым ша́гом	– at /on/ the double
гига́нтскими шага́ми	– at rapid pace; with rapid strides
дипломати́ческий шаг	– diplomatic move; démarche
ло́вкий шаг	– clever move
ло́жный шаг	– false step
ро́вным ша́гом	– with even stride
твёрдым ша́гом	– with resolute step
черепа́шьим ша́гом	– at a snail's pace

раз.

ша́гом марш !	– quick march! at/ on/ the double!
два шага́	p– round the corner; at a stone's throw ; near by ; a few steps
в двух шага́х	p– a/ a /away
ни ша́гу наза́д	– not a step back
ни ша́гу да́льше	– not a step further
ни ша́гу !	– stay where you are! stay put!
что ни шаг	– at every step
далеко́ шагну́ть	– go far; make great progress
име́ть ша́нсы	– stand a chance
не име́ть ни мале́йшего ша́нса	– not to have a ghost of a chance
нера́вные ша́нсы	– long odds
получи́ть по ша́пке	п– get it hot
дать по ша́пке	п– 1/deal a blow; 2/give a sack
с ша́пкой набекре́нь	– with one's hat cocked/ on one side/

ШАПКА   ШЕЯ

заламывать шапку	p-	cock one's hat
шапка волос	-	shock of hair
шапки долой !	-	hats off! caps off!
"шапками закидаем"!	к с -	we shall win an easy victory! it will be a walk-over!
шапка-невидимка	фол -	the cap of Fortunatus
ломить шапку перед кем	п-	go cap in hand
Красная Шапочка	ск -	Little Red Riding Hood
пускать пробный шар	пер -	fly a kite
залить шары	п-	be dead drunk
хоть шаром покати	p-	quite empty
у него шариков не хватает	p-	he is not all there; he has a screw loose
салонный шаркун	ш-	knight of the carpet
завести /крутить/ шарманку	п-	harp on the same string
быть, как на шарнирах	-	fidget
ни шатко, ни валко	p-	so-so; middling; from fair to middling
и швец, и жнец /+и в дуду игрец/	пог -	Jack of all trades /+master of none/; head-cook and bottle-washer
стоять в одной шеренге с кем	-	take part in s.t. with s.o.; have the same duty/office,job/
находиться в одной шеренге с кем	-	a/ a
гладить кого против шерсти	-	stroke s.o. the wrong way
гладить кого по шерсти	-	flatter / gratify/ s.o.
поднять шерсть	-	bristle up
посадить на шею кому	p-	burden s.o. with s.o./s.t./
гнуть шею перед кем	-	cringe before s.o.
наломать шею кому	-	beat s.o. up; give s.o. a good hiding

ШЕЯ

дать кому по шее	п-	give s.o. a good thrashing
намылить шею кому	п-	give s.o. a scolding; tell off
жить на шее у кого	p-	be a burden to s.o.; be maintained by s.o.
сидеть на шее у кого	p-	a/a
гони его в шею!	п-	throw him out on his ear!
броса́ться кому на шею	-	throw one's arms round s.o.'s neck; run after s.o.
кидаться кому на шею	-	a/a
вешаться кому на шею	-	run after s.o.; pester s.o.
выгнать кого в шею	п-	chuck s.o. out; kick s.o. out
выгнать кого в три шеи	п-	a/a
свернуть себе шею	p-	break one's neck
навязаться кому на шею	p-	become a burden to s.o.
получить по шее	p-	get it in the neck
делать что шиворот на-выворот	p-	do s.t. the wrong way round; put the cart before the horse
шиворот на-выворот	p-	the wrong way round; back to front; turned inside out
шиворот на-выворот, задом наперёд	p-	a/a
задавать шик / шику/	p-	look smart/ fashionable/
шила в мешке не утаишь	пос -	murder will out
развернуть /открыть/ во всю ширь		open/unfold/ to its full extent
шито-крыто	p-	on the sly; quietly
шито да крыто	p-	a/a

ШИШ

он ни шьёт, ни порет	пог -	he is sitting on the fence
показать шиш	гр п-	show a contemptuous gesture with thumb between two fingers; show the fig/fico/
шиш с маслом	гр п-	nothing
получить шиш с маслом	гр п-	get nothing for one's pains

ШИШ		ШПОРА

у него шиша́ нет	п -	he has not got a thing
ва́жная ши́шка	p-	big wig; big pot; big shot; big noise / Am/
определи́ть кого́ в шко́лу	-	send s.o. to school
поступи́ть в шко́лу	-	start school
сре́дняя шко́ла	-	secondary school; high school / Am/
быть в чьей шку́ре	-	be in s.o.'s shoes/boots/
шку́ру спусти́ть с кого́	п-	give s.o. a hiding ; tan s.o.'s hide
драть шку́ру с кого́	p-	exploit s.o. ; drive s.o. hard
драть с кого́ две/три/шку́ры	p-	fleece s.o.
испыта́ть что на свое́й со́бственной шку́ре	p-	feel s.t. on one's own back
дрожа́ть за свою́ шку́ру	p-	be concerned about one's own skin
дели́ть шку́ру неуби́того медве́дя	пог -	you must not sell the skin before you have shot the bear; count one's chickens before they are hatched
побыва́ли бы вы в мое́й шку́ре	p-	if only you were in my shoes
треща́ть по всем швам	p-	fall/ go/ to pieces ; burst at the seams
я́сно как шокола́т	ш-	it is as clear as a noon-day
взять кого́ в шо́ры	p-	restrict freedom of s.o.
отда́ть шпа́гу	y-	admit defeat
прода́ть шпа́гу	y-	commit treason
обнажи́ть шпа́гу	-	draw the sword
скрести́ть шпа́ги	-	cross/measure/ swords
взять на шпа́гу	y-	win in a battle
подпуска́ть шпи́льки кому́	p-	have a sly dig at s.o.
дать шпо́ры	-	to spur

ШТАТ   ШУТКА

остаться за штатом	у-	be left without occupation; become redundant
полагается по штату	у-	due according to one's social position/ official standing/
сыграть штуку с кем	-	play a trick on s.o.
вот так штука !	-	that's a nice thing! fancy that !
в том-то и штука !	-	that's just the point! that's it!
что это за штука ?	-	what's that ? what's the idea?
старая штука	-	an old trick
выкинуть штуку	p-	pull a fast one ; play a prank /trick/
пускаться на всякие штуки	p-	try all sorts of tricks
это всё его штуки !	p-	it is all his doing !
брось свои штучки	p-	none of your tricks
встретить в штыки кого	пер	give s.o. a hostile reception
принять в штыки кого	пер	а/ а
у тебя шуба на рыбьем меху	р ш-	your furcoat is very thin
не шубу шить	ш-	fit for nothing
шубы не сошьёшь	ш-	no use; no earthly use
поднять шум	-	make a noise; cause a sensation ;kick up a racket
адский шум	-	hell of a noise
шум и гам	p-	hue and cry; terrible racket
много шума из ничего	-	much ado about nothing
шума много, толку мало	пог -	much cry and little wool
под шумок	p-	on the sly
шут его знает	p-	the deuce/devil/only knows
шут гороховый	p-	clown; fool; tomfool
шутки в сторону	-	joking apart

ШУТКА	ШУТКА

не до шуток — joking apart

мне не до шуток — I am in no mood for joking

не шутка — no picnic ; it is a difficult position

это уже не шутка! — that is carrying a joke too far!

заездить шутку — ride a joke to death

отпустить шутку p— crack a joke; cut a joke

обратить что в шутку — turn s.t. into a joke

шутки ради — for a lark/ fun/

грубая шутка — practical joke

это не шутка — it is no laughing matter

с ним шутки плохи — 1/ he is not one to be trifled with; 2/ he is a tough customer

он не на шутку рассердился — he's as cross as two sticks

свести что к шутке — make a joke of s.t.

шутки шутите ? p— are you kidding ?

шутка сказать — it is no joke; it is not so easy

кроме шуток! — joking apart!

ЩЕДРОТА		ЩУКА
от своих щедрот	у ир -	out of kindness; from one's own resources
уплетать что за обе щёки	p-	stuff oneself with s.t. ; eat heartily ;ply a good knife and /fork
уписывать что за обе щёки	p-	a / a
отхлестать по щекам	p-	slap s.o. in the face; box s.o.'s ears
ударить кого по щеке	-	give s.o. a slap in the face
подставить щёку	-	turn the cheek
бояться щекотки	-	be ticklish
щекотливость положения	-	delicacy of situation
щёлканье пальцами	-	snapping one's fingers
щёлканье зубами	-	chattering of teeth
дать щелчёк по носу кому	-	give s.o. a fillip on the nose
дать кому щелчёк по самолюбию	-	wound s.o.'s self-esteem/self--respect/
не проявлять особой щепетильности в отношению чего	-	not to make too many scruples about s.t.
худой, как щёпка	-	as thin as a lath / rake/
почистить щёткой	-	brush
свежие /ленивые/ щи	-	cabbage soup
щи из кислой капусты	-	sauerkraut soup
зелёные щи	-	sorrel soup
поднять на щит кого	выс-	laud/ praise/ s.o.to the skies; make a hero of s.o.
вернуться на щите	выс-	return home defeated
вернуться со щитом	выс-	return home victorious
поймать щуку	сп-	catch a crab / to get the oar jammed under water /

ЭГИДА	ЭЛЕКТРИЧЕСТВО
под эгидой	– under the aegis
держать экзамен	– take an examination; sit for an examination
выдержать /сдать/ экзамен	– 1/ pass an examination; 2/ pass a test
передержать экзамен	– pass an examination at a second attempt
срезать на экзамене	p– pluck s.o. at an examination
провалиться на экзамене	p– fail an examination; be plucked at an examination
сдать экзамен экстерном	– pass an examination without having attended lectures
экзамен на чин	у– civil-service examination
выпускной экзамен	– school-leaving examination
натаскивать на экзамен	p– coach for an examination
экзамен на аттестат зрелости	– examination for the school-leaving certificate
вступительный /приёмный/ экзамен	– entrance examination
выпускной экзамен	– finals; school-leaving examinations
чистовой экземпляр	– fair copy
авторский экземпляр	– complimentary copy / of a book/
в двух экземплярах	– in duplicate
в трёх экземплярах	– in triplicate
в четырёх экземплярах	– in quadruplicate
редкий экземпляр	– rare specimen
экипаж самолёта	– crew of an aircraft
выпустить на экран	– release a film
совершить экскурсию по городу	– make a tour of a city/town/
карательная экспедиция	– punitive expedition
спасательная экспедиция	– rescue party
зажечь электричество	– turn/ switch/ on the light

ЭЛЕКТРИЧЕСТВО		ЭХО
потушить электричество		- turn/ switch/ off the light
находиться в эмиграции		- live in exile / as an emigrant/
витать / быть , находиться / в эмпиреях	у кн	- have one's head in the clouds
ходячая энциклопедия		- walking encyclopedia/encyclopaedia/; mine of information
составить эпоху		- represent a landmark
созвучный эпохе		- in keeping with the times; abreast of the times
опередивший свою эпоху		- ahead of one's time; forerunner
передать эстафету	сп-	pass on the baton
принять эстафету кого	пер-	take over /continue/ s.o.'s tradition/project, idea /
первый этаж		- ground floor
второй этаж		- first floor
отправить по этапу	ист-	deport a prisoner
профессиональная этика		- professional conduct
соблюдать этикет		- observe etiquette; observe conventional rules of behaviour
это уже черезчур!	р-	that's going too far! that's the limit!
это уже слишком !	р-	a/ a
это не так		- it's not the case
это ещё что ?		- what's the big idea ?
при этом		- moreover ; as well
передавать в эфире		- broadcast
расчитанный на эффект		- done for effect/ show/
эхо вторит		- it re-echoes

ЮБИЛЕЙ		ЮР
отмечать юбилей		– celebrate a jubilee
справлять юбилей		– a/ a
праздновать юбилей		– a/a
держаться за юбку матери		– be tied to one's mother's apron-strings
держаться за маменкину юбку		– a/ a
... в юбке		ш– ... woman-like
бегать за юбкой		p– chase a skirt / girl/
земная юдоль	поэ кн–	vale of life
юдоль плача	поэ кн–	vale of tears
юдоль печали	поэ кн–	vale of sorrow
юдоль скорби	поэ кн–	a/ a
вертеться, как юла		p– fidget ; behave like a humming top
юмор висельника		– black humour; humour of s.o. who has nothing to lose
тонкий юмор		– subtile humour
на юру		p– 1/ in a prominent position; in an exposed /open/ place ; 2/ in the way; 3/ in a wind-swept place

Я	ЯЗЫК
я не бу́ду я , е́сли	p- I'll get my way ; if I don't... my name is not...
я тебя́!	p- I'll make it hot for you
земляно́е я́блоко	у- potato
я́блоко раздо́ра	- apple of discord; bone of contention
я́блоку не́где упа́сть	p- there's no room to swing a cat /not enough room to a/a /
я́блоко от я́блони недалеко́ па́дает пос	- like father, like son; like mother, like daughter; a chip off the old block
какова́ я́блоня , таковы́ и я́блочки пос	- a/ a
бытово́е явле́ние	- everyday occurence
я́вка в суд	- presence in court
знать я́вку	- know the secret address
дать кому́ я́вку	- give s.o. the secret address
обы́чное явле́ние	- everyday occurence
кро́ткий как ягнёнок	- meek as a lamb
то́нкий яд	- poison which acts imperceptibly
ме́дленно де́йствующий яд	- slow poison
морова́я я́зва	- black death; plague; pestilence

<u>язык</u>

<u>сущ.</u>

у него́ язы́к прили́п к горта́ни	- his tongue has stuck to the roof of his mouth
держа́ть язы́к за зуба́ми	- hold one's tongue ; keep a still tongue in one's head
язы́к до Ки́ева доведёт	пос- you can get anywhere , if you know how to use your tongue
язы́к без косте́й	p- loose tongue

<u>гл.</u>

| бежа́ть, вы́сунув язы́к | - run as fast as one can |

ЯЗЫК   ЯЗЫК

это вертится у меня на языке	- I have it at/on/ the tip of my tongue
владеть языком	- be proficient in a language
я говорю тебе русским языком	- I am telling you in plain Russian
добыть/ достать/ языка	у- capture an identification prisoner / a prisoner for interrogation/
у него язык заплетается	- his speech is slurred/rogation/
коверкать язык	- butcher the language
ломать русский язык	- speak broken Russian
мозолить язык	п- wag one's tongue
молоть языком	р- a/ a
найти общий язык	- find common ground; talk/speak/ the same language
объясняться на иностранном языке	- speak a foreign language
овладевать языком	- master a language
у него отнялся язык	- he has lost his tongue
у него язык не повернётся сказать это	- he won't have the heart to say it
у него хорошо подвешен язык	- he has a ready tongue; he has the gift of the gab/col/
показать кому язык	- put out one's tongue at s.o.
придержать язык	- hold one's tongue
прикусить язык	пер- keep one's mouth shut
он проглотил язык	р- he has lost his tongue
язык проглотишь	р- it makes your mouth water
проситься с языка	- be on/ at/ the tip of one's tongue
развязать язык кому	- make s.o. talk
развязать язык себе	- give rein to one's tongue
его как языком слизнуло	р- he disappeared suddenly; he vanished into thin air

ЯЗЫК   ЯЙЦО

язы́к слома́ешь	p- it is a jaw-breaker, /tongue-twister/
у него́ э́то сорвало́сь с языка́	- it escaped his lips; he never meant to say that
трепа́ть языко́м	п- twaddle; jabber; wag one's tongue
тяну́ть за язы́к кого́	p- pump s.o.; try to make s.o. speak
кто тебя́ за язы́к тяну́л ?	p- why on earth did you say that?
украти́ть кому́ язы́к	- silence s.o.
чеса́ть языко́м	п- twaddle; chatter; wag one's tongue
у него́ язы́к че́шется сказа́ть э́то	p- he is itching to say that

при.

бо́йкий на язы́к	- glib-tongued; he has a well--oiled tongue
у него́ сли́шком дли́нный язы́к	- his tongue is too long for his teeth
дубо́вый язы́к	- stiff language; wooden style
злой язы́к	- bitter/wicked,slanderous/ tongue
на исковерканном языке́	- in broken language
канцеля́рский язы́к	- officialese; Whitehallese
кни́жный язы́к	- bookish language
он остёр на язы́к	- he has a sharp tongue
разгово́рный язы́к	- colloquial speech/langauge /
родно́й язы́к	- mother-tongue ; native language
суко́нный язы́к	p- clumsy /banal,trite/ style
яйцо́ всмя́тку	- soft-boiled egg
круто́е яйцо́	- hard-boiled egg
яйцо́ вкруту́ю	- a/ a
кра́сное яйцо́	- Easter egg/hard-boiled, painted and given as a present/

ЯЙЦО		ЯЩИК

это выеденного яйца не стоит	пог -	it is not worth a bean /damn, brass farthing etc/
яйца курицу не учат	пос-	don't teach your grandmother to suck eggs
яйца кур не учат	пос-	a/ a
стоять на якоре	-	lie at anchor
якорь спасения	-	sheet anchor
поднять якорь	-	weigh the anchor
сняться с якоря	пер-	get under way
волчья яма	-	trap-hole
рыть яму кому	-	dig a pit for s.o.; prepare a pitfall for s.o.
самому себе яму рыть	-	build a fire under oneself
не рой другому ямы, сам в неё попадёшь	пос-	mind you don't fall into your own trap; he that mischief hatches, mischief catches
приходить в ярость	-	be hopping mad; fly into a rage; see red; have a fit of anger
привести в ярость кого	-	goad s.o. into fury; infuriate s.o.
быть ослеплённым яростью	-	see red; be transported with rage
вне себя от ярости	-	beside oneself with rage
бешеная ярость	-	scarlet fury; red fury
яснее ясного	-	as clear as daylight/ noon-day/
ясно, как дважды два - четыре	-	as clear as two and two make four
знать что на ять	п-	know s.t. to a " T "
сделать что на ять	п-	do s.t. to perfection
ячмень на глазу	-	sty in one's eye
сыграть в ящик	п-	kick the bucket; turn up one's heels; die
откладывать в долгий ящик	-	shelve/put off, dally off/ s.t.
не откладывая в долгий ящик	-	right away; on the spot; immediately

ERRATA

Page	Line 6=from bottom	Read:
	6	бешеным
		сногсшибательный
		беспокойства
		беспокойство
	16	возьмись
	9б	возьмёт
	2	здоровья
	5б	временам
	11б 12б	выезжать
	3б	лужёная
	7	говорится
	6б	на душе
	6	незваный
	10	ломаного
	1	гулянье
	7	заезжий
	8	поставлено
	10б	плёвое
	8б	подстроено
	1	разбрасывать
	7	заезжий
	5б	перекрёстный
	10	проторённой
	7б	духовное
	12	об
	10б	неписаный
	9б	писаный
	1	одно и то же
	3	одно и то же
	9	затрещину
	9	стреляный
	6б	сыграна
	4б	калачом
	3б	поставлено
	6	меблированные
	12	божья
	10	ни крути
	10б	масляное
	11	героиня
	5б	данную
	11б	переселиться
	9б	катаньем
	10	воскресенье
	2	не прочь
	1	поздней
	6б	вслед
	3б	то же
	11	духовное
	9б	с себя
	14	девичья
	8б	застольная
	13	данном

Page	Line	Read:
236	12	искусства
240	5/4б	прикажете
242	9	избавьте
245	4б	стреляная
253	11б	разочарование
258	10	подписано
261	8	ближе к телу
262	4б	возьми
264	11	обеими
270	9	серебряная
278	4	рассчитал
281	6	увенчать
285	4	убавить
293	5	охотничья
295	5б	во сне
298	10б	по списку
301	11б	статуя
305	2б	божьем
306	8б	на чьей
308	2б	сумасшествия
311	8/9б	хорошем
313	3	посвящать
	7	покрытый
	3б	немазаный
314	12	тартарары
	12б	то же
318	10б	снизить
	3б	чрезмерные
320	9	сдвинуть
322	2	бескорыстный
323	7б	тюрьме
336	6	усаживайтесь
343	9	письменной
351	12	венчать
363	5	страшен
365	1	чиханье
371	9б	шоколад
375	2/3	щеки
	11/12	щелчок
379	5	маменькину
383	6	укоротить

Page:	line :	read:
	/b= from bottom/	
XII	2	and verbs
2	12b	Ark
63	6	uninvited
67	3b	a goose is no match for a sow
122	3b	lengths
125	13b	test
142	15b	embarrassing
172	15	subsistence
184	5	fill
220	12	porridge
234	15	moon
247	2b	Solomon
261	1	had been
	10	strait
368	11	delete: "at/on/ the double"
383	9b	language

Blank pages, both numbered and unnumbered, are left for reader's own notes

Alexandra Lvovna is the youngest daughter of Lev Nikolaevich Tolstoy. She is a writer and active social worker in charge of the Tolstoy Foundation, Inc. A friend sent her Borkowski's dictionary as a present on her 90 th birthday. In her letter to the author Miss Tolstoy describes the dictionary as " zamechatelnyj" - remarkable.

ALEXANDRA L. TOLSTOY
250 WEST 57TH STREET
NEW YORK, N. Y. 10019

July 19, 1974

Mr. Peter Borkowski
146, Gunnersbury Lane
London W3 9BA
England

Многоуважаемый г-н Борковский,

Только что просмотрела Ваш замечательный Русско-Английский словарь идиоматических выражений. Я считаю, что это замечательная работа и очень ценная для всех колледжей и университетов, где преподается русский язык.

Я все думаю о том, как бы помочь Вам в распространении его.

Может быть, Вы могли бы сделать фото-копии нескольких страниц и прислать их мне, чтобы я могла послать эти присланные Вами страницы своим друзьям-преподавателям и в те колледжи и университеты, где я читала лекции.

Если бы Вы сделали такие оттиски страниц, то я могла бы прислать Вам адрес некоторых колледжей и университетов, где преподается русский язык и где наверное есть нужда в таком словаре.

Подумайте и сообщите мне, как Вы считаете: каким путем лучше распространить Ваш словарь.

С пожеланием всего наилучшего

Искренне Ваша

Александра Толстая